普通高等教育规划教材

汽车金融

(第3版)

强添纲　张文会　主　编

人民交通出版社股份有限公司
China Communications Press Co.,Ltd.

内 容 提 要

本书是普通高等教育规划教材,全书共分为七章,主要包括绪论、汽车金融公司、汽车消费信贷、汽车保险、汽车租赁、汽车置换、汽车金融法律法规等。本书兼顾学术性和实用性,每章引用了实际案例,更加贴近工程应用。

本书既可作为高等院校汽车类、交通运输类、金融与保险类等专业本科教学用书,也可供汽车金融公司、汽车经销商、汽车保险从业人员的培训使用。

图书在版编目(CIP)数据

汽车金融 / 强添纲,张文会主编. —3 版. —北京:
人民交通出版社股份有限公司,2019.6
ISBN 978-7-114-15482-9

Ⅰ.①汽… Ⅱ.①强… ②张… Ⅲ.①汽车—金融—高等学校—教材 Ⅳ.①F830.571②F840.63

中国版本图书馆 CIP 数据核字(2019)第 071461 号

书　　名:	汽车金融(第3版)
著 作 者:	强添纲　张文会
责任编辑:	钟　伟
责任校对:	尹　静
责任印制:	刘高彤
出版发行:	人民交通出版社股份有限公司
地　　址:	(100011)北京市朝阳区安定门外外馆斜街3号
网　　址:	http://www.ccpcl.com.cn
销售电话:	(010)59757973
总 经 销:	人民交通出版社股份有限公司发行部
经　　销:	各地新华书店
印　　刷:	北京市密东印刷有限公司
开　　本:	787×1092　1/16
印　　张:	14.75
字　　数:	342千
版　　次:	2009年5月　第1版 2012年7月　第2版 2019年6月　第3版
印　　次:	2024年2月　第3版　第4次印刷　总第10次印刷
书　　号:	ISBN 978-7-114-15482-9
定　　价:	36.00元

(有印刷、装订质量问题的图书由本公司负责调换)

PREFACE 第3版前言

汽车金融起源于20世纪初的美国，距今已有100多年的历史。与欧美成熟市场相比，我国汽车金融还处于发展初期。国内消费者对汽车金融理解大多认为是汽车消费信贷，也就是贷款购车和分期购车。实际上，汽车金融还包括经销商融资、配件融资、二手车融资、融资租赁等，它是围绕汽车全产业链的金融服务，渗透在汽车研发设计、生产、流通、销售和消费等各个环节中。

伴随着我国汽车金融渗透率逐步提高，租赁公司、小额贷款公司、互联网金融公司等各类金融业态纷纷布局汽车金融领域，对于这类资本密集型行业，资产证券化提供了一种优质的金融解决方案，提供了加速资产运转效率、做大资产规模的可能性。随着汽车金融公司的逐步壮大，其在汽车销售领域得天独厚的获客优势是商业银行无法比拟的，从商业银行角度来看，与汽车金融公司采取差异化的发展路径、开拓新的业务窗口是今后发展的重点。未来两者将是相互竞争、相互合作的关系，商业银行可以利用其资金成本低等优势，为逐步壮大的汽车金融公司提供并购融资、债务融资等各类金融服务，而汽车金融公司可能为商业银行提供各类代理，以及利用其客户资源追求更大的合作主动权。

汽车金融已经不再单纯是两个产业之间的结合，而是蕴含着以大数据、互联网、人工智能等科技手段为依托的技术支撑，代表着新一代生产方式和消费方式的转型升级，标志着以供给侧结构性改革为主线的质量变革、效率变革、动力变革，体现着一个国家、一个区域产业协同发展的能级和水平。在这种背景下，编者修订了《汽车金融（第2版）》，调整了该教材的内容结构，整合了第四章和第五章、第七章和第八章的内容，增加了实际应用案例。

本书共分为七章，主要包括绪论、汽车金融公司、汽车消费信贷、汽车保险、汽车租赁、汽车置换、汽车金融法律法规等。本书兼顾学术性和实用性，每章引用了实际案例，更加贴近工程应用。

本书既可作为高等院校汽车类、交通运输类、金融与保险类等专业本科教学用书，也可供汽车金融公司、汽车经销商、汽车保险从业人员的培训使用。

本书由东北林业大学强添纲教授和张文会副教授主编，参加编写的人员分工如下：强添纲（第一章）、张文会（第二章、第七章）、王宪彬（第四章、第五章）、武慧荣(第三章、第六章)。在本书编写过程中,参阅了大量发表在期刊、网站和公开出版的著作,在此对作者表示由衷的感谢。

由于编者水平有限,疏漏和不妥之处在所难免,恳请广大读者批评指正,我们不胜感激。

编 者
2018 年 8 月

CONTENTS 目 录

第一章 绪论 ... 1
- 第一节 汽车金融概述 ... 1
- 第二节 汽车金融体系 ... 7
- 第三节 汽车产业与汽车金融的关系 ... 11
- 思考题 ... 14

第二章 汽车金融公司 ... 15
- 第一节 汽车金融公司的定义及特征 ... 15
- 第二节 汽车金融公司的融资 ... 23
- 第三节 汽车金融公司的盈利模式 ... 31
- 第四节 汽车金融公司经营案例 ... 42
- 思考题 ... 48

第三章 汽车消费信贷 ... 49
- 第一节 汽车消费信贷概述 ... 49
- 第二节 国内外汽车消费信贷主要模式 ... 58
- 第三节 汽车消费信贷操作实务 ... 63
- 第四节 汽车消费信贷风险 ... 74
- 第五节 中国汽车消费信贷案例 ... 81
- 思考题 ... 83

第四章 汽车保险 ... 84
- 第一节 汽车保险概述 ... 84
- 第二节 汽车保险的种类 ... 88
- 第三节 汽车保险承保实务 ... 92
- 第四节 汽车保险理赔程序 ... 98
- 第五节 汽车保险的风险管理 ... 105
- 第六节 案例分析 ... 113
- 思考题 ... 123

第五章 汽车租赁 ... 124
- 第一节 汽车租赁概述 ... 124
- 第二节 汽车租赁行业现状 ... 134
- 第三节 汽车租赁业务流程 ... 141
- 第四节 汽车租赁风险控制 ... 148

第五节　案例分析 ……………………………………………………………… 159
　　思考题 …………………………………………………………………………… 173
第六章　汽车置换 …………………………………………………………………… 174
　　第一节　汽车置换概述 ………………………………………………………… 174
　　第二节　汽车置换业务流程 …………………………………………………… 177
　　第三节　二手车鉴定估价 ……………………………………………………… 190
　　第四节　汽车置换操作实务 …………………………………………………… 202
　　思考题 …………………………………………………………………………… 205
第七章　汽车金融法律法规 ………………………………………………………… 206
　　第一节　汽车金融存在的法律问题 …………………………………………… 206
　　第二节　汽车消费信贷相关法律问题 ………………………………………… 207
　　第三节　汽车融资租赁相关法律问题 ………………………………………… 215
　　第四节　汽车品牌销售相关法律问题 ………………………………………… 219
　　第五节　汽车金融法律法规案例 ……………………………………………… 221
　　思考题 …………………………………………………………………………… 227
参考文献 ……………………………………………………………………………… 228

第一章 绪 论

第一节 汽车金融概述

汽车金融学是一门介于汽车产业经济学、货币银行学、保险学和投资学等学科之间的边缘学科。它是以这些学科的基本理论和基本方法为基础,逐步独立和发展起来的,是专门研究汽车金融活动的方法和规律的科学。它的研究对象是货币资本在汽车生产、交换、消费及服务领域的配置方式与配置效率。

汽车金融是依托并促进汽车产业发展的金融业务,国外汽车金融的发展已经有近百年历史,其服务水平和管理配置已经相当完善,汽车金融已成为位居房地产金融之后的第二大个人金融服务项目。截至目前,在全世界每年的汽车销售总额中,现金销售额占30%左右,汽车金融服务融资约占70%。当今世界,整个汽车产业的价值链发生了根本性的变化,金融服务成为最有价值的环节之一。未来的汽车市场将不再是单纯车型或新技术的竞争,而是围绕金融服务展开的竞争,结果将决定未来汽车市场的格局。

一、汽车金融

在汽车的生产、销售、维修服务及消费过程中,汽车金融是通过货币流动和信用渠道所进行的筹资、融资及相关金融服务的一系列金融活动的总称。换句话说,汽车金融是指资金在汽车领域具体流动形式,其基本任务是运用多种金融方式和金融工具筹集和融通资金,支持汽车生产、流通、维修服务和消费,促进汽车再生产过程中的资金良性循环,保障汽车再生产过程的顺利进行。它是汽车制造业、流通业、维修服务业与金融业相互结合渗透的必然结果,涉及政府法律、政策以及金融保险等的相互配合,是一个相互交叉、彼此渗透的复杂系统。

汽车金融是在汽车生产、销售、使用过程中,由金融及非金融机构向汽车生产、流通及消费环节提供的融资及其他金融服务,包括向生产商、经销商提供的短期融资、库存融资和对用户提供的消费信贷或融资租赁等,是汽车生产、流通、消费等各个环节中所涉及的资金融通方式、路径,包括从资金供给者到资金需求者的资金流通渠道。

汽车金融的概念最早起源于美国。汽车金融可分为广义汽车金融和狭义汽车金融。狭义汽车金融隶属于消费金融,广义汽车金融贯穿全产业链。狭义的汽车金融,更多地关注汽车销售环节,为下游客户提供融资性金融服务,隶属于消费金融的分支。广义的汽车金融是贯穿于汽车生产、流通、销售、使用、回收等环节中的资金流动,目标是提高资本利用率和资金周转率,见表1-1。

汽车金融贯穿产业链各个环节　　　　　　　　　　　　表1-1

汽车产业链环节	参与者	汽车金融功能	汽车金融产品
研发设计	制造商	推动技术更新与升级	股权融资
原材料获取	供应商、制造商	规避原材料价格波动风险,控制成本	存货融资
生产	供应商、经销商	将生产与销售资金分离,提高资金利用率	订单融资
流通	制造商、经销商	提高资金周转率	应收账款与存货融资、银团贷款
市场销售	制造商、经销商、消费者	批发和零售资金分离、提高资金收益率	零售贷款、批发贷款
使用服务	服务商、消费者	促进汽车消费、提高资金收益率	汽车保险、汽车租赁、汽车置换
回收服务	服务商、消费者	促进汽车产业技术升级	汽车报废回收

广义的汽车金融实际上包含供应链金融与消费金融,区块链、互联网、P2P等技术促进供应链金融智慧化,商业银行、汽车金融公司、融资租赁公司之间多元竞争格局逐渐形成,不断催生汽车消费金融的新业态。

汽车金融作为一个完整的整体,其资金融通应是一个全方位的过程,作为汽车金融领域的资金需求者,既应该有汽车需求者,也应该有汽车供应者;作为资金供应者,既应该有银行等金融机构,也应该有资本市场上的广大投资者,还应该有汽车投资基金等新的资金来源。

汽车金融服务主要是在汽车的生产、流通、购买与维修服务等消费环节中融通资金的金融活动,包括资金筹集、信贷运用、抵押贴现、证券发行和交易以及相关保险、投资活动,具有资金量大、周转期长、资金运作相对稳定和价值增值性等特点。汽车金融服务机构既包括商业银行、信贷联盟、信托公司等金融机构,也包括汽车金融服务公司等非金融机构等;汽车金融服务模式包括分期付款销售方式、融资租赁方式、汽车销售融资公司的再融资方式、信托租赁方式等几种主要的形式,如图1-1所示。

图1-1　汽车金融业务分类

二、汽车金融的作用

金融行业在经济发展中的重要作用毋庸置疑,而汽车产业则多是发达国家或发展中国家的支柱产业。将汽车产业与金融行业结合起来,在宏观上和微观上都有其重要的意义。

1. 汽车金融服务的宏观作用

在宏观上,汽车金融对于国民经济具有重要的作用,主要表现在以下几个方面:

(1) 调节国民经济运行中生产与消费不平衡的矛盾。

从汽车金融最基本的职能上来说,它的产生和发展调节了国民经济运行中生产和消费不平衡的矛盾。生产力的发展加速了生产社会化和消费社会化,产品结构变化中价值相对较高的汽车等家庭耐用消费品生产的发展,引领电子工业和材料工业的发展,并带动整个产业结构和技术结构体系的变革,这种变革强烈刺激人们的现实消费需求和潜在消费需求。然而社会满足这种消费需求的能力却非常有限,而汽车金融则能调节国民经济运行中的生产和消费不平衡的矛盾,从而刺激消费。发展汽车金融不仅能平衡汽车供需之间的矛盾,而且能解决整个生产流通消费的资金运转问题。汽车金融服务机构资金的大部分来自消费者的储蓄,同样它应该而且也可以在汽车的生产性信贷和汽车的消费性信贷之间作适当的分配,以调节和保证社会消费基金与社会生产基金之间的平衡。

(2)充分发挥金融体系调节资金融通的功能,提高资金的使用效率。

汽车金融的独特功能在于它能够充分发挥金融体系调节资金融通的功能,通过汽车金融机构的专业化分工,实现汽车生产领域和流通领域资金的相互分离,将为汽车产业的资金循环,并在此基础上,进一步理顺流通领域的资金流向,更多地由专业化的汽车金融机构面对汽车消费者开展汽车金融零售业务,由其他金融机构以购买汽车贷款支持证券或商业票据等方式,间接参与汽车金融业务,从而加快资金在汽车产业与金融业之间的流转速度,降低资金风险,提高资金的使用效率,最终促进汽车产业与金融业取得持续、稳定、协调发展。

(3)汽车金融服务的发展有助于推动汽车产业结构的优化和升级。

建立完善的汽车金融体系,可以通过资产证券化、商业票据等金融工具筹集资金,对上游汽车配件企业进行融资,支持其设备更新和技术改造,进而推动生产效率的提高和成本降低。还可以通过对下游汽车经销商的融资,建设标准的品牌专营店,提供优质的售后服务,增强品牌竞争力,促进汽车产业的良性发展。

(4)汽车金融服务通过乘数效应以及与其他产业的高度关联性,促进国民经济的发展。汽车金融服务能够推动汽车产业的发展,对国民经济发展产生巨大的投资乘数效应。

由于汽车工业具有中间投入比例大、价值转移比例大、投资量大、规模经济要求高、与国民经济的多部门联系密切等特点,决定了汽车工业的发展既依赖于很多产业部门,又对国民经济的发展具有很大的带动作用。汽车金融服务对国民经济的巨大乘数效应就是通过汽车工业对相关产业的带动作用体现出来的。

首先,汽车金融服务通过汽车产业的"高价值转移性",对制造业和其他部门实现带动功能。汽车产业对其他产业有较高的依赖性,能对其他产业产生"高价值转移性"。汽车工业直接需求主要依赖的是机械制造加工业、冶金和橡胶制品业等几个行业。正是汽车产业具有这种价值转移的特性,汽车金融才能通过为其流通、消费甚至特殊情况下的生产提供金融支持的办法,疏通汽车产业的上下游通道,避免产品的积压和库存,缩短周转时间,提高资金使用效率和利润水平,较大幅度地带动相关产业的发展,使汽车产业的"高价值转移性"得以顺利实现。

其次,汽车金融通过汽车产业与服务业的"高度关联性",带动第三产业的发展。国民经济中的第三产业和作为第二产业的汽车业的"高度关联性"体现在两个方面:一是在汽车产品的最终价值分配中,第三产业占有较高的比例。在欧美发达国家,平均购买一辆汽车的价格中,有40%左右的价格要支付给金融、保险、法律咨询、科研设计和广告公司等与汽车相关的各种服务业;30%左右的价格归属材料、机械等其他与汽车产业有关的制造业。二是汽车产业的预投入对第三产业的预投入有较大的带动作用,后者占前者的比例约为30%~80%。

也就是说，汽车工业的一定投入，可以导致主要相关服务业增加 30%~80% 的投入。这里的主要相关服务业包括批发和零售贸易、储运、实业和商业服务、社会和个人服务等。汽车金融服务利用这种"高度关联性"，一方面以其自身的发展直接推动第三产业的发展；另一方面以汽车产业为媒介，通过"价值转移""引致投资"和"投资乘数效应"等方式，又间接对第三产业的发展提供有力支持。

此外，汽车金融服务的发展对劳动力有较好的安置能力。汽车金融服务的融合发展进一步推动了汽车产业和金融行业的发展，并通过自身行业的发展推动相关行业的发展。不论是汽车产业、金融行业，还是其他相关行业，通常都具有较强的劳动力安置能力，对扩大劳动力就业发挥积极的作用。

(5) 汽车金融服务的发展有助于平抑经济周期性波动对汽车产业的影响。

汽车金融服务具备"逆汽车产业周期而为"的功能。汽车产业本身是周期性波动发展的，当它处于高峰而超出产能限制时，汽车金融可以通过利率、信贷价格等方式，来控制社会的汽车信贷总量；当它处于低潮达不到产能时，汽车金融要通过放松信贷总量增加汽车贷款投放，来扩大汽车销售，起到平抑汽车产业周期性波动的作用。汽车金融公司的这种作为和商业银行"顺周期"而行的做法正好相反，一些尖锐的批评认为：商业银行在汽车信贷中多数做法是"锦上添花"，而非"雪中送炭"。汽车金融服务在平抑经济周期性波动方面要比商业银行对汽车产业起到更积极的作用。

2. 汽车金融服务的微观作用

在微观上，汽车金融服务对汽车生产制造企业、汽车经销商、汽车消费者和汽车金融服务市场等具有重要作用。

(1) 对制造商而言，汽车金融服务是实现生产和销售资金分离的主要途径，提高了资金的使用效率。

汽车金融服务对汽车厂商可以起到维护销售体系、整合销售策略、提供市场信息的作用。对汽车制造企业来讲，企业要实现生产和销售资金的相互分离，必须有汽车金融服务。有了汽车金融服务，就会大大改善生产企业和经销商的资金运用状况，提高资金的使用效率。

(2) 对经销商而言，汽车金融服务是实现批发和零售资金分离的途径，是现代汽车销售体系中一个不可缺少的基本组成部分。

批发资金是用于经销商库存周转的短期资金，零售资金是用于客户融资的中长期资金，两者性质不同。汽车金融对汽车经销商可以起到提供存货融资、营运资金融资、设备融资的作用。通过对经销商的库存融资和对客户的消费信贷，可以促进汽车销售过程中批发资金和零售资金的相互分离，从而便于进行资金管理和风险控制，提高资金收益率。同时，汽车金融服务还有利于汽车生产制造和汽车销售企业开辟多种融资渠道，如商业信用、金融授信。

(3) 对消费者而言，汽车金融是汽车消费的理想方式。

汽车金融服务对于汽车用户可以提供消费信贷、租赁融资、维修融资、保险等业务。高折旧率是汽车消费的一个重要特点，如果以全额车价款购车，不仅要承担投资回报率小于贷款利率的损失，而且要承担高折旧率的损失。因此，对消费者而言，汽车信贷不仅可以解决支付能力不足的问题,更重要的是会降低消费者资金运用的机会成本。随着汽车生产技术的发展,汽车的重置价值不断降低,进一步加速了汽车的折旧过程,这样汽车消费的高折旧特点无疑大大拓展了对相关金融服务的市场需求。因此,发达国家通常以金融方式消费汽车,并且金融消费中融资租赁的比例较高。

(4)汽车金融的发展能够完善个人金融服务体系。

以信用经济为特征的市场经济拥有高度发达的金融服务体系。在这个金融服务体系中,个人金融服务和公司与法人金融服务共同构成了其基本组成部分。个人金融服务是指专门为个人提供融资、信用贷款、投资理财等服务的金融业务,包括房地产金融、汽车金融、教育金融等。个人金融在整个金融服务体系中越来越重要,处于一个新兴发展的时期。汽车金融服务在个人金融中占有重要的地位,目前是仅次于房地产金融的一项金融服务。市场经济在为汽车金融服务发展提出要求的同时,也为汽车金融服务发展创造必备的条件,表现为市场经济所创造出的巨大的国民财富和迅速增加的国民收入,为汽车金融服务的发展提供了坚实的物质基础和稳定的经济环境,从而促进了汽车金融规模的扩大和品种的多样化。市场经济下完善的法律法规和消费信用制度,保障了汽车金融服务交易双方的正当权益,促进了汽车金融服务的健康发展。在市场经济条件下,消费者的信用消费信心增强,对未来预期消费的提前实现有较大的需求,也有利于汽车金融服务的发展。

总之,汽车金融服务不仅提高了汽车生产、服务、消费行业的资金使用效率,推动了汽车产业结构的优化和升级,还能够调节国民经济中生产与消费不平衡的矛盾,平抑经济周期性的波动,完善个人金融服务体系。

三、汽车金融的特点

从汽车金融的概念可以看出,汽车金融有别于我国传统意义上的汽车消费信贷,它包含了汽车消费信贷,含义更为广泛。它为消费者提供全方位的服务,一方面分散了银行对汽车消费信贷的风险;另一方面使提供汽车金融服务的组织从中获得良好的收益,消费者本身也享受到了全面周到的服务。

汽车金融具有以下几个突出的特点。

1. 促进汽车销售

在欧美发展成熟的汽车金融市场中,汽车金融服务公司成为汽车金融服务的主角,并且和母公司利益密切相关。典型的汽车金融服务公司是附属于汽车制造商的,与其母公司利益息息相关,因此,能够保证汽车金融服务公司对汽车产业连续、稳定的支持。汽车产业是典型的资金密集型规模产业,当大量投资形成大批量生产能力时,必须通过强有力的金融服务才能形成相应速度的需求增长。同时汽车产业又是一个受经济周期影响很大的行业。在经济不景气时,由于缺乏直接的利益关联,银行为了减少风险很可能收缩在这一领域的金融服务。而作为汽车制造商附属的汽车金融公司,最主要的目的就是帮助母公司销售汽车,在经济不景气时,不但不会减少汽车金融服务,相反可能会推出显然是亏损的零利率汽车贷款,以换来汽车销售量的增长。

2. 存在规模效益

汽车产业规模越大,所取得的经济利润也越大。目前,随着汽车市场竞争程度的加剧,汽车产业的利润越来越向服务领域转移。从发达国家的情况来看,汽车后市场是成熟汽车市场的主要利润来源,汽车销售利润约占整个汽车产业链利润的20%,零部件供应利润约占20%,其他60%的利润是在服务领域中产生的。国外汽车后市场不仅利润占比大,而且利润水平高,汽车后市场整体行业利润率可达40%~50%,可谓是汽车行业利润水平最高的领域之一。目前我国汽车产业利润主要集中在整车厂、整车制造和汽车零部件销售,利润占比为80%左右,而汽车后市场的利润占比相对较少。随着政策和市场规律双重驱动,我国汽车行业的利润格局将重新分割,行业利润将向汽车后市场倾斜。作为汽车后市场的重要组成部分,汽车金融必将从中大幅受益。汽车产业是典型的资金密集型规模经济行业,当大量投资转化为大批量生产能力时,必须通过强有力的金融服务才能形成相应的需求增长速度,否则,生产能力的闲置将导致大量的投资浪费,制约汽车工业的发展。然而,金融服务属于典型的零售金融业务,必须有一定的客户规模才能盈利。所以,不仅汽车产业的发展必须以连续稳定的市场需求、一定的规模作保证,相应的金融服务也要有一定的规模,这样,才能产生规模效益,实现预期的目标。

3. 服务内容多样化

广义的汽车金融服务机构不仅覆盖汽车售前、售中、售后的全过程,并延伸到汽车消费的相关领域。汽车金融服务机构除了提供汽车金融贷款外,还包括提供融资租赁、购车储蓄、汽车消费保险、信用卡等服务。相比之下,银行的服务比较单一,仅局限于汽车金融贷款,而购买汽车是一次性的行为,但汽车消费属于经常性行为。汽车金融服务机构将服务延伸到消费领域,既增加了金融服务的收益,又有利于监控客户风险。通用汽车金融公司的核心业务是购车贷款,这一业务侧重于为通用汽车特许经销商出售的汽车提供服务。公司向通用汽车经销商们提供他们所需的资金,用以维持一定的汽车库存,并且提供给零售客户多种多样的金融服务方式,方便客户购买或租赁汽车。

4. 经营管理专业化

在风险控制方面,专业汽车金融服务机构能够根据汽车消费特点,开发出专门的风险评估模型、抵押登记管理系统、催收系统、不良债权处理系统等。在业务运营方面,汽车金融服务机构从金融产品设计开发、销售和售后服务等,都有一套标准化的操作系统。汽车金融公司作为附属于汽车制造企业的专业化服务公司,可以通过汽车制造商和经销商的市场营销网络,与客户进行接触和沟通,提供量体裁衣式的专业化服务。汽车产品非常复杂,售前、售中、售后都需要专业的服务,如产品咨询、签订购车合同、办理登记手续、零部件供应、维修、索赔、新车抵押等。汽车金融公司可以克服银行由于业务不熟悉而带来的种种缺陷。这种独立的、标准化的金融服务,不仅大大节省了交易费用,而且大大提高了交易效率,从而在获得了规模经济效益的同时,给消费者带来了便利。

5. 资金来源多样化

汽车金融服务机构的发起设立方式,决定了其资金的来源。除银行以外,目前西方国家的政府规定汽车金融服务机构不能吸收社会公众的存款,其资金来源除资本金和正常利润留存外,主要依靠资本市场和银行信贷。但是"依附型"汽车金融公司,还有可能从母公司那里获得资金的融通与支持。一般来讲,较小的汽车金融服务公司除资本金外,融资方式主要为从银行信贷和其他金融财务公司借款。大型汽车金融服务公司由于有较高的信用评级,资产规模较大,资本运作的能力较强和手段的优势较多,还可以通过投资银行或者自己发行商业票据、债券融资以及将汽车信贷资产证券化来获取资金。

第二节 汽车金融体系

一、市场体系

在现代经济社会中,汽车产业广泛而活跃的融资活动,必须通过金融市场才能进行汽车生产和消费所需资金的筹集与融通。汽车金融市场,是指围绕汽车行业需要的一系列金融服务而形成的投融资关系,是金融市场在汽车生产、流通、维修服务和消费领域的子市场和细分化市场。

1. 汽车金融市场的构成要素

汽车金融市场由下列三个基本要素组成。

(1)融资主体——资金的供给者和需求者。资金供给者和需求者,即为汽车金融市场上资金商品的买卖双方。这是汽车金融市场最为基本的要素,它包括家庭和企业。个人和家庭通过参加汽车存款或者购买汽车金融市场上的有价证券而成为汽车金融市场的资金供给者,或者为购买、修理汽车向汽车金融机构申请贷款而成为资金的需求者。同时,企业将生产经营过程中暂闲置的资金存入汽车金融机构或购买各种汽车消费有价证券,从而成为资金的供给者;为了汽车的生产、销售、售后服务向银行申请贷款以及在金融市场上发行债券而成为资金的需求者。

(2)融资中介。融资中介是指在汽车资金融通过程中处于资金供给者和资金需求者之间的中间环节,主要是指兼营或专营汽车金融业务的金融机构,如汽车金融公司、商业银行、保险公司、证券公司等银行及非银行金融机构。

(3)市场金融工具。汽车金融市场的金融工具是指可以在汽车金融市场上同货币相交易的各种金融契约。因为资金交易与一般商品买卖不同,必须借助于金融契约的形式,商业票据、汽车金融债券、汽车抵押债券、汽车生产、销售、维修服务企业和汽车金融机构所发行的股票以及未到期的汽车存款单和汽车抵押贷款契约等,这些都是可以用于交易的金融工具。

2. 汽车金融市场的分类

汽车金融市场作为金融市场的重要组成部分,按照市场层次划分,可以分为一级市场和二级市场。

汽车金融一级市场,又称为初级市场,是汽车金融融资活动的初始市场,包括汽车信贷、新汽车金融机构上市交易等。在该市场中借款人通过汽车金融中介机构或直接从资本市场进行资金融通。汽车金融二级市场是指汽车金融融资工具的再交易和再流通市场,包括汽车金融中介机构将持有的汽车借款直接出售或以证券的形式转让给二级市场机构的交易,或汽车有价证券的再转让交易。

3. 汽车金融市场的融资方式

汽车金融市场的融资方式包括间接融资和直接融资两种:

（1）间接融资。间接融资是指银行等汽车金融机构不直接参与汽车生产、销售、售后服务与投资，而是根据自身资本运转状态与实际力量，对从事汽车生产、销售、维修服务的企业组织存款并发放生产经营及消费所需的贷款，当然也可以是经中央银行批准在限额内发放固定资产贷款（包括技术贷款）。上述贷款通常采取抵押贷款的形式。间接融资具有无限扩展的可能性，不受融资双方在资金、数量、时间、地点与范围等方面的限制。因此，融通灵活方便，资金运用也较为合理有效。在汽车金融活动中，尤其是在汽车金融活动中，必须依靠间接融资的方式，才能合理有效地实现资金融通。

（2）直接融资。直接融资是指汽车金融机构直接向汽车产业投资，参与相关企业的生产、销售、维修服务及其他经营活动，以获取利润，还包括汽车生产、销售、维修服务等企业在资本市场上发行股票或债券来筹集资金。直接融资一般受到融资双方在资金数量、时间、地点及范围的限制。因此，显得不灵活，但直接融资对汽车生产、销售、维修服务企业改善经营管理，提高经济效益具有很大的帮助。

在现实生活中直接融资与间接融资各有利弊，两者应当相互补充、相互促进才能充分提高资金的使用效益，促进汽车产业的健康发展。

二、企业的组织结构体系

任何金融活动的开展都必须依赖一定的金融机构，金融机构的经营活动对社会经济的发展起着十分重要的作用。

汽车金融机构是指经营汽车金融业务的各种金融中介和经营附属汽车金融业务的各种金融企业，主要包括汽车金融公司、商业银行及非银行金融机构，如证券公司、保险公司、信托公司等。汽车金融机构是汽车金融运营的载体。从世界范围来看，各国的汽车金融机构组织体系都因各国不同的政治、经济和文化背景而不同。

1. 国外的汽车金融机构体系

在国外，从事汽车金融服务的机构包括商业银行、信贷联盟、信托公司、汽车金融服务公司等金融机构。

（1）商业银行。在国外，大多数国家的商业银行都积极推广汽车消费贷款，商业银行已成为汽车贷款的主要供应商。20世纪60年代中期，美国商业银行提供了56%的汽车贷款，1998年底美国商业银行的这一比例有所下降，但仍然达到35%，2017年初这一比例下降到28%。在新加坡，由于新旧汽车的售价差别太大，加上政府对汽车使用年限的严格管制，新加坡商业银行则较少直接涉足汽车贷款，通常是通过向金融公司或从事汽车贷款业务的其他信贷公司提供贷款的方式间接参与汽车贷款。

（2）汽车金融服务公司。国外汽车金融服务公司是办理汽车金融业务的企业，通常隶属于生产和销售汽车的母公司，向母公司经销商及其下属零售商的库存产品提供贷款服务，并允许其经销商向消费者提供多种选择的贷款或租赁服务，设立汽车金融服务公司是推动母公司汽车销售的一种手段。由于它们与汽车制造商、经销商关系密切，具有成熟运作的经验和风险控制体系，因而能够为消费者、经销商和生产厂商提供专业化、全方位的金融服务。经过较长时间的发展，汽车金融服务公司已经非常成熟完善，在北美和欧洲市场上都有代表性的汽车金融服务公司。

(3)信托公司。信托公司有两种不同的职能:一是财产信托,即作为受托人代人管理财产和安排投资;二是作为真正的金融中介机构,吸收存款并发放贷款。从传统业务来看,信托公司主要是代为管理财产,如代人管理不动产和其他私人财产,安排和管理退休金、养老金,管理企业的偿债基金等。当然信托公司的受托投资活动必须符合法律规定。信托公司托管资产的投资去向主要集中在各种金融债券及企业股票投资上,另外也发放一定比例的长期抵押贷款业务。第二次世界大战以后,信托公司作为金融中介的职能得到了迅速的发展,其资金来源主要集中在私人储蓄存款和定期存款,资金运用则侧重于长期信贷,汽车金融服务也是目前信托公司从事的主要业务之一。

近年来,信托公司的资产组合越来越趋于分散化,它们与商业银行的差别也越来越小,自20世纪70年代以来这类非银行金融机构开始大力开拓新的业务领域,并采取许多措施提高其竞争力。为了绕过法律的限制,信托公司设立其他专业化的附属机构,如专门的汽车金融服务机构等。

(4)信贷联盟。信贷联盟最早起源于19世纪40年代的德国,它是由会员共同发起,旨在提高会员经济和社会地位而创立,并以公平合理的利率为其会员提供金融服务的一种非营利性信用合作组织。资金来源除了会员的存款或储蓄外,信贷联盟还可以向银行、其他信贷联盟等筹集资金。信贷联盟可以发放生产信贷,也可以是包括汽车消费信贷在内的信贷。但是信贷联盟对外发放贷款一般也有一些限制条件,比如年龄限制、数额限制和贷款期限限制等。

2.我国汽车金融机构体系

传统汽车金融市场的参与者主要包括商业银行、汽车企业集团财务公司、汽车金融公司、保险公司和金融租赁公司等。随着我国汽车金融市场的打开以及个人征信体系的完善,互联网金融公司、小额贷款公司等金融机构也纷纷参与其中,提供的金融产品除了传统的汽车消费贷款、信用卡分期等,还包括融资租赁产品等,使得消费者有更多选择的空间。

(1)商业银行。在我国,商业银行是唯一可以吸收公众存款的汽车金融机构,垄断着近80%的资金资源,商业银行在国内汽车金融市场占据了60%的份额,而美国这一数据仅为35%。在我国汽车金融市场上,汽车金融公司和商业银行成为构成金融市场竞争的两大利益主体。商业银行正在加速布局汽车金融领域,目前中信银行、光大银行、交通银行、广发银行等多家银行都成立了汽车金融中心,服务模式多是通过与经销商及汽车厂商建立商业合作关系,以经销商作为主要的分销渠道,在各地陆续成立分中心,开拓汽车金融信贷相关业务。

(2)汽车金融公司。按照《汽车金融公司管理办法》(2008)的定义,汽车金融公司是指经中国银行业监督管理委员会(以下简称中国银监会)批准设立的,为中国境内的汽车购买者及销售者提供金融服务的非银行金融机构。我国汽车金融公司的资金来源主要有股东投资,接受境外股东及其所在集团在华全资子公司和境内股东3个月(含)以上定期存款和向金融机构借款。它的主要业务范围是:接受汽车经销商采购车辆贷款保证金和承租人汽车租赁保证金;经批准,发行金融债券;从事同业拆借;向金融机构借款;提供购车贷款业务;提供汽车经销商采购车辆贷款和营运设备贷款,包括展示厅建设贷款和零配件贷款以及维修设备贷款等;提供汽车融资租赁业务(售后回租业务除外);向金融机构出售或回购汽车贷款应收款和汽车融资租赁应收款业务;办理租赁汽车残值变卖及处理业务;从事与购车融资活动相关的咨询、代理业务;经批准,从事与汽车金融业务相关的金融机构股权投资业务;经中国银监会批准的其他业务。相比商业银行,如今汽车金融公司的优势,体现在缓解经销商的库存融资困境上。越来越多的金融公司在保留原有新车库存融资等传统业务的前提下,逐步开始涉足二手车库存融资及新能源领域,为经销商提供金融保障,缓解经销商的燃眉之急。

(3)汽车企业集团财务公司。按照《企业集团财务公司管理办法》(2006)的规定,企业集团财务公司是指以加强企业集团资金集中管理和提高企业集团资金使用效率为目的,为企业集团成员单位提供财务管理服务的非银行金融机构。它的资金来源主要有股东投入、成员单位的存款和同业拆借。符合条件的财务公司,可以向中国银监会申请发行财务公司债券。其从事的业务主要有:对成员单位办理财务和融资顾问、信用鉴证及相关的咨询、代理业务;协助成员单位实现交易款项的收付;经批准的保险代理业务;对成员单位提供担保;办理成员单位之间的委托贷款及委托投资;对成员单位办理票据承兑与贴现;办理成员单位之间的内部转账结算及相应的结算、清算方案设计;吸收成员单位的存款;对成员单位办理贷款及融资租赁;经中国银监会批准还可以从事承销成员单位的企业债券;对金融机构的股权投资;有价证券投资;成员单位产品的消费信贷、买方信贷及融资租赁等业务。

我国汽车企业集团设立的财务公司分属于不同的汽车企业集团。虽然《企业集团财务公司管理办法》(2006)没有对汽车企业财务公司从事汽车金融业务进行规定,但是,由于其规定部分财务公司经中国银监会的批准,可以从事成员单位产品的消费贷款、买方信贷及融资租赁等业务,事实上也放开了汽车企业财务公司从事汽车金融业务的政策限制。然而,尽管部分汽车企业集团财务公司已经开始进行汽车消费贷款的试点工作,由于资金来源有限,经营管理经验不足等原因,其在汽车金融领域内的专业化优势尚未显现。

(4)金融租赁公司。金融租赁公司是指经中国人民银行批准,以经营融资租赁业务为主的非银行金融机构。它的资金来源有:金融机构借款、外汇借款、同业拆借业务、经中国人民银行批准发行金融债券等。其业务范围包括:直接租赁、回租、转租赁、委托租赁等融资性租赁业务;经营性租赁业务;接受法人或机构委托租赁资金;接受有关租赁当事人的租赁保证金;向承租人提供租赁项下的流动资金贷款;有价证券投资、金融机构股权投资;租赁物品残值变卖及处理业务;经济咨询和担保;中国人民银行批准的其他业务。

(5)互联网汽车金融平台。互联网汽车金融是汽车金融以互联网为载体的表现形式,涵盖了消费信贷(包括新车、二手车)、融资租赁(包括新车、二手车)、供应链金融和互联网保险等融资业务。互联网汽车金融的直接参与主体主要包括车商贷平台、电商交易平台和互联网汽车保险平台。各个主体从不同角度切入车贷业务,为不同对象提供定制化产品,大大提高了产品应用效率,降低了获客成本。从供应链金融到汽车消费金融,互联网平台可覆盖汽车全产业链。

互联网汽车金融平台的优势有以下三点:一是可依托流量优势,降低汽车消费金融获客成本。渠道成本在汽车金融领域成本上仅次于资金成本,4S店由于店面及人员投入较高,作为汽车金融的传统渠道成本较高且难以灵活调整。通过自建平台或与互联网公司合作,渠道成本控制方面可以得到主动权,进一步降低其绝对值。二是可以靠大数据技术,获得更加全面真实的用户数据,提高坏账甄别率,加快贷款审批速度;提高供应链金融运作效率。大数据作为互联网金融平台的固有优势,不仅体现在汽车消费金融领域客户征信信息的完整性上,也体现在供应链金融领域,对厂商信息的整合,可将企业的历史交易数据、运营情况、财务状况等信息做到电子化,从而全面、高效地整合信息发放贷款。三是互联网融资相对资金成本可控,且期限更为灵活。资金成本是汽车金融最大的成本,随着银行贷款利率居高不下,ABS(Asset Backed Securitization)融资票面利率也屡创新高。从互联网(余额宝等)产品的收益率来看,其利率虽有上升,但仍低于银行基准利率。另外,随着用户对互联网理财产品的关注度上升,且第三方支付有一定导流作用,更为快捷的投资理财服务预计将来会聚集更多的社会闲置资金,用于高速增长的互联网消费金融领域。

第三节　汽车产业与汽车金融的关系

　　汽车产业是汽车工业的升级。汽车工业的概念较为封闭和狭小,主要突出的是整车及零部件的制造环节,而"汽车产业"则把与汽车相关的内容扩展到整个汽车产业价值链,不仅包括汽车整车和零部件的制造环节,还涉及汽车的销售和服务等环节。金融是指货币资金的融通,包括与货币流通和信用有关的一切经济活动。金融的基本职能是为经济的运行筹集资金和分配资金,它是通过金融市场或金融中介直接或间接地将资金从供给方转移给需求方。

　　从产业的性质看,汽车产业价值链中的汽车制造环节属于第二产业,产业价值链中的销售、服务等环节属于第三产业。因此,汽车产业既是一个技术密集型产业,也是一个资金密集型产业。汽车产业的高技术含量和规模化生产决定了它从融资到生产、销售及售后服务,都离不开金融资本和金融服务。而金融行业是服务业,属于第三产业,其经营的本质是为相关产业提供资金,并在此基础上寻求自身发展。这种产业之间的相互依赖性决定了汽车产业和金融行业之间的必然联系,主要体现在以下两个方面。

一、汽车产业的发展需要金融业的支持

1. 汽车生产、销售融通资金需要金融业的支持

　　通过专业的金融配套服务,对各个环节提供及时周到的资金融通,可以有效地疏通汽车生产、销售、消费和服务等各个环节,从而有效地化解供求矛盾。由于现代汽车生产是规模化和大批量的流水线生产,故产能的增加是跳跃性的,而社会满足这种产能的消费需求却是逐渐提升的,在市场上形成了生产有余、卖者有货、买者无钱的局面。通过金融手段可以调剂社会消费资金,使其在短时间内即可以实现购买的愿望,资金供给充分;还可以通过金融手段调节数量上的平衡。汽车经销商可以用与汽车有关的各项汇票、本票申请票据融资,获得低成本的流动资金,还可以申请抵押贷款获得资金支持。汽车消费者可以更快、更优惠地获得购车贷款。通过金融服务,消费者虽然增加了汽车消费的相关支出,但同时大大减少了一次性支出的现金流,因此,不至于因为汽车消费而失去资产的其他盈利机会,汽车消费的机会成本大大下降。通用汽车公司为了推动其汽车的销售,克服当时银行不愿向还属于奢侈品的汽车发放消费贷款的障碍,成立了通用汽车票据承兑公司(GMAC),而福特公司为了

给其流水线大规模生产的汽车寻找销路,稍后也成立了福特信贷公司(FC)。

金融服务机构资金的大部分来自消费者的储蓄。同样,它应该而且也可以在汽车的生产性信贷和汽车的消费性信贷之间作适当的分配,以调节和保证社会消费基金与社会生产基金之间的平衡。

2. 汽车产业资金使用效率的提高需要金融业的帮助

开放金融市场能有效地从社会各个角落中吸收游资和闲散资金,形成根据货币供求状况在各部门、各地区之间重新分配资金的机制。金融行业提高汽车产业资金使用效率的作用,主要体现在对汽车生产制造企业、汽车经销商、汽车维修服务商、汽车消费者的作用上。

金融行业为汽车产业创造价值提供了强大支持。在汽车产业发展各个阶段,金融行业为汽车产业注入了大量的资金,使汽车产业不断创造出真实的价值。由于汽车产业规模较大,在规模经济效应下,金融行业对汽车产业的支持规模逐步扩大,为汽车产业创造庞大的价值规模提供了强大的支持。从这一点上说,金融行业的强大供给是汽车产业蓬勃发展的关键因素。

汽车产业是一个显著体现规模化的产业,是典型的资本密集、技术密集、高投入高产出和规模经济效益递增的产业,一般具有较高的资产收益率。汽车产业对资金的需求量非常大,客观上需要有自己的融资机构,因此,国外的汽车金融公司发展很快。汽车金融公司对汽车制造商、汽车经销商和汽车消费者都是非常有利的,相互促进,相互依存,逐渐形成了汽车制造商、经销商和金融服务的"铁三角"关系。

发展汽车金融服务可以解决汽车生产、流通和消费中的资金需求,使生产资金与销售领域的资金占用分离,使资金的投向和使用环节明朗化,有助于资金合理使用,提高其使用效率。在国外,汽车制造商将产品配送给经销商,为了避免长期占用资金,制造商一般对经销商仅有2个月的赊销期,在2个月内经销商还款是免息的。经销商为了解决采购资金不足的问题,利用汽车金融公司提现便成为有效的手段。它可以利用与制造商之间的商业汇票到汽车金融公司兑换现金(当然,到银行去兑换也可以,但是银行的审查更严格,放款的时间会更长;而汽车金融公司由于了解各汽车经销商的信用状况,审查程序相对简便)。在这种机制下,汽车制造商由于经销商货款的及时到位而保证了生产经营的顺利进行,双方都不需要占用很多的资金。经销商也不会因为消费者采用信贷方式购车而带来资金压力。经销商可以将消费者签署的贷款合同交给汽车金融公司,汽车金融公司凭此合同将车款一次性打入经销商账户,消费者只要向汽车金融公司慢慢还款就可以了。汽车金融公司在资金层面解决了制造商、经销商和消费者三者的矛盾,有力地促进了汽车产业的发展。

3. 金融服务可以为汽车产业带来新的利润增长点

对汽车制造商而言,由于增加了汽车销售而增加了盈利;对经销商而言,可以从三个方面增加盈利:一是汽车销售量增加带来的利润;二是库存资金占用减少、周转加快而增加的盈利;三是从金融机构获得的佣金收入。通过开展汽车融资销售,汽车产品从生产环节转移到流通环节后,生产企业即可收回货款,不用考虑应收账款和呆账风险,可在新产品的研发上投入更多的精力和财力,进而提高整个汽车产业的技术水平和产品开发能力。在汽车产业进入微利时代后,与汽车有关的金融服务不单纯是促进汽车销售,它本身就是重要的盈利手段,汽车金融服务已经是汽车产业链上的重要一环。

4. 金融服务有利于汽车产业的整合

资金是重要的生产要素,在趋利性作用下资金的流动具有自发增加的倾向。这样,在整个汽车产业中,由于资金是最活跃、最有渗透力的因素,在金融市场的作用下,汽车产业能按市场规律配置资源,优势企业可在资本的支持下完成对行业的整合,如20世纪20~30年代的美国,在资本的作用下汽车生产企业由200家整合到主要的3家(通用、福特和克莱斯勒)。

二、金融业的发展需要拓展汽车金融产品

汽车金融是金融业的重要组成部分,开拓汽车金融市场对金融繁荣与发展具有举足轻重的作用。纵观国内外汽车产业与金融业的发展历史,大体上存在这样一种趋势:什么时期一个国家或地区的汽车产业兴旺发达,这一时期的金融业必然兴旺发达;反之亦然。金融业与汽车产业是相互影响,相互促进的,汽车产业的发展对金融业的影响主要表现在以下几个方面。

1. 金融业发展的需要

金融业的稳步发展,需要实行多元资产战略,体现金融业经营管理的资产分散化原则的要求。通过汽车消费信贷可扭转金融业融资主体单一的局面,提高银行贷款对象素质,扩大资金供给,提高资金使用效率。金融机构提供汽车消费贷款,一是有利于以贷引存,优化存款增长;二是有利于增强银行服务功能,扩大社会影响,提高知名度和竞争力;三是有利于调整信贷结构,分散和控制贷款风险;四是有利于促进中间业务的发展,增加银行收入;五是有利于扩大消费需求,引导居民消费行为,促进消费结构的合理化。所以,金融机构有从事汽车消费信贷的积极性。综观全球汽车市场,2014年汽车金融的平均渗透率已达70%,美国和德国的汽车金融渗透率分别为81%和64%,连印度这样的发展中国家渗透率都在50%~70%。我国作为全球汽车的产销大国,2017年,新车(区别于二手车)金融渗透率为39%,而同期美国、德国、法国的汽车金融渗透率分别为86%、75%、70%。虽然国内汽车金融渗透率相较国外差距明显,但是发展速度飞快,2014—2017年,我国25家汽车金融公司总资产逐年上升,且增速水平较高,均保持在23%以上。2017年末,汽车金融公司总资产达到7447亿元,同比增长30%。2018年第二季度末,我国汽车金融公司总资产规模达到7624.95亿元,净利润超过77.56亿元,蕴含了巨大的发展潜力与成长空间。从业务增长率来看,国外汽车金融业务每年以3%的速度稳步增长;从利润占比来看,传统制造环节的利润只占到38%,而以售后零配件服务、二手车零售和融资租赁为代表的服务环节,利润则高达62%,汽车金融服务已成为各大汽车集团重要的利润来源。

2. 丰富了金融产品

为汽车产业提供的金融服务已是欧美等发达国家的第二大个人金融服务项目,是一个规模大、发展成熟的产业,有着多样化的汽车金融产品。如价格浮动式汽车金融产品,投资理财式汽车金融产品,以旧换新式汽车金融产品,公务用车式汽车金融产品等。与股票、债券、银行存款等大众化的金融商品相比,汽车金融产品是一种较为复杂的金融商品,由于消费者喜好具有多样性和易变性,对汽车金融产品的需求也呈多样化趋势。各金融机构为满足消费者的多样化需求,必然会想方设法开发新的汽车金融产品。因此,发展汽车金融服务

业,可以大大丰富金融市场的金融产品。

3. 金融结算工具的进一步应用和推广

随着汽车产业的蓬勃发展,金融业介入汽车产业领域的范围逐渐扩大,居民个人通过办理抵押贷款来购买汽车的方式得到进一步推广。为了方便款项结算,个人采用支票和银行本票办理结算已经成为可能,为支票和银行本票的扩大应用提供了外部条件。另外,有的银行还利用信用卡办理汽车消费贷款手续,建立分期付款、分期还款的自动转账支付系统,也为信用卡的业务内容推广起到了积极作用,为银行拓展了结算服务领域。

以上分析表明,汽车产业与金融业相互融合是现代社会经济发展的必然要求,两者是一种相互促进、相互依赖、共同发展的关系。

思考题

1. 什么是汽车金融?
2. 汽车金融的研究对象有哪些?
3. 汽车金融的宏观作用和微观作用主要表现在哪些方面?
4. 简述汽车金融的主要特点。
5. 汽车金融市场的构成要素有哪些?
6. 我国有哪些主要的汽车金融机构?
7. 论述汽车产业与金融业的关系。

第二章 汽车金融公司

第一节 汽车金融公司的定义及特征

汽车金融公司从诞生至今已有近百年的历史,最早起源于美国通用汽车公司设立的通用汽车票据承兑公司。在美国,从事汽车金融服务的机构除了商业银行、信托公司、信贷联盟等传统综合性金融机构以外,在汽车金融市场中起着主导作用的是专业性的汽车金融公司。在许多国家,汽车金融公司是汽车企业为促进企业销售、改善企业经营服务、提高企业资本运作效率而出资设立的与汽车销售有关的服务于母公司、经销商、股东和客户的金融服务机构。而在我国,汽车金融公司指经中国银监会依据有关法律、行政法规和办法规定批准设立的,为中国境内的汽车购买者及销售者提供贷款的非银行金融企业法人。二者虽定义不同,但其性质都是通过资本运作,为汽车产业提供专门的金融服务的公司,旨在促进汽车产业的发展。

金融公司、汽车厂家、经销商与客户的关系如图 2-1 所示。

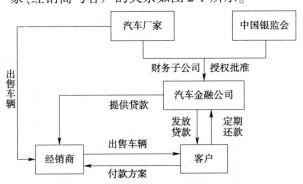

图 2-1 金融公司、汽车厂家、经销商与客户的关系

一、汽车金融公司的定义

由于各国金融体系的差异,业务功能的不同,加之汽车金融公司在金融资产中所占份额有限,国际上对汽车金融公司尚没有统一的定义。以下是关于汽车金融公司的几种不同定义。

1. 国外对汽车金融公司的定义

1)福特汽车信贷公司对汽车金融公司的定义

作为全球汽车融资行业领头羊的福特汽车信贷公司,其从汽车金融公司的目的、服务对象以及服务内容等方面加以具体规定,对汽车金融公司给出的定义是:以专业化和资源化满足客户和经销商的需要,为经销商和客户提供金融产品和服务,包括为购买新车、二手车和租赁车辆提供金融投资以及提供批售融资、抵押融资、营运资金融资、汽车保险、库存融资保险等金融服务,并围绕汽车销售业务提供金融投资服务的公司。

2) 美国消费者银行家协会对汽车金融公司的定义

美国消费者银行家协会认为汽车金融公司就是以个人、公司、政府和其他消费群体为对象,以其获取未来收益的能力和历史信用为依据,通过提供利率市场化的各类金融融资和金融产品以及相应的价值型投资服务,实现对汽车产品的购买和使用。该定义对汽车金融公司的服务对象进行了扩展,其服务对象包括个人、公司、政府和其他消费群体,强调服务对象的未来收益能力和历史信用。

3) 美国联邦储备银行对汽车金融公司的间接定义

美国联邦储备银行将汽车金融服务公司划入金融服务体系的范畴,它是从汽车金融服务公司业务及资产组成的角度对汽车金融服务公司进行间接定义的:任何一个公司(不包括银行、信用联合体、储蓄和贷款协会、合作银行及储蓄银行),如果其资产所占比重的大部分由以下一种或多种类型的应收款组成,如销售服务应收款、家庭或个人的私人现金贷款、中短期商业信用(包括租赁)、房地产二次抵押贷款等,则该公司就称为金融服务(财务)公司。该定义体现出汽车金融公司的两大主要特点:一是汽车金融公司的服务对象主要是个人金融消费者;二是应收账款类的金融资产是公司的主要资产。

2. 我国对汽车金融公司的定义

根据新《汽车金融公司管理办法》的规定,中国银监会对汽车金融公司的定义为:经中国银行业监督管理委员会批准设立的,为中国境内的汽车购买者及销售者提供金融服务的非银行金融机构。该定义有三层含义:第一,汽车金融公司是非银行金融机构。第二,汽车金融公司专门从事汽车贷款等业务,不同于银行和其他非银行金融机构。第三,其服务对象为中国境内的汽车购买者及销售者。汽车购买者包括自然人和法人及其他组织;汽车销售者是指专门从事汽车销售的经销商,不包括制造商和其他形式的销售者。

以上列举的国内外关于汽车金融服务和汽车金融公司的定义的描述中有其共性,也有不同之处,不同之处在于汽车金融公司都是提供汽车金融服务的机构,但各个机构因为立场不同在表述上有所差异,界定的产品或者服务不尽相同。

从美联储对金融公司的定义中可以间接得出汽车金融公司的两大主要特点:汽车金融公司的服务对象主要是个人金融消费者;应收账款类的金融资产是公司的主要资产。

美国消费者银行家协会对汽车金融服务的对象进行了扩展,其服务对象包括个人、公司、政府和其他消费群体,强调服务对象的未来收益能力和历史信用,突出金融服务的信贷消费的主要特点。

作为真正提供汽车金融服务的实体机构,福特汽车信贷公司对汽车金融公司的定义强调专业化、资源化,提供实实在在的产品和服务,指出其包括融资、保险和金融投资服务等三类主要服务。

中国银监会对汽车金融公司的定义最具现阶段实际操作指导性,同时也是我国汽车金融公司必须遵循的原则。其有三层含义:第一,汽车金融公司是一类非银行金融机构,而不是一般的汽车类企业。第二,汽车金融公司专门从事汽车贷款业务,其业务不同于银行和其他类非银行金融机构。第三,其服务对象确定为中国大陆境内的汽车购买者和销售者。汽车购买者包括自然人和法人及其他组织;汽车销售者是指专门从事汽车销售的经销商,不包括汽车制造商和其他形式的销售者。

综上所述,汽车金融公司是指在汽车的生产、流通、消费与维修服务等环节中,从事融通资金服务的专业机构,是为汽车生产者、销售者、维修服务提供者和购买者提供贷款的非银行企业法人。汽车金融公司提供的金融服务可以分为两个层次:第一层次是针对汽车制造商、零部件企业的传统金融业务,如各类长、短期贷款,委托贷款,银行承兑汇票融资贴现,保函,保险理赔业务等金融产品,为汽车整车及零部件生产企业提供项目融资和营运资金融通等服务。第二个层次是针对流通和消费环节提供的金融服务,主要是汽车消费信贷、融资租赁、经销商库存融资、营运设备融资等零售业务。

国内主要汽车金融公司见表2-1。

国内主要汽车金融公司　　　　　　　　　表2-1

企业名称	成立时间	股权属性
上汽通用汽车金融	2004年	中外合资
大众汽车金融(中国)	2004年	外商独资
丰田汽车金融(中国)	2005年	外商独资
福特汽车金融(中国)	2005年	外商独资
戴姆勒-克莱斯勒汽车金融(中国)	2005年	外商独资
东风标致雪铁龙汽车金融	2006年	中外合资
沃尔沃汽车金融(中国)	2006年	外商独资
东风日产汽车金融	2007年	中外合资
菲亚特汽车金融	2007年	外商独资
奇瑞徽银汽车金融	2009年	奇瑞汽车+徽商银行
宝马汽车金融(中国)	2010年	外商独资
三一汽车金融	2010年	三一集团+湖南省信托+华菱钢铁
广汽汇理汽车金融	2010年	广汽集团+东方汇理
一汽汽车金融	2011年	一汽财务+吉林银行
北京现代汽车金融	2012年	中外合资
重庆汽车金融	2012年	庆铃汽车+渝富资产管理+重庆农商银行
瑞福德汽车金融	2013年	江淮汽车+桑坦德消费金融
天津长城滨银汽车金融有限公司	2013年	长城汽车+天津滨海农村商业银行
华泰汽车集团有限公司	2015年	华泰汽车+渤海银行

二、汽车金融公司的特征

通过对国内外汽车金融公司的比较分析,汽车金融公司具有如下特征。

1. 性质的多样性

汽车金融公司多为大汽车集团的全资公司,具有三重性。

(1)产业性。汽车金融公司与汽车产业的兴衰息息相关,汽车金融公司在汽车产业的调整发展中产生。相应的,汽车金融的发展又极大地促进了汽车产业的发展。总之,汽车金融实现了产业资本与金融资本的完美对接。

（2）金融性。汽车金融公司是经营货币资金的特殊的金融服务机构。由于它几乎提供了与汽车消费有关的所有的金融业务，涉及汽车消费与贷款的方方面面，实现了资金积累与运用的金融职能。

（3）企业性。汽车金融公司的企业性主要表现在以下三方面：

①汽车金融公司对汽车集团具有很大的依赖性，由其出资设立；

②汽车金融公司为汽车集团服务，为汽车集团的汽车生产及销售提供支持，加强汽车集团与用户的联系；

③汽车金融公司虽是汽车集团的全资公司，但同时其具有独立核算的企业法人地位。

2. 业务的多元化

汽车金融公司几乎涉及汽车消费的所有业务，是一个附加值相当大的领域，也是一项复杂的工程。其业务体现在对汽车生产制造企业、汽车经销商、汽车消费者和汽车金融服务市场的服务上。多元化体现在以下方面：一是融资对象多元化，即汽车金融公司不再局限于只为本企业品牌的车辆融资，而是通过代理制将融资对象扩展到多种汽车品牌；二是金融服务类型多元化，将传统的购车信贷扩大到汽车衍生消费及其他领域的个人金融服务，这些衍生业务起到了和消费信贷业务相互促进的作用，满足了汽车消费者多方面的金融需求；三是地域的多元化，即根据不同地区的客户需求提供相应的汽车金融服务产品，不同地区的客户选择任何方式的汽车消费均可获得相应的金融支持。

3. 作用的全面化

国外的发展经验表明，汽车金融服务的运营集合了汽车产业及其延伸的相关产业链上各方合作者的经济利益并对其具有实质性影响，由于产业之间的联动效应，汽车金融的调整发展可以增加经济附加值。

（1）汽车金融公司与大企业互动发展。汽车金融公司的业务发展给汽车企业的发展解除了资金枷锁，提高了其竞争力，促进了汽车产业的发展。

（2）有效利用金融资源，健全金融体系。突出表现在缩短了制造—经销—购买这一循环时滞，促进了商品流通，有效配置了社会资金资源。

（3）汽车金融的发展能够完善个人金融服务体系，其采取专业化服务，分散了风险，促进了信用经济的发展。

4. 设立方式的多样化

依照投资主体的不同，汽车金融公司的设立方式目前主要有三种：

（1）由主要的汽车制造企业单独发起设立的汽车金融公司。这种汽车金融公司属于"大汽车制造企业附属型"。目前世界上几家大的汽车金融公司都属于这种类型。

（2）主要由大的银行、保险公司和财团单独或者联合发起设立的汽车金融公司，这种汽车金融公司被称为"大银行财团附属型"。

以上两种"附属型"汽车金融公司根据与被附属母公司的关系紧密程度，又可以进一步划分为"内部附属"和"外部附属"两种类型。"内部附属"是指汽车金融公司在所依附的母公司内部存在和运行，与母公司的关系较为紧密，或者是母公司的一个从事汽车金融服务的部门，分别对内对外以两种不同的名称和牌子出现。这种现象在国外一些大的汽车制造公司在中国所设立的即将开展汽车金融服务的公司(办事处)中比较常见。"外部附属"是指与母公司有相对的独立性,不但拥有独立法人资格,而且在业务上独立运作。

(3)没有母公司,以股份制形式为主的独立型汽车金融公司。这种汽车金融公司规模一般较小,股东来源较广泛。在美国绝大部分汽车金融服务公司都是以这种方式存在的。这种公司在提供金融服务的汽车品种品牌上没有完全固定,相对比较灵活。

应该提出的是,大型汽车制造厂商"附属"的汽车金融公司一直在汽车金融领域占据垄断地位,是汽车金融服务的最大提供商。造成这种现象的原因是其熟悉汽车产业,与母公司和消费者紧密联系,有丰裕的资金来源、健全的营销网络和高效的服务流程,能提供与汽车消费和使用相关的全方位配套金融服务,使车辆和金融产品的定价更趋合理,大大扩展了汽车产业的价值链,促进了汽车产业与汽车金融服务业进一步融合与发展。

5. 经营的专业化

在风险控制方面,专业汽车金融公司能够根据汽车消费特点,开发出专门的风险评估模型、抵押登记管理系统、催收系统、不良债权处理系统等。在业务营运方面,汽车金融公司从金融产品设计开发、销售和售后服务等,都有一套标准化的操作系统。汽车金融公司作为附属于汽车制造企业的专业化服务公司,可以通过汽车制造商和经销商的市场营销网络,与客户进行接触和沟通,提供量体裁衣式的专业化服务。汽车产品非常复杂,售前、售中、售后都需要专业的服务,如产品咨询、签订购车合同、办理登记手续、零部件供应、维修、保修索赔、新车抵押等,汽车金融公司可以克服银行由于不熟悉这些业务,而带来的种种缺陷。这种独立的、标准化的金融服务,不仅大大节省了交易费用,而且大大提高了交易效率,从而获得了规模经济效益,同时给消费者带来了便利。

6. 管理的现代化

管理现代化是指现代信息技术在汽车金融服务的业务操作和风险评估过程中的广泛应用,其未来趋势是充分利用国际互联网开展业务。汽车金融服务的现代化对提高效率、降低成本具有重要意义。作为一项以零售金融为主的金融服务,交易方式和手段的现代化是必由之路。例如德国大众金融服务公司的"直接银行(DIRECTBANK)"方式,就是有别于传统银行需要设立分支机构的一种创新,它不再通过设立分支机构招揽客户,而是充分利用信息化的便利,将汽车经销商、客户和金融机构的信息通过网络联系起来,代表了类似汽车消费信贷一类零售银行业务未来的发展趋势。

7. 竞争的国际化

汽车金融服务的国际化源于经济全球化。经济全球化大大推进了汽车工业在全球范围内的重组,汽车工业跨国公司在全球范围内组织生产、销售和提供金融服务。目前通用、福特、丰田、大众已垄断了全球汽车市场的70%,相应的金融服务也在走向联合和代理。一是一些小型汽车金融服务机构由于效率和交易成本在市场竞争中处于劣势,寻求并入大的金融公司,这一趋势随着汽车工业近10年来在世界范围内的重组得到进一步增强,目前占据世界主要汽车市场的跨国汽车集团,也同时占据了相应市场的汽车金融服务。二是经济全球化特别是金融及货币一体化的促进。比如在欧元区,德国大众金融服务公司推出的汽车贷款在业务品种、利息及费用方面均保持一致。三是随着客户规模对汽车金融服务间接费用及资产收益影响的增大,通过开展全球化的金融业务,可以提高规模效益。四是汽车金融服务全球化的形式正趋于多样,从品牌融资代理到设立分支机构的方式均不鲜见,改变了以往设立全资子公司的单一形式。跨国汽车金融服务机构通过全资、合资、合作、代理融资等方式正在全球范围内展开激烈竞争。我国作为全球范围内潜力最大的汽车消费市场,随着汽车市场的升温,在《汽车金融公司管理办法》出台后,必然也要加快融入这一竞争领域。

三、汽车金融公司与其他金融服务机构的比较分析

汽车金融服务模式及汽车金融产品层出不穷,在我国的汽车金融市场,根据服务主体的不同,可将提供汽车金融服务的机构分为三大类。第一类为综合性商业银行提供的汽车金融服务,主要以四大商业银行为代表;第二类为专业汽车金融公司,如上汽通用汽车金融公司、福特汽车金融(中国)有限公司等;第三类为国内大汽车企业集团财务公司提供的汽车金融服务,如一汽集团财务公司、东风汽车财务公司等。将三类提供汽车金融服务的机构进行对比,区别如下。

(1)企业性质(所有制)不同。第一类企业主要是国有企业,现在四大国有商业银行仍然是国有控股;第二类企业主要是外商独资企业和中外合资企业;第三类企业主要是由集团公司控股,其他股东构成情况则相对复杂。

(2)与汽车制造企业的关系不同。综合性商业银行与汽车制造企业无关系,对汽车产业链不熟悉,对汽车知识了解不深;而后两类企业与汽车制造企业都有着紧密的关系,且熟悉整个汽车产业链,设立之初的目的都是为本身的汽车制造企业服务。

(3)业务范围不同。综合性商业银行的业务范围根据《商业银行法》第三条的规定主要有:吸收公众存款;发放短期、中期和长期贷款;办理国内外结算;办理票据承兑与贴现;发行金融债券;代理发行、代理兑付、承销政府债券;买卖政府债券、金融债券;从事同业拆借;买卖、代理买卖外汇;从事银行卡业务;提供信用证服务及担保;代理收付款项及代理保险业务;提供保管箱服务等。

根据《汽车金融公司管理办法》的规定,汽车金融公司的业务范围包括:接受境外股东及其所在集团在华全资子公司和境内股东3个月(含)以上定期存款;接受汽车经销商采购车辆贷款保证金和承租人汽车租赁保证金;经批准,发行金融债券;从事同业拆借;向金融机构借款;提供购车贷款业务;提供汽车经销商采购车辆贷款和营运设备贷款,包括展示厅建设贷款和零配件贷款以及维修设备贷款等;提供汽车融资租赁业务(售后回租业务除外);向金融机构出售或回购汽车贷款应收款和汽车融资租赁应收款业务;办理租赁汽车残值变卖及处理业务;从事与购车融资活动相关的咨询、代理业务;经批准,从事与汽车金融业务相关的金融机构股权投资业务;经中国银监会批准的其他业务。

《企业集团财务公司管理办法》第三章第二十八条规定,财务公司可以经营下列部分或者全部业务:对成员单位办理财务和融资顾问、信用鉴证及相关的咨询、代理业务;协助成员单位实现交易款项的收付;经批准的保险代理业务;对成员单位提供担保;办理成员单位之间的委托贷款及委托投资;对成员单位办理票据承兑与贴现;办理成员单位之间的内部转账结算及相应的结算、清算方案设计;吸收成员单位的存款;对成员单位办理贷款及融资租赁;从事同业拆借;中国银监会批准的其他业务。另外,经过中国银监会的批准,几大汽车制造企业的财务公司(主要有一汽、东风、上汽)都获得了提供汽车消费信贷业务的资格。

从上述法律和管理办法规定来看,汽车金融公司的业务范围最窄,融资渠道也较为单一。另外,根据《汽车金融公司管理办法》第十二条的规定,未经中国银监会批准,汽车金融公司不得设立分支机构;根据《商业银行法》第十九条规定,商业银行是可以在需要的地方经过批准设立分支机构的;根据《企业集团财务公司管理办法》第十七条和十八条的规定,财务公司根据业务需要,经中国银监会审查批准,可以在成员单位集中且业务量较大的地区设立分公司,但财务公司的分公司不具有法人资格,由财务公司依照本办法的规定授权其开展业务活动,其民事责任由财务公司承担,财务公司根据业务管理需要,可以在成员单位比较集中的地区设立代表处,并报中国银监会备案。

四、汽车金融公司的竞争优势

1. 技术优势

汽车金融公司熟悉汽车市场行情,拥有汽车方面的技术人员和市场销售人员,能够较准确地对贷款客体作出专业化的价值评估和风险评估,在处理抵押品和向保险公司索赔等方面具有熟练的专业技巧。而且汽车金融公司以汽车信贷为主业,能够专心致志地做好汽车信贷的贷前、贷中、贷后的管理。无论是直客式汽车信贷模式,还是间客式汽车信贷模式,都是以商业银行为主导的信贷模式。在这种模式下,购车人往往是通过经销商或担保公司或律师事务所与银行发生借贷关系。在签订借款合同之前,银行一般会要求购车人到指定保险公司购买车贷险,并到车管所办理抵押登记手续。因而,从购车人提出贷款申请到最终购得所选车辆一般要经过几道,乃至上十道手续,其繁杂程度可想而知。比较而言,汽车金融公司的贷款手续相对简单。由于汽车金融公司与汽车制造商和经销商关系密切(在很多情况下属于同一集团),购车人只需要在经销商处就可办理个人资料的审核、贷款手续和最终的车辆挑选,从而享受"一站式服务"。平均来看,商业银行的汽车贷款一般需要一周时间,而汽车金融公司则只需要一到两天的时间。在生活、工作节奏日趋紧张的当今社会,便捷性往往能吸引更多的客户。

2. 价格优势

在个人信用体系发达、社会信用环境良好的国家,汽车金融公司与商业银行在办理贷款手续的时间上差异并不大。显然,便捷的贷款手续并不是支撑汽车金融公司强大竞争力的关键。其所能提供的有竞争力的价格则是商业银行无法做到的。由于汽车金融公司通常附属于汽车制造商,其成立的初衷就是要促进汽车销售,从而加速汽车制造商的资金回流。在此情况下,汽车金融公司往往会出于刺激销售的考虑推出低利率,甚至零利率车贷,如"9·11"事件后的美国汽车制造商也会适当向汽车金融公司提供贴息等支持。此外,由于汽车金融公司贷款手续简单,一般不再收取其他手续费用。而以商业银行主导的信贷模式由于牵扯诸多中介服务机构,购车者不得不为此支付诸如担保费、保险费、管理费等费用。对于购车者来说,较低的贷款价格实际上意味着对汽车价格打折扣,自然会受到青睐。

3. 经营优势

在业务运营方面,从信贷产品的开发到信贷与销售和售后服务的联动,专业的汽车金融公司都有一套标准化的业务操作系统。这种专业化、标准化的经营,不仅大大提高了交易效率,而且有效防范了信用风险。强有力的风险控制能力是确保汽车金融公司在汽车金融市场上攻城略地的制胜法宝。此外,汽车金融公司一般都隶属于某一汽车集团,其服务的对象主要是本集团所生产的各种汽车品牌,因此,汽车金融公司与其服务的品牌汽车生产商同属一个集团,便于协调和配合,不存在根本的利益冲突。生产厂商和经销商经过长期的合作,已经形成比较稳定的业务关系,二者相互依存、相互制约。在我国,经销商甚至还处于弱势地位,一定程度上受生产厂商的控制,汽车金融公司可以利用生产厂商对经销商施加影响,取得经销商对汽车信贷业务的积极配合,便于开展业务,减少信贷风险。某一品牌的汽车一般都有专业的特约维修商,生产商、经销商和特约维修商都是利益相关者,因此,汽车金融公司、生产商、经销商、特约维修商通过某种协议可以成为一个紧密的利益共同体,在业务经营中互相关照。

4. 管理优势

在汽车信贷活动中,由于作为抵押物的汽车不像房屋等其他资产一样处于固定位置,而是具有较强的可转移性,放贷主体往往很难对其实施强有力的监督,如何控制风险就成为令众多金融机构头疼的问题。而专业的汽车金融公司则能够针对汽车消费的特点,开发出专门的个人信用风险评估模型、抵押登记管理系统、催收系统、不良债权处理系统等。在汽车的服务环节之中,汽车金融公司对客户有着深入的了解,同时又处于第一选择者的地位,可优先选择诚信度较高的优质客户,从而降低逆向选择的风险,也将在与其他金融机构的竞争中处于有利地位。并且,在多年的业务开展中,几大汽车金融公司都已开发并成功应用了先进成熟的计算机业务管理系统,它们的汽车金融服务网络涵盖了汽车贷款业务的申请、受理、评审、发放、贷后管理等各个环节,具有高效科学的特点。

5. 服务优势

从国外的汽车金融公司来看,贷款只是其所提供的众多汽车金融服务中的一种。汽车金融公司的客户还可以享受到该公司提供的保险、燃油、维修、检测、汽车俱乐部以及汽车救援等专业化的服务。这一点,商业银行显然无法做到。汽车金融公司可以与生产厂商、经销商、汽车维修商达成某种协议,为汽车生产、销售、维修、旧机动车回购、以旧换新等各个业务环节提供资金服务,大大拉长了产业链,便于资源整合、业务创新、灵活操作。例如,在汽车销售不畅时,汽车金融服务公司通过发放低利率贷款促进本品牌汽车的销售,不以盈利为主要目的,其利润或损失可以通过与生产厂商、经销商、维修商的利润分成来获得或弥补,因此与银行相比汽车金融公司可以较低的利率提供资金服务。而汽车金融公司之所以敢于发放零利率车贷,很大原因就在于它们可以此吸引客户,培养客户对该品牌的忠诚度,并通过提供上述专业化的收费服务来获取收益。在风险控制、产品设计开发、销售和售后服务等方面,专业汽车金融公司都有一套标准化的业务操作系统,其机构的设置和业务流程的设计都是围绕如何方便经销商和购车客户的角度考虑的,能够对客户的需求做出快速反应。根据有关机构对欧美国家的统计,在完全成熟的国际化汽车市场上,汽车的销售利润在整个汽车业的利润中只占20%,零部件供应占20%,而上述服务所形成的利润则达到50%~60%。提供全方位的汽车金融服务,既是汽车金融公司吸引客户的有力手段,也是其获取高收益的重要渠道。

6. 产品优势

令很多购车者对汽车金融公司青睐有加的重要原因之一,是其所提供的多样化的产品和灵活的操作方式。这与商业银行较为单一和僵化的产品形成鲜明对比。在美国,汽车金融公司可以提供包括分期付款零售、融资租赁、信托租赁、汽车分期付款合同的转让与再租赁等产品,还会有厂家贴息、客户享受零利率等多项优惠措施。此外,汽车金融公司在贷款产品的操作方式上也表现出很高的灵活性。以大众汽车金融公司在国内推出的百龙信贷为例,除首付30%以外,有20%的贷款可以作为"尾付",在贷款到期时一并还清,这实际上降低了购车人的月供额度。

第二节 汽车金融公司的融资

由于汽车金融公司不能吸收社会公众的存款,因此,汽车金融公司发起设立方式的不同决定了其融资模式的不同。当汽车金融公司为项目筹集资金时,通常面临多种融资方式的选择,即资本结构的选择。

一、资本结构的定义

资本结构是指企业各种资本的构成及其比例关系。在理论上,资本结构有广义和狭义两种:广义的资本结构是指全部资本的构成,即自有资本和负债资本的对比关系;狭义的资本结构是指自有资本与长期负债资本的对比关系,而将短期债务资本作为营业资本管理。

资本结构引起人们广泛关注是在莫迪格莱尼(Franco Modigliani)和米勒(Meton Miller)提出资本结构与企业的价值不相关的结论(即 MM 理论)之后。但是,由于这个结论的前提条件非常苛刻,常常受到现实环境的挑战。于是,经过发展提出了税负利益 – 破产成本的权衡理论,该理论又向现实迈进了一步。该理论认为负债可以为企业带来税负的庇护利益,而随着负债的增加破产成本也会增加,当庇护利益的边际收益等于因负债增加而产生的破产边际成本时,企业的价值将会最大。从这个意义上说,资本结构不宜过大或者过小,过大意味着债权人将会承受过大破产成本,因此,债权人不会借款或者提高利率,这都会使得企业价值降低;而资本结构过小,则意味着企业还有可以利用的资源没有得到充分的利用,显然也没有使得企业的价值最大化。

对于汽车金融公司而言,可以更倾向于使用税负利益 – 破产成本权衡理论来解释和控制资本结构。需要补充的是汽车金融公司作为金融机构,它的风险控制相当重要,也就是它的资产投资组合状况对于汽车金融公司来讲是最重要的。风险控制能力将会影响借贷的规模,从而影响资本结构,因此,也可以借助于资本结构来观察公司的经营状况。

在本书中,结合汽车金融公司的特点,倾向于以下的理解:资本结构是指汽车金融公司各种长期资金筹集来源的构成和比例关系。这里强调的是长期资金,包括长期债务和权益资本,而把短期资金归入了现金流量管理的范围。

最优资本结构是汽车金融公司最佳的资本组合方式,它是汽车金融公司资本结构决策的中心问题。汽车金融公司在进行任何筹资决策之前,首先应该根据一定的目标确定最优资本结构,并在以后各项筹资活动中有意识地保持这种最佳的目标资本结构。如果汽车金融公司以往的资本结构不尽合理,则应通过筹资活动加以调整,尽可能使汽车金融公司资本结构趋于合理。

目前,可供汽车金融公司选择的长期筹资方式很多,各种不同的筹资方式又有各自不同的特点,对汽车金融公司的影响也各不相同。在一定时期内,汽车金融公司所面临的运用何种筹资方式筹集资金,各种方式所筹的资金占汽车金融公司资金来源总额的比重是多少,各项资金来源之间的比例关系如何,各种筹资方式的资金成本及其加权平均的综合资金成本、汽车金融公司总体价值目标如何确定等一系列问题都要求汽车金融公司妥善处理和安排。

二、债务资本在资本结构中的作用

在资本结构决策中,合理地安排债务资本的比例,对汽车金融公司有重要的影响。其意义在于:

(1)降低综合资金成本。使用债务资本可以降低汽车金融公司的资金成本。由于债务利息率通常低于股票股息率,并且债务利息在税前支付,汽车金融公司可以减少缴纳的所得税,起到税盾效应;从另一个角度上讲,汽车金融公司债权人面临的风险小于公司股东承担的风险,因此,其要求的投资回报也较低。这些都导致债务资本的成本低于权益资本的成本。因此,汽车金融公司在一定的限度内合理提高债务资本的比例,可以降低综合资本成本。

(2)产生财务杠杆效益。利用债务资本可以产生财务杠杆利益。由于债务利息通常是固定不变的,当息税前利润增加时,每一元利润所负担的固定利息就会相应减少,从而使可分配给汽车金融公司所有者的利润增加。因此,利用债务资本可以发挥财务杠杆作用,给汽车金融公司所有者带来财务杠杆效益,但是同时也会给汽车金融公司带来一定的风险。

三、资本结构决策

最佳资本结构是使汽车金融公司的平均资本成本最低,同时使汽车金融公司价值最大的资本结构。资本结构决策,即最佳资本结构的确定,可以使用资本成本比较法、每股净收益分析法和公司价值比较法等。

1. 资本成本比较法

资本成本比较法是通过计算、比较各备选筹资方案不同资本结构的加权平均资本成本的高低,作出资本结构决策的方法。决策的基本原理为:加权平均资本成本越低,方案越优。决策步骤如下:

步骤一:计算各备选方案的个别资本成本;

步骤二:计算各备选方案的加权平均资本成本;

步骤三:比较各备选方案的加权平均资本成本,选择加权平均资本成本最低的资本结构作为最优资本结构。

2. 每股净收益分析法

每股净收益分析法是利用每股净收益无差别点来进行资本结构决策的方法。所谓每股收益无差别点,是指在负债筹资和权益筹资两种形式下,普通股每股净收益(EPS)相等时的息税前利润点,也可以将它转变为相应的汽车金融公司销售收入或者销售数量点。通过每股净收益分析,可以确定在某一收益水平下不同筹资方式对每股净收益的影响程度,为选择筹资方式、优化资本结构提供决策依据。

可以用每股收益的变化来判断资本结构是否合理,即能够提高普通股每股收益的资本结构,就是合理的资本结构。每股收益受到经营利润水平、债务资本成本水平等因素的影响。分析每股收益与资本结构的关系,可以找到每股收益无差别点。根据每股收益无差别点,可以分析判断在什么样的息税前利润水平或产销业务量水平前提下,适于采用何种筹资组合方式,进而确定企业的资本结构安排,决策的基本原理如下:

(1) 当实际或预计息税前利润大于每股收益无差别点的息税前利润时,运用债务资本筹资方式可获得较高的每股收益。

(2) 当实际或预计息税前利润小于每股收益无差别点的息税前利润时,运用权益资本筹资方式可获得较高的每股收益。

(3) 当实际或预计息税前利润等于每股收益无差别点的息税前利润时,运用债务资本或权益资本筹资方式获得的每股收益一致,此时选择两种方式均可。

每股净收益无差别点法的决策步骤如下:

步骤一:列出不同筹资方案下每股净收益(EPS)计算公式:

$$EPS = \frac{(EBIT - I)(1 - t_1) - PD}{n} \tag{2-1}$$

式中:EPS——每股净收益;
　　EBIT——息税前利润;
　　I——利息总额;
　　t_1——企业所得税税率;
　　PD——优先股股息;
　　n——发行在外普通股股数。

步骤二:根据公式,假设两种筹资方案的每股收益相等,其中息税前利润设为未知数,计算公式如下:

$$\frac{(\overline{EBIT} - I_1)(1 - t_1) - PD_1}{n_1} = \frac{(\overline{EBIT} - I_2)(1 - t_1) - PD_2}{n_2} \tag{2-2}$$

式中:$\overline{EBIT}$——每股收益无差别点息税前利润;
　　I_1——第一种方案下的利息总额;
　　I_2——第二种方案下的利息总额;
　　PD_1——第一种方案下的优先股股息;
　　PD_2——第二种方案下的优先股股息;
　　n_1——第一种方案下的普通股股数;
　　n_2——第二种方案下的普通股股数。

解出上式中的息税前利润,即每股收益无差别点。

步骤三:比较实际或预计 $EBIT$ 与 $\overline{EBIT}$ 的大小,作出筹资方案的选择。

3. 公司价值比较法

以上两种方法都是从账面价值的角度进行资本结构优化分析,没有考虑市场反应,也没有考虑风险因素。公司价值比较法,是在考虑市场风险的基础上,以公司市场价值为标准,进行资本结构优化。即能够提升公司价值的资本结构,就是合理的资本结构。这种方法主要用于对现有资本结构进行调整,适用于资本规模较大的上市公司资本结构优化分析。同时,在公司价值最大化的资本结构下,公司的加权平均资本成本也是最低的。

公司价值比较法的决策步骤如下:

步骤一:利用资本资产定价模型测算公司股票的资本成本;

步骤二:测算在不同债务规模下的公司价值和公司资本成本;

步骤三:比较在不同债务规模下的公司价值和公司资本成本的大小,作出筹资方案的选择。

四、影响资本结构的因素

要选择理想的汽车金融公司的资本结构,除了要考虑资本成本、财务风险、每股收益以外,还有必要考虑以下有关因素。虽然这些因素有时很难定量分析,但却对资本结构决策有着十分重要的影响,因此要对它们作一些定性的介绍。

1. 汽车金融公司的成长与销售稳定性

如果汽车金融公司发展较快,并且销售又相当稳定,那么它对外界的资金融通能力也很强,因为这种公司一般有较好的销售前景,故能承受较多负债引起的利息费用。因此,这种公司比起一般成长慢、销售不稳定的公司能使用更多的债务资本,充分利用财务杠杆的作用。需要注意的是,财务杠杆的运用必须以不危及公司长期稳定经营,足以承担还本付息的现金流出为限,否则,会对公司的长远发展造成伤害,会使公司背上沉重的利息负担,甚至会导致现金短缺,到期债务无法偿还的严重后果。

2. 汽车金融公司管理人员和财务人员的态度

在采取何种资本结构或选择何种筹资方式上,公司管理人员和财务人员的态度主要取决于他们的风险意识和对业绩表现的重视程度。

对于那些风险意识较强,管理方式偏于稳健的管理人员和财务人员来说,一般不会为追求较高的财务杠杆的作用而使公司的负债比例过高,他们不会去冒很大的风险来追求理想的资本结构,但往往可能过于谨慎而不能充分利用财务杠杆的作用来为公司增加净收益。然而,那些风险承受力强,比较乐于显示其经营业绩和才能的管理人员和财务人员,则会敢于冒风险追求发挥财务杠杆的作用,从而使企业潜在的风险增加。公司管理人员和财务人员应既有稳健意识,又不能过于拘泥,更不能为了减少风险而放弃对公司最佳资本结构和最低资本成本的追求。

3. 获利能力和举债能力

在实际工作中,投资收益率高、获利能力强的汽车金融公司一般较少采用负债筹资,尤其是那些已经发展到一定规模,处于成熟期的汽车金融公司。这是因为这些公司不急需外界大量资金来供其发展之用,由于其获利能力好,公司往往可用较多的留存收益即采用内部积累的方法来解决筹资问题。另外,有时为了保持较好的举债能力,确保融资弹性,公司倾向于在正常情况下少使用负债筹资,以便随时可按较低利率发行债券或借入长期借款取得资金,这在短期内不失为一种有效的财务政策。但是如果长期如此,汽车金融公司负债比例过低,不能充分利用财务杠杆的作用,这并不是最佳的选择。

4. 偿债能力和现金流量状况

财务人员往往十分关心财务杠杆运用可能引起的财务风险,所以充分注重汽车金融公司的偿债能力。"已获利息倍数",即息税前利润与利息总额的比率,是负债筹资中经常使用的一项指标,该指标越大,对汽车金融公司的偿债越有保障。但是要注意,汽车金融公司有偿债能力,并不意味着有现金支付能力,汽车金融公司必须对未来偿付债务本息的现金流量有充分的估计。负债额越大,期限越短,现金流量的测定便越重要。因此,汽车金融公司产生现金的能力对提高全部资本中债务资本的比例有着重要的影响。

5. 资本成本的高低

一般认为汽车金融公司平均资本成本最低的资本结构是较为合理的。在正常情况下,只要汽车金融公司不以超高利率或附加其他限制条件便能进行负债筹资,能使公司平均资本成本下降的,就应充分利用财务杠杆进行负债筹资。因为负债比例的增大能使公司资本成本下降,但是这并不意味着公司负债比例越高越好,当负债比例上升到一定程度时,公司资本成本不但不会下降,反而会逐渐上升。因为随着负债比例的提高,公司的财务风险增大,债权人要求的报酬率和权益资本要求的报酬率中风险补偿部分便会相应提高,作为对投资可能发生损失的一种补偿,这样就会使公司发行股票、债券等筹资成本大大提高。所以,当公司资本成本随负债比例增大,即由逐步下降转为逐步上升时,表明公司的负债比例已经达到极限。

6. 资产结构

公司具体资产结构的不同,也影响公司的筹资方式和资本结构。例如资本密集型的公司,一般拥有大批的不动产或大量的固定资产,这类公司通常可采用长期抵押借款来筹集资金,汽车金融公司即属于资本密集型的公司。

7. 贷款银行与信用评估机构的态度

不管汽车金融公司财务人员认为最适当的财务杠杆是什么,贷款银行的态度和信用评估机构的态度往往成为决定汽车金融公司财务结构的关键因素。如果公司运用过高的财务杠杆,并对前景过于乐观,而贷款银行则认为风险太大,表示不愿意贷款;或者评估机构认为公司潜在风险增大,信用等级下降,在这种情况下,社会公众对汽车金融公司风险的评价会比较倾向于贷款银行或资信评估机构的意见,这样会使更多的贷款人不愿意向汽车金融公司贷款,甚至已经贷款的债权人要求收回贷款。所以,汽车金融公司资本结构决策时必然会受到贷款银行和信用评估机构的制约。

8. 税收因素

债务的利息可以在税前列支,而股息只能在税后列支,不具有税收抵免作用。因此,汽车金融公司负担的所得税税率越高,债务筹资的好处就越大,可以抵免的税金就越多,留给股东的利润就越多。

五、汽车金融公司的融资渠道

由于资金密集性和资金使用时间的长期性,汽车金融企业对融资的依赖性很强。在这种需求下,汽车金融企业采取的融资方式决定了待定的融资结构。总的来说,目前汽车金融企业的主要融资方式有以下四种:一是普通股份融资,其中包括保留利润和发行新股票两种形式;二是债务融资,包括直接从资本市场上发行各种债券融资和从商业银行贷款融资;三是优先股筹资,这种筹资结合了普通股的某些特征;四是发行可转换债券融资。汽车金融企业究竟采取何种融资方式,取决于它所处的具体情况,但作为一个理性的汽车金融企业,当它在选择融资方式时应该考虑最大限度地缩小预期的税后融资成本,最大限度地缩小企业现金流量的风险。

1. 国际汽车金融公司融资渠道

国外汽车金融公司资金来源渠道很多,包括向母公司借款、同业拆借、向银行借款、发行各种股票和债券、吸收消费者储蓄、发行商业票据融资等。其融资方式经历了一系列的演变过程。以美国为例,20世纪初至20世纪40年代,金融市场落后,金融工具单一,金融资源相对匮乏,此时汽车金融公司主要依靠内部融资,即主要依靠自身的盈利积累资金。20世纪50~80年代,随着经济的增长、金融制度和金融市场的发展完善,金融资本充裕,汽车金融公司开始转向通过外部融资方式来扩大金融服务的规模。国际上汽车金融公司主要的外部融资方式有四种:一是普通股份融资;二是债务融资,包括直接从资本市场上发行各种债券融资和向商业银行贷款融资;三是优先股融资;四是发行可转换债券融资。

20世纪80年代后,汽车金融服务机构扩大到集团化规模经营,业务范围和价值链不断扩展,成为金融市场上的重要角色。追求利润的动力和竞争压力驱使其不断扩大规模,而仅通过内源融资或外源融资都难以满足其对资金的需求,加之金融市场高度发达,金融衍生产品极大丰富,故而汽车金融服务公司走上了内源和外源融资相结合、资本积聚和资本集中相结合的融资道路,最有代表性的是大规模的汽车金融服务信贷资产证券化。汽车金融服务信贷资产证券化就是将具有未来现金收入但缺乏流动性的资产,按一定标准进行结构性重组,然后将其通过证券发行方式出售给资本市场的投资者。汽车贷款证券化的思路和运作方式与住宅抵押贷款完全一致,也是盘活自身资产、获取新资金来源的手段。在整个汽车销售市场中,超过75%的信贷应收账款由汽车金融服务公司拥有并被证券化,为发行公司带来最优的成本收益。1985年12月通用票据承兑公司(GMAC)通过第一波士顿公司发行了5.25亿美元的汽车信贷证券。汽车信贷资产证券化对汽车金融公司的融资有重要意义,现在仅有1/4汽车贷款仍由信贷机构提供,其余3/4则靠发行资产支持债券来提供。

1938年,德国大众汽车公司为了促进公司新生产的甲壳虫汽车的销售,向社会上推出了一项"汽车储蓄计划",计划的要点是:希望买车的客户参加汽车储蓄计划,按期将资金存入汽车储蓄账户,参加汽车储蓄计划的客户在购车时可获得价格优惠,参加汽车储蓄计划的客户在购车时可获汽车贷款。

国际汽车金融公司的融资渠道是随着国际金融市场的完善、金融产品的不断创新、金融资源的充裕、金融政策环境的宽松而丰富的,广阔的融资渠道为汽车金融公司的扩张提供了充足的资金,大大促进了汽车金融业的发展。经销商和汽车消费者获得金融公司的贷款,通过购买汽车流入汽车企业,而汽车企业再通过存款的形式将资金再度注入汽车金融公司,这样形成资金流的体内体外循环,并在提供汽车金融服务的过程中使资本得到增值。广阔的融资渠道为汽车金融服务机构和汽车集团的业务扩张、规模扩张提供了充裕的资金,从而使之获取了垄断地位,获得规模效益。经济学上的规模经济是指随着供给规模的不断扩大,单位供给成本不断下降,实现这种规模经济对汽车金融服务尤为重要。原因在于:第一,汽车消费的市场空间很大,而且是持续的需求。以美国为例,美国的汽车消费人群的年龄段是18~70岁,人均消费汽车4.6辆,用于汽车消费的直接支出接近总支出的5%,这给汽车金融业提供了规模经济的发展空间。第二,汽车金融服务很大程度上属于零售金融,零售金融的特点是单笔业务的固定交易成本随客户规模的扩大显著下降。贷款类金融机构是规模效益非常明显的机构,其所能吸收到的资金量越大,单位资金的运作成本就越低。这也是那些跨国汽车金融公司总能以较低价格向消费者提供相同质量,甚至更为优质服务的原因。规模经济与汽车金融服务的专业化是一种相互促进的关系,国外专业汽车金融机构的成功运营,取得规模经济效益是一个重要例证。汽车金融服务公司不但将汽车制造企业对汽车机械专业知识熟悉了解的优势同商业银行在资金筹措、现金流管理和投资银行擅长于资本运作和对风险控制的各方面优势结合起来,同时还利用了汽车经销商对汽车销售市场和汽车消费客户联系密切的优势。如汽车金融公司向购买本公司产品的客户提供诸如免首付、零利率等优惠措施的同时,也为汽车公司培养了一大批品牌追随者。随着政府放松金融管制、鼓励扩大消费政策的实施,这类机构又获得了直接发行商业票据和公司债融资的便利,因此,其资金来源非常充足。这样汽车金融服务公司便形成了一种新的"复合优势"。这些优势充分体现了专业化分工的利益,对汽车制造公司和汽车金融服务公司双方都有利。汽车金融服务公司专门承兑或贴现汽车经销商的应收账款票据,为汽车消费客户提供信贷资金,从而分离了汽车制造和销售环节的资金,使汽车销售空前旺盛,促进了汽车产业的发展。

2. 国内汽车金融公司融资渠道

国内汽车金融公司的融资方式比较单一。根据《汽车金融公司管理办法》的有关规定,国内汽车金融公司的资金主要通过以下方式筹集:

(1)吸收境内股东单位3个月以上期限的存款;

(2)转让和出售汽车贷款业务;

(3)向银行贷款和同业拆借。

但银行拆借资金只能同业借款,不能进入利率较低的同业拆借市场。在这几个渠道中向银行贷款是最主要的融资渠道。由于汽车企业、非银行金融机构等股东的现金流往往并不充足,因此,来自股东单位的低成本、长期资金支持有限;同时由于无发达的应收账款转让市场和专门的机构,因此,应收账款让售这一融资方式目前在国内基本不可行;由于汽车金融公司贷放出去的是中长期资金,因此,短期的、利率偏高的同业拆借资金难以解决其长期资金运用问题。因此,目前向银行申请批发性贷款仍是国内汽车金融公司的主要融资方式。

我国的《汽车金融公司管理办法》对汽车金融公司的融资渠道作出严格限制,有其合理的一面。这些规定符合现阶段国内金融市场发展和管理能力状况,合理考虑了各方利益人的要求,是一种现实选择。由于我国的金融市场不发达、金融制度不完善,同时金融监管水平不高,相关政府部门只能采取比较严格的金融管制,所以我国的汽车金融公司向社会融资的市场化程度不可能很高。国内汽车金融公司必然要经历起步、发展到成熟的阶段,不同的发展阶段对融资渠道有不同的要求。在目前的起步阶段,受到国内信用体系不完善等因素的制约,汽车消费信贷坏账居高不下,为了控制金融风险,管理层希望汽车金融公司有个渐进的稳步发展过程,所以不希望其过快扩张;而且发展初期汽车金融公司业务规模往往不大,依靠自有资金基本可以满足业务发展的需要,所以股东定期存款和向金融机构借款的资金来源渠道基本可行,目前国内的汽车金融公司正好处于这一阶段,所以管理层才作出这样的规定。

但从长远来看,融资渠道狭窄对汽车金融公司的长远发展不利。不能公开吸收存款,接受股东的存款,无法从根本上解决资金问题。由于我国的资本项目受到管制,不能实现资本项目人民币自由兑换,即使其母公司在本国市场上筹集到了低成本的资金,但是如果不与生产贸易相联系,也不能拿到我国的市场上来用,所以汽车金融公司从其母公司获得的资金支持将非常有限。如果从国内其他金融机构寻求贷款,汽车金融公司从中获得的借贷利差也很难为其谋得利润。如大众汽车金融(中国)有限公司注册资本金只有5亿元,资本金的不足导致了资金的运作成本比较高,无法推出质优价廉的汽车贷款产品,2006年,国内商业银行的车贷利率3年期为6.30%,5年期为6.48%。根据汽车金融公司管理办法实施细则,汽车金融公司向金融机构借款的利率,比照同业往来利率执行;发放汽车贷款的利率,可在中国人民银行公布的法定利率基础上,上下浮动10%~30%。因此,同期大众汽车的标准车贷利率,3年期是7.65%,5年期为8.50%,汽车金融公司的贷款利率至少要比银行高出1个百分点,纵使是汽车金融公司提供的信贷无须支付额外的服务费,购车人承担的总成本并不比从商业银行获取的贷款低,如此一来,大多数的消费者为了减少购车成本还是倾向于选择银行贷款。受制于资金规模,汽车金融公司也不可能向其主要的客户——大经销商提供很多融资,也不能为汽车产业的发展提供充分支持。这样汽车金融公司得不到发展也就不足为怪了。因此监管部门应视汽车金融产业和金融市场的发展状况,逐渐扩大汽车金融公司的融资渠道。

六、影响汽车金融公司融资的因素

1. 政策法规

影响汽车金融服务公司融资的首要问题是有关的政策法规,以及政府有关部门在实施过程中,对政策法规掌握的松紧力度。相关政府部门会根据经济周期的变化、行业发展的前景、投资项目的特点、公司具体情况等因素对汽车金融服务的政策法规进行调整,在不同时期采取不同政策。

2. 资金需求情况

如果汽车金融服务公司资金需求急迫,则发行债券和银行贷款可能是较佳选择。如果时间允许,公司在赢利、分红等方面的因素也满足发行股票的条件,可以以发行股票作为融资手段。

3. 融资成本和风险

这是汽车金融服务公司选择融资方式的关键因素,在前面已经作过分析。不过,债务融资虽然成本较低,但是由于需要还本付息,公司经营不佳时可能导致财务危机甚至生存危机;而发行股票则没有这种风险,即使公司经营不佳,也只会导致公司的市场形象和股价受到影响,这也是许多汽车金融服务公司融资时偏向于股权融资的重要原因。

4. 回报期

融资时应考虑项目定期产生效益的时间。如果暂时不会产生利润或者利润较小,选择股权融资就比较有利,因为它没有定期支付利息的现金支出压力。再融资后股本扩大,业绩能否同步增长,这是对汽车金融服务公司的考验。如果资金利用效率低下,而公司资金需求不太急,则可以根据其他因素和条件再选择合适的融资方式。而当公司资金需求量大时,则宜考虑增发新股。

5. 资产负债率

财务理论指出,适当提高资产负债率有利于降低融资成本和改善公司的资本结构,使公司股东的财富实现最大化,因此,保持适当的资产负债水平对于汽车金融服务公司具有重要意义。汽车金融服务公司应该适当提高债务融资比例,以企业债券和银行贷款等为代表的债务融资将成为资产负债率较低的汽车金融服务公司的首选。

6. 公司的资信形象

汽车金融服务公司在市场中的资信水平和企业形象是选择融资方式的重要因素之一,公司资信水平越高、声誉越好、企业形象越佳,则可选择的融资方式越多,融资越容易。

第三节 汽车金融公司的盈利模式

一、汽车金融公司的基本盈利模式

1. 汽车销售利润模式

汽车销售利润模式实际上是一种简单的有形产品销售的盈利模式,主要通过汽车销售过程中,汽车产品的供应批发价格与销售价格的差异和达到汽车生产厂商规定的销售规模后的利润返还来实现的。在这种盈利模式下,利润链的主要因素仅限于汽车销售环节中的顾客服务质量与顾客满意度,没有形成完整的利润链;服务理念和服务形态基本处于"坐商式",市场开发和市场营镇的观念还没有形成,盈利模式的控制手段是汽车经销代理权和政府部门颁发的汽车销售许可权;盈利模式的利润率比较低,受汽车厂商的控制、政府的保护和汽车产品的垄断的程度比较大,盈利模式运行的市场环境垄断性强。

汽车销售利润模式是一种相对初级和原始的盈利模式,在一些汽车消费市场发展程度不高的国家中比较普遍地存在,在这种市场环境中,汽车金融服务还没有发展起来,专业性的汽车金融服务企业还没有形成,市场主体大量表现为汽车厂商控制的分散的、小规模的汽车经销商。我国20世纪90年代的汽车销售市场基本属于这种情况。

2. 维修利润模式

随着汽车销售市场的发展和汽车销售商对利润的追求,特别是受国际上欧美发达国家汽车销售特许专营服务模式的影响,作为汽车售后服务重要组成部分的汽车维修业务被纳入汽车金融服务的整个流程。汽车金融服务企业和大部分的汽车经销商把维修作为一个重要的业务流程和利润来源。维修利润模式也以其较高的利润回报,开始在汽车金融服务的盈利模式中出现并日渐占据重要地位。维修利润模式是对单一的汽车销售利润模式的突破与发展。这种盈利模式的基本要点是形成了一个完整的汽车服务链。在金融服务的传递、服务质量的感知、顾客忠诚度的提高上基本形成了一个完整的体系;在利润模式的控制手段上,除品牌、专营许可、维修技术外,为金融服务进入该业务的支付、现金流量管理、消费能力的启动与增级等方面提供了空间;在利润率上有大的提升,其服务的重复性、增值性成为汽车金融服务诸种业务中利润较丰厚的一块。

3. 保险代理利润模式

在汽车金融服务业务中,通过代理保险企业的车险业务,可以赢得较大的利润。由于汽车金融服务企业具有为顾客提供保险融资,与顾客有售车及售后服务的频繁接触机会,容易与顾客建立起密切的联系等特点,保险企业能够与其合作,由其代理部分或者全部汽车保险产品的销售工作。保险企业对汽车金融服务企业的回报是允许其在所销售的保险收入中提成。

二、汽车金融公司的增值盈利模式

汽车金融服务是一个规模大而且发展成熟的产业,有着多样化的服务类型。国外汽车金融服务已经从单一的信贷模式扩大定位到以汽车产业的投资服务、资本运作和投资银行业务等增值型业务,以下介绍几种常见的增值型盈利模式。

1. 融资汽车租赁式盈利模式

融资汽车租赁式盈利模式是一种买卖与租赁相结合的汽车融资方式(图2-2),主要是在汽车厂家和消费者之间架起桥梁,让消费者先取得汽车的使用权,然后每月付租金,在租赁期满后一般要购买设备的所有权。目前国际上流行的融资汽车租赁方式,已经成为一种厂商卖车、用户买车的新型销售模式,实质上转移了与租赁汽车所有权有关的全部风险和报酬的租赁,所有权最终可能转移,也可能不转移。一般而言,融资汽车租赁涉及较多的金融内容。融资汽车租赁需要具备一定的条件,否则,不属于融资汽车租赁的范畴,而只能归为一般的经营性汽车租赁。

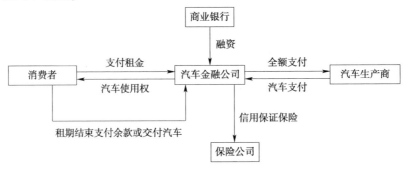

图2-2 融资汽车租赁式盈利模式

这些条件包括:

(1)消费者需向销售商支付相应的租金(汽车使用补偿费)。

(2)如果消费者支付的费用(包括租金及相应赋税)已经相当于或者超过汽车本身的价值,依照汽车租赁合同,消费者有权获得该汽车的所有权。

(3)如果消费者(承租人)在租期届满时所付租金总额尚未超过汽车价值,消费者(承租人)此时享有选择权,对租期届满后的汽车可以下列任何一种方式处理:在补足租赁合同中事先约定的相应余额后成为汽车的所有权人;如果汽车现值高于约定的余额,消费者可以出卖所租汽车,向零售商偿还该余额,保留差价从中获利;将该汽车返还给出租人。

(4)在租赁期间届满时,消费者欲购买所租汽车,不必以一次性付款的方式付清尾款。

严格地说,融资租赁方式和分期付款的汽车零售方式还是有一定的差别。汽车分期付款的零售方式,实质是附条件买卖,销售商保留汽车的所有权,其实是债权人为保护债权而设定的一种担保,但是,合同的目的仍在于转移汽车的所有权。融资租赁则不同,它是买卖与租赁的结合,消费者(承租人)最终是否成为所租汽车的所有权人,选择权在消费者(承租人)。

2. 购车理财式盈利模式

购车理财式盈利模式是以汽车消费为目的而进行的专业性投资理财服务模式(图2-3)。在国外,许多汽车金融服务企业以各种方式直接或者间接参与发起设立一些专业性的基金或者私募基金,如以一些品牌汽车俱乐部的名义,通过吸收本俱乐部成员参加,为他们进行委托理财、用理财的收益去偿还汽车金融服务企业的购车本息。

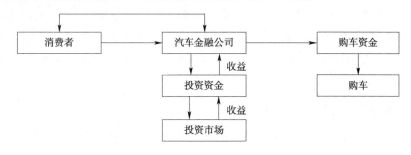

图2-3 购车理财式盈利模式

目前,各个国家在汽车金融服务机构能否吸收短期储蓄上有不同的规定,但在为顾客投资理财上一般都是可以实行的。即使在金融管制比较严格的市场环境中,通过金融工程的方式,可以设计出一些对政策和制度具有规避性的方法,或者以私募基金方式来吸收一部分资金,其主要收益部分用于支付汽车消费的相关款项,另一小部分作为汽车金融服务企业的投资顾问收益。这种方式让客户直接参与汽车金融服务企业投资管理活动,在享受专家理财带来的高收益好处的同时,也将面临一定的投资风险。

购车理财式盈利模式的运作采取的是购车与理财相结合的方法。它把资金分为两个单位:一个叫作购车资金单位,用于支付购车的前期费用,包括首付款等费用;另一个叫作理财资金单位,由汽车金融服务企业的投资专家或委托信誉卓著的投资企业进行运用,现代化的投资组合方式使其运用更趋向于专业化和科学化。理财资金单位的收益流回汽车金融服务企业,用于偿还汽车消费者的融资贷款的本息,省去了客户的定期偿还行为。当然,客户享有全部投资收益,同时承担相应的投资风险。

3. 汽车文化营销盈利模式

汽车文化营销盈利模式是指汽车服务企业以汽车文化为主题发起和成立各种俱乐部,然后以俱乐部为基础设立基金投资或为汽车金融服务企业提供融资。

由于各类产品的功能、形式越来越相似,必须用产品差别取得竞争优势,而通过产品中蕴藏的文化概念加以差别化是实现这一目的的有效途径。从文化的角度出发,产品的有形实体和无形特征都是人类文化的体现,有形实体体现的是一种物质文化,主要满足人的基本需要;无形特征则更多地表达一种价值和意义,如产品的式样、包装的设计、售后服务的保证和完善,已超越了对基本需要的满足,是社会文化积累在产品概念上的拓展,放眼市场,任何一种有价值的产品,都凝聚着一定的文化,产品的文化含量越大,文化附加值越高,它的辐射能力就越强,这是现代产品开拓市场的必然的合理趋势。

汽车文化是一面镜子，它可以忠实地反映各个国家的特性和整个社会的变迁，德国车的严谨、法国车的浪漫、英国车的高贵、日本车的精明，这些不同车系所具有的特殊文化气质在消费者心中早已形成了鲜明的差异化形象和产品定位。汽车文化的内涵对消费者的影响力度，在一定程度上要比厂商研发新车型的力度大得多，影响着人们的生活方式，从而导致很多生活形态的多元化最终影响消费行为。汽车文化营销通过文化理念的设计创造来提升产品及服务的附加值，契合了消费者消费的个体性、情感性、感觉个性等精神层面的特性，成为汽车金融服务的一项重要内容。汽车文化营销的核心是树立品牌文化，即在品牌设计、品牌实施战略和产品服务中形成有助于品牌识别的个性化。目前国际上的几大汽车品牌都具有丰富的文化内涵，大大提高了品牌含金量。品牌的文化内涵正逐步成为各国消费者购买汽车的决定性因素。因此，汽车金融服务努力为此创造出一种能令那些具有相似背景的顾客产生共鸣的汽车文化氛围。

三、汽车金融产品的开发与销售

1. 汽车金融产品的设计与开发

汽车金融产品是指以汽车交易和消费使用为目的的融通资金所进行的金融结构、金融策略设计及相应的法律契约安排。汽车金融产品是立足市场的供需状况，以商品标的物汽车的价值为基础，以服务为手段，以金融运作为主体，以不同群体的消费需求为对象所设计、开发出的系列化的可交易金融工具、金融服务以及各种金融策略的设计方案。具体来说，它包括以下3个方面：

(1) 围绕价格最优化方面的汽车金融产品。

这类产品是指以减少汽车消费者购车成本，成功进行汽车销售为目的，以汽车销售价格为重点的汽车金融产品，实际上是通过适当合理的金融设计、金融策划，使汽车营销的价格在销售各方都能承受的范围内最小化，如"价格浮动式汽车金融产品""规模团购式汽车金融产品"等。

(2) 围绕规避销售政策、制度而开发的汽车金融产品。

这类汽车金融产品的目的是为了消除政策、制度等社会因素对消费者消费能力、消费方式的限制而设计、开发的产品，特别是以释放消费者未来购买力，以培养消费者新的消费方式为重点，如"投资理财式汽车金融产品"等。

(3) 围绕汽车消费过程中服务环节的便利性、经济性和保障性开发的汽车金融产品。

汽车金融产品的研发、创新和设计技术是其产业化的基础和汽车金融服务企业的基本生存手段。由于汽车金融服务市场的竞争日趋激烈，开发和设计新产品、挖掘市场机会、防范和转移风险已成为现代汽车金融服务企业的生存手段。这里，投资者偏好的多样性和易变性使汽车金融产品需求多样化，其形成的潜在市场就是汽车金融服务企业的生存发展空间。这就要求企业必须设计不同的具有价格最优化、服务最优化特性的汽车金融产品，以满足不同的偏好，求得企业的生存与发展。

汽车金融产品设计已成为减少委托代理成本的有效方式，其综合了商品学、营销学和金融学的范畴。金融工具作为一类重要的契约，已被证明是解决汽车交易中所有权与控制权分离状态下利益冲突的重要手段，如产权抵押贷款、信贷资产证券化等。金融合约也几乎包含在所有的经济合约之中,其设计方法对于一般的经济合约设计具有重要的借鉴作用。

汽车金融服务产品设计研究是我国金融发展的内在要求。我国金融体制改革已进入新的深化时期,利率市场化正在进行,我国加入世界贸易组织后,市场竞争将随之加剧,风险会越来越大。为争夺市场,防范风险,汽车金融产品创新将更加必要,对金融产品设计技术的潜在需求正在形成。

汽车金融产品设计是金融学中最难也最富挑战性的课题之一。金融产品设计在一定程度上可视为金融分析的逆问题。金融分析旨在采用分析方法,定量描述金融的内在规律性,面对的往往是金融市场中的普遍问题。金融工具设计则是采用综合方法,对于给定的设计目标,寻找适当的金融产品结构,并进行适当定价,解决金融领域中的特殊问题,且往往是通过既有金融交易无法解决的金融难题,设计中要综合运用经济学金融学理论、数字计算技术和各种科技方法。所以,就汽车金融产品设计所涉及的知识和经验来讲,它是目前金融学中最难最富挑战性的课题之一。

汽车金融产品设计的一般流程如下:

(1)确定设计目标。汽车金融产品的设计者首先要明确汽车金融产品的结构特征,如需要什么样的期限结构或时间结构,何种选择权,是固定还是浮动现金流,应排除哪些因素的影响等。这些问题的回答需要对相关的金融财务状况、个人偏好等信息进行分析,确定预算约束和成本约束。将原本较模糊的需求提炼成具体的、可操作的结构设计目标,比如明确利率在什么范围内变化时有价格风险,是防范信用风险,还是价格风险等。设计目标的科学设定决定着其可实现性和成本的高低。设计目标的确定没有一般的方法可循,很大程度上取决于经验和设计者的偏好,然而这是产品设计成功与否的重要环节。

(2)结构设计。设计目标一旦确定,就要在既定的制度约束、市场约束、技术约束下,用金融理论作指导,选择出成本最低的产品结构设计方案,如通过复合,还是分解,或是一种全新的结构;若是复合,选择哪些产品作为复合对象等。这就要对既有的工具收益风险特性有全面、深入的了解,比较各种可能的组合或分解模式,看哪些能较好地满足要求,并比较相关的性能。一般而言,产品结构越简单,交易双方的信息越对称,越容易被市场接受,也就越可取。结构设计有若干方法,但在具体设计中,可变参数很多,自由度很大,还没有适应每一种具体情况的一般方法,经验、直觉往往起着不可忽视的作用。

(3)产品定价。这是最关键的设计环节,不能公平定价的产品不可能在自愿原则下交易。应用比较原理、一价定律可以对与已知价格产品具有一定可比性的产品定价。但是对于不可比的创新产品定价往往需要定价方法的创新。

(4)风险收益特性分析。明确已定价新产品的风险收益特征是这种产品的基础,可用情景分析、VAR方法、模拟等方法来获取这些特性。

(5)产品标准化。这是汽车金融产品市场化的基本要求,这一步骤就是对所设计的汽车金融产品进行再设计,从交易单位、计价单位、信息披露、交割方式、期限、仲裁机制等方面进行标准化,以适应大量交易的要求。诸多方面的设计应是以便利交易为导向的,另外还应考虑法律、税收方面的限制、社会习惯等因素。

所开发的汽车金融产品有融资租赁、汽车保险、购车储蓄、汽车消费信用卡等。汽车金融作为一个完整的整体,其资金融通应该是一个全方位的资金融通过程,作为资金供应者,既应该有银行等金融机构,又应有资本市场上的广大投资者,还应该有汽车投资基金等新的资金来源。作为汽车金融领域的资金需求者,既应该有汽车需求者,又应该有汽车供应者。

汽车金融服务产品的开发准备工作包括汽车金融服务市场细分与目标市场的选择。

第一,汽车金融产品的市场细分。对汽车金融服务市场进行细分,是汽车金融服务公司开发新产品不可缺少的步骤。市场细分就是公司根据顾客需求方面明显的差异性,把某一产品的市场整体划分为若干不同的买主群的市场区分过程,即公司把某一产品的整体市场按一种或几种因素加以区分,形成不同的顾客群,每一组顾客群就是一个细分市场,即"子市场"(Submarket)。每个细分市场都是由具有类似需求倾向的顾客组成的,分属不同细分市场的顾客对同一产品的需求与购买行为、习惯存在着明显差异。

市场细分的目的是为了选择适合金融产品和资源条件的目标市场,因此,细分市场应遵循以下基本原则:

(1)可衡量性原则。可衡量性原则是指细分的市场必须是可以识别和可以衡量亦即细分出来的市场,不仅范围比较明晰,而且也能大致判断市场的大小。因此,据以细分市场的各种特征应是可以识别和衡量的,如高收入阶层和低收入阶层。凡是无法识别、难以测量的因素或特征,就不宜作为市场细分的依据。

(2)可接受性原则。可接受性原则是指经过细分的市场,可利用人力、财力、物力去占领。可接受性有两层含义:一是细分后的市场有能力去占领,如通过自身的营销努力,可达到被选定的细分市场;二是被确定的细分市场的需求者能有效地了解产品,并能通过各种渠道购买到所需产品。考虑细分市场的可接受性,实际上就是考虑营销活动的可行性。对于不能进入或难以进入的市场进行细分是没有意义的。

(3)稳定性原则。稳定性原则是指有稳定的时间足以实现公司的营销计划,这样的市场才能作为目标市场。如果变化太快,还未来得及实施营销方案,目标市场已面目全非,这样的细分就毫无意义。

(4)效益性原则。效益性原则是指细分出来的市场,必须有足够的需求量,不仅保证短期内盈利,还能保持较长时期的经济效益和发展潜力,使得在细分的市场上不断扩大规模,提高它的竞争能力。

汽车金融产品的市场有以下几种细分方式:

(1)地理细分。地理细分即按汽车金融产品购买者所处地理位置、自然环境来细分市场。地理细分的理论依据是:处在不同地理位置的购买者对于同一类汽车金融产品有着不同的需求和偏好,他们对价格、销售渠道、广告宣传等市场营销措施的反应往往也有所不同。

(2)人口细分。人口细分包括汽车金融产品购买者的年龄、职业、收入、教育、家庭规模、家庭生命周期等因素。人口因素构成较为复杂,但不难衡量,而且这些因素与汽车金融产品需求存在着密切的关系。

(3)社会阶层细分。社会阶层细分的重点在于对社会的不同富有层次的划分、受教育水平的划分和社会地位的划分。一般采取统计测定的方法确定各阶层的人数,然后研究他们使用各种汽车金融产品的频率,从而描述出不同阶层的特点和模式,为不同阶层提供汽车金融产品的可行方案和服务标准;针对各收入阶层不同的服务需求,开发有针对性的汽车金融产品。经济社会的发展,使社会财富和资金在各阶层、各领域的分布不断变化,这就要求及时掌握社会资金的变动情况和社会财富在社会不同的阶层的分布,不断追踪这个潮流并进行分析和引导。

(4)产品细分。产品细分是指其他汽车金融服务公司的汽车金融产品、业务市场细分,包括汽车金融产品的营销数量、结构和市场占有情况。通过这种细分,可以将汽车金融产品分为大量使用、中度使用、较少使用三个类别,在此基础上,计算市场占有率,以便制定出重点开发和重点巩固的产品方向。

第二,汽车金融产品的市场细分评价。汽车金融产品的目标市场是公司选定并参与经营,以达到经营目标的特定市场,是在市场细分的基础上,明确各子市场的容量、产品特征、开发潜力,结合公司特点及经济实力,确定公司提供汽车金融产品和服务的对象。

汽车金融服务公司通过市场细分后,会发现具有不同需求的顾客群和未得到满足的需求,这种"未得到满足的需求"就是市场机会。但并不是所有的市场机会都能成为本公司的机会,只有与公司的经营目标、资源条件相一致,并且与其他竞争者相比有着更大优势的市场机会才能为公司所利用。公司确定满足哪一类消费者的需求的过程,就是公司选择目标市场的过程。

第三,汽车金融产品的目标市场选定。选定汽车金融产品的目标市场必须依据以下的基本原则:

(1)存在市场需求原则。也就是说,公司所要提供的产品或服务具有潜在市场需求,明确其他公司没有提供这种产品或服务,或者虽有供给但需求未得到充分满足,尚处于供不应求的状况。依据这一点,公司可以根据不同的需求将市场分为若干子市场,作为具体明确的目标市场。

(2)能够提供充分的经济回报原则。公司的性质决定了追求利润最大化是其主要目标之一。对于公司的目标市场的开拓来讲,其目标领域的选择也应体现在本目标的实现上。通常情况下,利用一个市场机会所得的回报,至少应能补偿由于选择目标市场所产生的机会成本。

(3)实行专业化经营原则。这种战略追求的并不是在较大市场上占较小份额,而是在较小的细分市场上或几个市场上占有较大的份额。采用这种战略,含有较大的风险性,一旦所占市场的现状发生变化(如利率提高或降低而导致汽车金融产品的价格涨跌,或是竞争对手增减),就会出现意想不到的结果。

第四,汽车金融产品开发的具体策略。

(1)全新产品开发策略。这一策略是指汽车金融服务公司依靠自身的技术开发力量,依据社会经济情况及人们生活水平等因素,独立进行的开发与设计。采用这种方式的公司,必须具有较高的技术开发能力。

(2)引进开发策略。引进国内尚没有的而国外有成功经验的产品,这对于国内市场而言仍然是全新产品。采用这一策略可以节省产品开发时间、开发费用,加快开发速度,能获得较多的市场机会。成功的产品有其适应消费者需求的特质,易于被消费者接受。当然,从国外引进的产品要对其成熟度、先进性、适应性及经济性进行必要改进,避免由于某一方面考虑不周对公司造成不利。

(3)流行开发策略。消费者易受流行心理影响,追求时髦行为。这时若能及时推出新产品,也是一种有效的开发策略。

(4)政策变更开发策略。我国的经济正处于转轨时期,时常会有重大的经济政策出台,审时度势,正确预测经济政策对人民生活的影响,从而推出适应需求的产品。

(5)仿制产品开发策略。成功的全新产品开发虽然能带来很好的销售业绩,但进行全新产品开发技术要求高、周期长、成本大、市场风险大。因此,并不是每一家企业都适于进行全新产品开发的。针对竞争对手的某些成功的产品或者本身缺乏相对应的目标市场的产品进行仿制创新也不失为一种合理合法的产品开发策略,尤其是在目前我国没有明确的知识产权保护的法律法规的条件下。

当然,仿制不是简单的抄袭而是着眼于创新,在比较的基础上仿制,选择并吸收国内外同类型汽车金融产品的优点,结合特定的目标市场的具体情况,在仿制的基础之上消化吸收并进行创新,尽快缩短与国内外水平的差距。

(6)旧产品改造策略。复杂多变的宏观经济环境的变化,市场竞争环境的变化,新公司、新的产品的加入,都会导致汽车金融产品在市场上的影响力逐渐降低。这时若完全放弃原有产品进行全新产品开发,一方面成本太高,操作不方便,难以达到最佳效益,另一方面,原有产品的经营连续性效果也差。因此,对原有产品进行调整和改进,推出换代型产品则是较为适宜的产品开发策略。

2. 汽车金融产品的营销与管理

汽车金融产品营销是指汽车金融服务公司通过各种营销渠道和沟通手段,将汽车金融产品从公司转移给消费者的一系列商业活动,是市场营销在汽车金融服务行业的应用,其内涵有:

(1)汽车金融产品营销的出发点是汽车消费者的需求。按照凯恩斯的"金字塔"理论,人一生的不同阶段会有不同的需求,从生存需要、安全需要到自我实现的需要等。汽车消费的需要是人的一种高级物质需要。汽车金融产品的营销,就是要发掘人们的这类需求,并努力提供合适的金融方式来帮助实现这种需要。

(2)汽车金融产品营销的核心是社会交换过程。这一营销能够顺利进行的关键在于将满足客户需求的汽车金融产品在公平合理的原则下进行交换与交易,并通过对顾客持久优质的服务使这种交换活动得以循环进行下去,最终实现汽车金融服务公司与需求者"双赢"的目标。

(3)汽车金融产品营销的手段是整体营销活动,该营销是一项长期的、细致的、整体的工作,其营销手段包括市场调研、市场预测、市场分析、产品设计和开发、产品定价、营销渠道的选择、促销组合的运用等。

(4)汽车金融产品的营销宗旨是顾客满意。顾客满意原则是现代企业得以生存和发展的基本原则,汽车金融产品并非渴求性商品,因此只有依靠公司售前、售中、售后的优质服务使客户满意,才能打消客户疑虑,促使客户实施购买行为。

汽车金融服务公司的营销人员、汽车金融产品和营销对象构成汽车金融产品的三要素。

(1)汽车金融产品营销的主体。营销的主体泛指公司营销部门的所有人员,包括自身的工作人员和中介人,他们是营销工作的具体实施者。专业代理人是指专门从事汽车金融产品代理业务的公司,其组织形式为有限责任公司。代理公司根据业务的数量向汽车金融服务公司收取代理手续费。

(2)汽车金融产品营销的客体。营销的客体就是汽车金融产品,它是一种集实物产品和服务形态为一体的商品,汽车金融产品营销人员的服务性劳动的使用价值并不表现为某种物质形态的东西,而是用于满足人们获得汽车金融产品所提供服务的实现需要。

(3)汽车金融产品的营销对象。汽车金融产品营销的对象就是汽车金融产品营销主体的指向者,即汽车金融产品营销人员实施营销的具体对象。这个具体对象可以是某个人也可以是某个单位。

通过考察汽车金融产品营销对象的购买行为,可以将营销对象大致归纳为以下几种类型:

(1)理智型:这类群体属于比较成熟的消费群体,通常都会根据自身的实际需要进行汽车金融产品的选择,并且会主动比较各家公司的条款优劣,相信自己的判断力,有比较清醒的认识和主见,一般不会效仿他人或者受营销人员的诱导。

(2)从众型:该群体属于消费不成熟型,没有自己的见解,人云亦云,容易受周围环境的影响。这类人群的购买行为表现为促成易,反悔也易。

(3)冲动型:这类群体做事容易激动,不善于冷静思考,只要营销人员的讲解能博得其好感,就能促成购买行为。但是,由于其情绪易波动,在购买之后容易发生反复。

与其他商品的营销相比,汽车金融产品营销更注重以下特点:

(1)主动性营销。由于汽车金融产品具有许多不同于其他实物型商品的特点,特别是消费者不可能对所有的汽车金融产品都了解,这就要求营销者采取主动出击的方式,变潜在需求为现实需求,变对别人公司的或者其他品种的汽车金融产品的需求为自己公司的汽车金融产品需求。

(2)以人为本的营销。汽车金融产品营销始终面对的是人,这就需要营销始终秉承"服务至上,顾客满意"的原则,以顾客需求为中心,进行人性化营销,这样才能使汽车金融产品营销具有活力和吸引力。

(3)注重关系的营销。既然汽车金融产品营销始终需要与人打交道,那么人际关系就显得尤为重要。汽车金融产品营销强调与汽车金融产品需求者建立并维持长久的、良好的关系;与竞争者建立公平竞争和相互协作关系;与各类相关的中介机构建立合作和共同发展的关系;与各级政府职能部门建立沟通、理解的关系。

汽车金融产品的营销渠道是指汽车金融服务公司将汽车金融产品送达汽车金融产品需求者所采取的各种途径和方式,它是汽车金融服务公司与汽车金融产品需求者建立具体联系的必经之路。通过营销渠道进行分销,才能让汽车金融产品在合适的地点、时间,提供给适合的需求者,从而满足市场需求,真正实现汽车金融产品的价值。就汽车金融产品营销渠道的具体功能看,主要表现在沟通信息、接触客户、实施促销、进行洽谈、双向选择、购销实现、风险承担、融通资金等方面。

纵览国内外汽车金融产品市场的发展,其营销渠道主要有以下几种:

(1)直接营销渠道。直接营销渠道是一种汽车金融服务公司利用支付薪金的专属员工向营销对象直接提供各种汽车金融产品和服务的方式,也是我国通常所说的直销制。直接营销渠道的优点在于通过汽车金融服务公司自身的员工直接展业,能够充分代表公司的信誉,增强可信度,消除营销对象的顾虑,使其尽快作出购买决定。另外,汽车金融服务公司的专业人员一般都具有较高的专业水平和较好的从业道德,因此,通常能为客户提供比较稳定的售前、售中和售后服务。但是,直接营销渠道也有许多问题。首先,对于那些规模小、分支机构小且分布不均衡的公司,无法通过直销方式占有一定规模的市场份额。其次,由于直销人员都是汽车金融服务公司自身的员工,有固定的成本支出(如工资、福利等),分支机构越多,这项费用越庞大。另外,要设立分支机构,就要投入大量的软、硬件设施,包括办公地点、各种设备、管理人员等,这又增加了营业费用,所有这些都导致经营成本的提高,从而影响汽车金融服务公司的经济效益。所以,单独凭借直接营销渠道来达到占领汽车金融服务市场的目的是无法做到的。

在直接营销渠道中又可以进一步划分出垂直营销渠道。这种渠道是近年来西方国家在传统营销渠道上的重要变革之一,它又可细分为统一垂直营销渠道、契约垂直营销渠道。其中,统一型是由同一汽车金融服务公司营销部门组成的,其营销的各个环节都归总部所有和控制;契约型是由不同层次且各自独立的汽车金融服务公司营销部门组成,以契约作为其统一合作的基础来达到各自独立经营时不可能取得的营销业绩和经济效益。

(2)间接营销渠道。所谓的间接营销意味着消费者与汽车金融公司两者见面较少,一般来说,这种服务方式主要是委托汽车经销商进行操作。其优点在于:对于汽车金融公司来说,不需要很多的前期投入,只需要根据汽车经销商拉业务的情况给予适当佣金即可。这对于一些初创期的汽车金融公司来说,无疑是一种成本相对低廉的业务拓展方式。

当然,这样操作也存在一些不足。首先,作为中间人的汽车经销商的忠诚度容易受质疑,毕竟他们只是依据佣金的比例确定业务的推广方向的;其次,汽车金融公司对于营销渠道的控制力相对较弱,对于建立稳定的市场是不利的;再次,由于汽车经销商不需要对汽车金融服务的风险承担太多的连带责任,因此可能会美化借贷方的资信来促成业务的达成,这些风险最终将由汽车金融公司承担。

(3)虚拟营销渠道。所谓的虚拟营销是指汽车金融公司利用互联网和电子商务技术为客户提供有关汽车金融的服务和信息,实现网上营业,通过银行的支付网关实现资金流的划转。由于汽车金融服务作为电子商务的一种新的形式,对物流的依赖较少,而对于信息流和资金流的依赖较多,因此可以非常便捷地利用现代电子商务的手段实现交易的撮合和合同的订立。只要在汽车金融的虚拟营销过程中解决好数据安全和身份认证这两个问题,汽车金融在网上就能获得极大的发展空间。

近年来,利用互联网提供汽车金融产品、服务和相关咨询以及销售的网站在欧美等发达国家纷纷涌现,网上交易量迅速攀升。以美国为例,作为发展网上汽车销售和汽车金融服务的先驱,早在1995年初,就有81%的美国汽车金融服务公司和汽车专业性经销商建立了自己的网站,利用其向网民提供有关汽车金融市场、汽车金融产品和相关商务方面的信息,并帮助客户设计汽车金融的融资方案。

在汽车营销的过程中,商品交换在时间和空间上可能发生分离,使得汽车实物的让渡和汽车价值的实现在时空上进一步分离,这便涉及信用和风险管理问题。信用作为一种有条件的借贷行为,是价值运动的特殊形式,通过一系列的借贷、偿还、支付过程加以实现。信用关系在这里反映了汽车产销方与汽车消费者之间的经济关系。

汽车金融服务中的信用有自己标定的内涵与范畴:汽车金融服务的信用首先是指确立在资金借贷关系之上的信贷。汽车金融服务的信用不是最早的消费信用形式,它被用于融通汽车消费、经营资金、增加消费者购买力和汽车经销商资金融通能力,从这个意义上来讲、汽车金融服务的信用也可以叫作汽车金融服务的信贷,衡量汽车金融服务市场中的所有参与者,包括汽车制造商、汽车经营销售商、汽车金融服务企业、银行保险、维修服务商,特别是消费者等遵守法律规定、履行相关经济契约和是否诚实守信的标准就是信用。信用是检验一个国家和地区汽车金融服务是否发达的重要标志。

在汽车金融服务市场上,风险和信用是对立统一关系。汽车金融服务企业为了获得收益及达到收益最大化,就必须承担风险。汽车金融服务信用风险防范的重点在于信息非对称性导致的道德风险行为。从本质上说,道德风险属于经济环境中的外生不确定性,或者说它是经济外在性的形式之一。它的存在破坏了市场均衡或导致市场均衡的低效率。在汽车金融服务的信用制度中,消费者的信用是通过每一次借贷行为积累的,所以就相当于在汽车消费信贷中引入了"声誉机制",这样对道德风险是有力的防范。

汽车金融服务信用风险防范的另一个重点就是逆向选择。在汽车金融服务中,提供汽车金融的机构对借款人信息的了解是不充分的。如果对不同类型的借款人收取不同利率,高风险的借款者为了享受低利率就会伪装成低风险的借款者。这样,提供汽车金融服务的机构就有可能错误地选择贷款对象,造成逆向选择。当汽车金融服务机构不能观察借款的投资风险时,提高利率将使低风险的借款人退出市场,从而使放款的平均风险上升。针对这种逆向选择,汽车金融服务企业通过建立个人信用体系,以消除信息的不对称性,并按照个人的信用等级决定融资数量与期限,将信用风险降低到最低水平。

在汽车金融服务市场上,风险与信用是对立统一的关系。汽车金融公司为了获得经济利益,必然需要承担一定的风险。风险会给其承担者带来负效用,而且是无法彻底消除的,但是可以通过一些科学的评价指标防范和削减风险。

办理汽车消费贷款,一般是买车人和汽车经销商签订购车协议,买车人出具身份证、户口本及收入证明等,然后由保险公司审查手续无误后,办理机动车辆保险和机动车辆消费贷款保证保险。最后,由银行发放贷款。这样,银行发放贷款时有双重担保:一个是汽车经销公司出具的担保合同,另一个则是保险公司的保证保险作为担保。两者缺一不可时才放贷款。

实际上,当时在汽车信贷的风险承担上,保险公司的机动车辆消费信贷保证保险承担了几乎全部的风险,银行的风险则大大降低。银行要求借款人购买保证保险后,基本不再对借款人作信用评估。从理论上讲,以后一旦出现恶意贷款或借款人不按时还款,银行所有损失都将由保险公司负责理赔。但赔付率过高,此险种难以为继。

在车贷保险退出后,银行在办理汽车贷款业务中,只能自己把关,对客户的审查变得严格。银行全程参与,降低风险。首先,要求首付款的比例必须达到30%,另外,成立专门的调查小组,对购车人的信誉、还款能力进行考察,建立信用档案,如果认为有问题的,就拒绝放款。宁可少做,也要把风险降到最低。采取这样的措施后,银行的业务量减少了一些,但风险降低了,客户还款比较及时。

第四节 汽车金融公司经营案例

一、上汽通用汽车金融有限责任公司

通用汽车金融服务公司(GMAC)于1999年6月正式在中国设立机构,寻求其业务拓展机会。上汽通用汽车金融有限责任公司(以下简称上汽通用汽车金融)由通用汽车金融服务公司和上海汽车集团财务有限责任公司(SAIC FC)共同合资组建而成,是目前所有申请开展汽车金融业务公司中最早的合资企业。其总部位于上海浦东东方路710号汤臣金融大厦。GMAC是通用汽车公司的全资子公司。而SAIC FC是1994年5月由上海汽车工业(集团)总公司、上海汽车股份有限公司和上海汽车工业销售总公司组建而成的,分别投资55.78%、40.00%和4.22%,2003年实现营业收入4.89亿元,公司注册资本为5亿元,其中,通用汽车金融服务公司占股60%,上海汽车集团财务有限责任公司占股40%。

1. 上汽通用汽车金融目前的主要业务

上汽通用汽车金融将逐步开展中国银监会批准的业务,目前其业务主要是通过上海通用的授权经销网络,在批发和零售两大领域为通用汽车和上汽集团在华的合资企业、相互的关联公司和合作伙伴的汽车销售提供批发和零售信贷等金融服务。其中,批发信贷主要是指为经销商库存车辆融资提供贷款等金融服务,使经销商获得强大的资金流支持以顺利开展业务;而零售信贷则将帮助每一位消费者从经销商处直接获得关于汽车购买的相关信贷业务。

2. 上汽通用汽车金融的成立背景、现状和前景

首先,随着国家促进汽车消费的产业政策和开放汽车消费信贷业务的加入WTO承诺逐渐兑现,国外的各大汽车制造商都看准了中国这块汽车消费大市场,因为从以往的数据来分析,在这些汽车巨头的全部收入中,汽车消费信贷所带来的利润占有举足轻重的地位。

其次,目前全球70%的汽车销售是通过消费信贷的方式进行的。在美国这个比例高达85%,在印度达60%;而在中国只有10%,即使是此项业务开展比较早的上海通用汽车有限公司也只有15%。对于他们来说,中国的汽车消费信贷业务就像是一个尚未开启的宝藏。

如此庞大的市场,对于任何一家汽车制造商或是提供汽车消费信贷的金融机构来说,都是难以抗拒的诱惑。就是在这样的市场背景和业务需要的状况下,通用汽车金融服务公司抢先进入中国的汽车金融服务市场。

目前,面对发展潜力巨大的市场,虽然上汽通用汽车金融是中国的第一家中外合资汽车金融公司,但也面临着一些难以解决的问题。

一是目前在中国的绝大多数地区,在汽车消费信贷过程中,汽车本身作为担保物风险较大,同时消费者还不得不为了贷款过程中引入的保险等环节支付更多的费用。

二是目前国内还缺乏一套与贷款消费有关的法规制度。如果贷款的用户不能按时还贷,厂商就需要相应的法规制度来维护自己的利益,通过合法的途径将用户的汽车收回以减少损失,而这一点目前的法规还难以保证。

三是贷款利率缺乏灵活性。中国人民银行规定的固定利率并不是由市场决定的,这样

就阻碍了业务范围的拓展。在美国，不同客户在贷款时获得的利率可能相差很远。对于信用良好的客户，贷款利率可能是 6%，而对于信用状况不佳的顾客，贷款利率可能高达 16%～18%，因为其中有相当一部分要作为坏账准备金提留。设置坏账准备金的目的是为了减少客户不能还贷所带来的损失，虽然从不能还贷的客户处收回的汽车还可以卖掉，但取得款项与实际贷款额还会有一定的差距，这就需要坏账准备金来弥补。只有收取了足够的坏账准备金，GMAC 才能制定更为开放的贷款规则，让更多的消费者有机会获得贷款。

从总体形势来看，上汽通用汽车金融将集合"全球化"和"本土化"两大优势，充分利用通用汽车金融服务公司在全球汽车信贷方面的经验，以及上汽财务公司对中国市场情况与商业习惯的认识，采用全球汽车金融领域的运作模式为我国汽车市场提供专业金融服务。

根据上汽通用汽车金融发布的其 2017 年全年业绩：截至 2017 年 12 月末，上汽通用汽车金融表内外总资产规模合计突破 1200 亿元，全年新增零售贷款合同量达 1007997 单，在业内率先达到年单百万级别，自公司成立以来已累计为全国 419 万名消费者提供汽车消费信贷服务。这份里程碑式的成绩单，彰显了中国汽车金融行业蕴藏的巨大潜力，树立了中国汽车金融行业的新标杆，标志着中国汽车金融行业全面进入了新的发展时期。

取得当年新增零售贷款合同量突破 100 万单这一成绩，意义非凡——以往，从上汽通用汽车金融成立到完成第一个 100 万单合同，用了足足 8 年；从 100 万单到 200 万单的冲刺，用了 3 年的时间；从 200 万单到 300 万单的跨越，只用了不到 2 年；现在，用一年时间，就能完成 100 万单合同。上汽通用汽车金融将把金融科技作为公司核心能力及下一阶段的主要驱动力，利用创新技术手段完善风险控制系统和自动决策引擎，更好地服务于消费者。同时，上汽通用汽车金融将与众多经销商及厂商伙伴们同心协力，共同保持这股前进的"加速度"，推动汽车销售业态转型升级，带动全行业的可持续发展。

在产品设计上，继 2016 年推出具有叠加功能的汽车金融衍生产品"附加品融资"后，2017 年，上汽通用汽车金融陆续推出了为满足中小型企业和初创企业的用车需求的产品"公牌易贷"、满足客户灵活理财偏好的产品"6666 分段式"、帮助客户有效抵御车辆发生全损或推定全损风险的"保值无忧"服务等创新产品，都获得了极佳的市场反响。"公牌易贷"于 2017 年 4 月上线，仅前 4 个月公牌申请量就较上年同期猛增 15 倍；"6666 分段式"2017 年 7 月上线以来，短短 1 个月合同量就超过另一创新还款方式产品"5050 智慧式"合同量的 2 倍；"保值无忧"服务 2017 年 9 月正式推出市场，上线次月就迅速迎来爆发式增长，合同量约为上线首月的 13 倍，得到了经销商合作伙伴的一致好评。

在拓展融资渠道方面，2017 年，上汽通用汽车金融已累计发行资产证券化产品规模达 290 亿元，发行金融债规模达 110 亿元。

上汽通用汽车金融在飞速发展的同时，始终保持着卓越的运营能力和优质的资产水平。截至 2017 年 12 月，批发业务保持零损失，零售净损失保持历史低位为 0.13%，全公司的不良贷款率仅为 0.10%。

2017 年，上汽通用汽车金融在各方面的优异表现得到业内广泛认可，荣获 21 世纪报系颁发的中国汽车"金引擎"奖"最佳汽车金融公司"、《经济观察报》颁发的"年度卓越汽车金融机构"、《汽车与配件》颁发的"企业组·创新能力奖"、第一财经颁发的"中国金融创新榜·年度汽车金融公司"等奖项，并荣登知名全球认证机构杰出雇主调研机构（Top Employers Institute)发布的"2018 中国杰出雇主"榜单,跻身全球一流雇主行列。

二、福特汽车信贷公司

福特汽车信贷公司(FORD CREDIT,简称 FMCC)成立于 1959 年,是全球最大的专业汽车融资公司,在全球五大洲共 40 多个国家和地区为 1000 万终端客户和超过 12500 家经销商提供金融服务。作为福特汽车公司的全资子公司,FMCC 致力于为经销商和客户提供金融产品和服务,包括为新车、旧车和租赁车辆提供融资以及提供批售融资、抵押融资和营运资金融资等,同时还提供汽车保险、库存融资保险等保险服务。FMCC 以其专业化及资源化为满足客户和经销商的需要提供优质的服务。FMCC 在汽车金融领域开创了多项先河,具体如下:

(1)FMCC 是第一家通过因特网提供网络批准汽车贷款和租赁的公司,在几分钟内即可对客户作出信贷决定。

(2)FMCC 的 Fairlawn 项目是汽车消费信贷产业内第一个帮助信用差的客户在其连续两年内按期付款后会发信用等级的公司。

(3)1992 年,FMCC 成为第一家为二手车提供租赁服务的汽车融资公司。

(4)1993 年,FMCC 出售了第一笔美国公司全球债券,价值 15 亿美元。

(5)2000 年,FMCC 在因特网上发行了世界上第一笔公司债券。

(6)FMCC 是第一家在因特网上用 30 多种语言发布市场信息的汽车融资公司。

FMCC 近年来发展迅速。2000 年总资产达 1890 亿美元,净收入达 17.86 亿美元,占福特汽车集团总利润的 36%。2004 年的福特汽车集团第一季度全球净收入 19.5 亿美元,其中来自 FMCC 的净收入为 6.88 亿美元;于 2004 年 7 月 22 日公布的第二季度全球净收入为 11.7 亿美元,其中 FMCC 收入为 8.97 亿美元,占总收入的 76.7%,比上年同期增长了 2 倍多。2016 年,福特汽车全年公司利润为 104 亿美元,经营利润率为 6.7%,净收入达 46 亿美元。

FMCC 一直是福特汽车公司重要的战略组成部分。福特汽车公司帮助 FMCC 在汽车融资和保险市场上获得资金,同时 FMCC 也为福特汽车公司提供了稳定的利润来源,在汽车市场不景气的时候成为财务支柱。此外,FMCC 也为福特汽车公司培养了客户忠诚度。据统计,72% 接受 FMCC 服务的客户再次购买了福特汽车。同时,在不断扩展其海外市场的过程中,福特信贷也支持了福特公司在新市场的发展。最后,通过 FMCC 同直接客户的频繁接触和双向交流,福特公司能够获取有价值的客户信息,并因此进一步使其产品和服务满足客户的需要。

FMCC 的融资服务,一是在经销商融资方面,有车辆存货融资、营运资金融资、展示车融资、贸易融资、应收账款贴现等;二是在零售融资方面,有零售分期和全方位车辆租赁服务等。

FMCC 的服务主要有三个特色:一是向最终用户提供融资,分为两个方面,一方面是一般的消费信贷(即分期付款),另一方面是比较特殊的融资服务,包括融通与汽车相关的任何可能支付的金额,如汽车维修、美容和保险方面的服务;二是针对汽车厂商,协助汽车厂商建立销售体系,包括指派经销商、对厂商提供一个评估的标准;三是提供经销商财务管理的咨询及培训,通过资料和信息,帮助他们评估经营的效率。此外,FMCC还建立了旗下各大品牌的专营融资子机构,向品牌经销商推出了零售融资、批发融资和其他融资措施。

三、通用汽车金融服务公司

通用汽车金融服务公司(GMAC)是通用汽车公司于1919年1月24日建立的全资子公司,目的是向通用汽车公司的经销商们筹措库存汽车所需要的资金,并使客户得以在购买新车时,不必首期付清货款。GMAC至今已有100多年的历史,是全世界规模最大、最为成功的金融机构之一,其业务遍及世界41个国家和地区。自创立以来,GMAC在其经营历史中为全球超过1.46亿辆车的销售提供1万亿美元的贷款,而其中绝大部分仍然来自金融信贷业务。

GMAC的核心业务是汽车金融服务,该业务侧重于向通用汽车特许经销商出售给客户的汽车提供服务或提供各类通用和非通用汽车租赁的相关服务,其最大特色在于在任何可能的市场上,都能针对每个客户的需求,为其量身定做信贷方案。例如,在北美,GMAC考虑到农民的收入一般与农作物的收成有关,没有固定的月收入,只是一年有一次或两次集中的收入,就专门为农民买车制订了一个6个月还一次款的还款计划,虽然每次还款金额会比较高,但一年只要还款两次就行了。再如,GMAC会根据用户的信用状况制定不同的贷款利率,如果这个用户的信用很好,获得的贷款利率相对来说就会低一些。GMAC在全球的汽车金融服务业务部均推行此种以富有竞争力的利率向客户和商家提供多种汽车贷款方式的做法,这样的利率巩固了客户群,同时确保了顾客的综合满意度。GMAC具体提供的汽车消费信贷品种有:

(1)分期付款。具体方法是:在客户与分销商之间签订一个分期付款协议,客户承诺未来支付那一部分贷款,并且支付财务费用。

(2)敏捷购买(smart buy)。这种方式可使用户经常拥有一辆新车。其具体方法是:客户每月返还少量的车款,在合同期的最后有两种选择,一是购买该车、一次性付清欠款,二是交纳250美元手续费,以及超过限制公里数的费用后,交还该车。

(3)敏捷租赁(smart lease)。这种方式适用于不愿购买一辆车,但在一定时期内需要用车的客户。具体方法是:客户可以根据使用情况的预期,选取不同的年公里数、交纳不同的租赁费。此外,GMAC公司还推出学生购车计划等专门针对学生群体的信贷品种,以培养其对本品牌的忠诚度。

GMAC也向通用汽车公司的经销商们提供贷款,以维持其汽车库存。例如,批发融资、汽车租赁,同时也面向经销商提供专业培训服务和财务咨询计划。公司其他主要业务还包括保险和抵押融资等。

四、长城汽车金融公司

长城汽车金融公司成立于2014年5月30日,设立在天津滨海经济技术开发区,注册资本5.5亿元,其中长城汽车出资90%,天津滨海农商银行出资10%,是天津第一家汽车金融公司。公司主要从事个人购车贷款和经销商库存融资,还从事经销商建店贷款等业务。长城汽车金融公司的设立改变了长城汽车销售服务网络完全依靠外部金融服务机构为客户提供金融服务的历史。

长城汽车金融公司是长城汽车致力于提升终端服务水平的重要一环,树立了"为您而变"的服务理念,逐步实现金融服务"定制化"开发模式,从客户的金融服务需求实际出发,为客户提供专业的金融信贷服务,满足客户购车需求,缩短顾客换车周期。长城汽车金融公司的销售网络覆盖了整个城市,能够满足经销商的资金需求;形成了自己专业的营销团队,业务素质和能力水平都较好;与上百个经销单位合作,业务扩展类型多样,包括担保人综合授信消费贷款、担保人综合授信融资租赁、担保人综合授信保理业务、保兑仓业务、车贷险业务、抵质押业务、周转贷款业务、过桥贷款业务等多层次金融产品,基本满足网络内所有经销单位的销售和周转金融的需要。

从商业模式上看,长城汽车金融公司主要采取以下模式开展业务:第一种模式是直客模式,即当汽车消费者确定了要购买的车型后,按规定的比例支付首付款,可以当天完成购车。这种服务模式的主要好处在于能够很大程度的节约车辆的购置费用,而且减少了中间环节,可以为消费者减少时间成本和中间费用支出,一旦车贷被批准之后,可以实现全款购车,可以在经销商处得到更大的议价权力。第二种模式则是间客模式,间客模式的主要特点是借款人可先到银行特约汽车经销商处选购汽车,提交有关贷款申请资料,并由汽车经销商代向银行提出贷款申请。

相对各类商业银行而言,汽车金融公司在专业性、服务对象的专属性和客户营销上具有明显的优势。长城汽车金融公司依托于长城汽车的销售网络优势获得了迅速的发展,公司的快速发展对促进长城汽车品牌车辆的销售和增进客户忠诚度等方面起到了十分重要的作用。面对我国激烈竞争的汽车金融市场,长城汽车金融公司具有较强的竞争和发展优势,主要表现在以下几个方面:

(1)品牌领先优势。长城汽车公司成立于2001年,历经10多年的发展,以稳健发展而著称,经济实力雄厚,连续10余年创造高增长和盈利的业绩。公司发展至今,连续入选中国企业500强,中国机械500强,中国民营企业上市公司十强,成为最优秀的民族汽车品牌之一。长城汽车公司旗下各品牌的汽车销售量常年处于前列,具有明显的规模优势和品牌优势,在国内的管理模式有效延伸了其产品线,具有较大的产品覆盖能力。与此同时,长城汽车在我国中低端市场内具有强大的号召力和品牌知名度,受到广大消费者的认可。

(2)服务对象专属优势。长城汽车在国内市场的长期耕耘为其造就了相当的知名度,也培养了大批用户的品牌忠诚度。目前长城汽车的保有数量非常高,为长城汽车发挥其客户专属优势提供了基础。相对于中小商业银行,长城汽车金融公司的主要服务对象是各类长城个人汽车消费者和机构消费者,以及长城汽车的各签约经销商,在客户开发和维系上存在着天然的优势。同时,由于长城汽车金融公司是一个相对独立的公司,拥有自己的主要营销品牌,并不涉及其他汽车金融公司的品牌范畴,因此,不会与同行业的汽车金融公司形成直接的竞争关系,面临的同业竞争者的威胁也相对低于商业银行。长城汽车金融公司主要为长城品牌的汽车生产公司和客户群体服务,在服务领域、服务对象及业务功能熟悉程度上远远高于商业银行,因此,在从事汽车金融服务时相对于商业银行在专业性上的优势更加明显。

(3)集中经营优势。长城汽车金融公司采取逐步培育客户群体的方式来不断积累和提高自己的核心竞争力,加之目前长城汽车金融公司在客户群中的口碑较好,因此,长城汽车金融公司可以静待时机,等待政策的允许,之后再开展更为多样化的汽车金融服务,在规避政策风险的基础上,使其在与其他汽车金融市场主体进行融资谈判的过程中掌握更大的主动权。

五、大众汽车金融(中国)有限公司

德国大众汽车金融公司是目前欧洲国家中规模最庞大的汽车金融服务企业。截至2012年12月底,其总资产已经超过了8550亿元,年收入为119亿元,全世界共有雇员近万名,提供服务覆盖了欧洲、亚太等50多个国家和地区。50多年来德国大众汽车金融公司致力为用户提供优质、高效、专业的资金支持业务,旗下拥有银行、融资公司、车险代理公司,为购车贷款业务、汽车融资、车险业务、大型车队业务,投资领域给予多样化的汽车信贷产品。早在开始制造大众品牌汽车之前,大众集团就有了汽车信贷业服务:1938年,为购买大众汽车的客户提供储蓄计划;1949年,成立大众汽车银行;1966年,成立大众汽车租赁公司;1989年,成立大众汽车金融部。德国大众集团在1930年对自产"BEETLE"开展了购车储蓄项目,本质是筹集将要购买"BEETLE"的客户的车款,这成为车辆融资行业的第一例,形成了汽车信贷业的雏形,汽车信贷服务的商业贷款项目渐渐成型,汽车金融公司逐渐成立。

大众汽车金融(中国)有限公司(以下简称大众金融)是德国大众汽车金融公司的全资下属企业,我国首家外资全资专业的汽车金融公司,具有明显的品牌优势、专业优势。大众金融在1988年建立北京办事处,2004年底正是在中国北京营业,同年启动奥迪金融,2005至2006年期间,在零售信贷业务后开展了经销商融资业务,2007年6月开始与斯柯达汽车合作,2011年与斯堪尼亚中国合作提供金融服务;2012年在宾利、保时捷、西雅特等品牌开展信贷业务。大众金融努力向中国顾客提供先进的车贷商品和专业、优秀的信贷服务。大众金融与大众集团下的广大4S店亲密合作,互赢互利,大力发展业务,从而增加上海-大众、上汽-斯柯达、一汽-大众、一汽-奥迪、大众进口、保时捷、宾利、兰博基尼等品牌在中国的销售量。

大众金融主营业务包括:为购买大众品牌的顾客提供购车资金支持服务;为大众旗下4S店提供厂家购车、试驾车辆批发等方面的贷款业务;经销商的展厅修建贷款业务;车辆零配件、精品贷款业务;维修机械设备贷款业务;经中国银监会允许的其他信贷业务等。大众金融主营业务范围有:与全国各地4S店的紧密合作,为购买大众旗下汽车的客户提供金融支持服务;为大众集团的经销商提供厂家购车和试驾车辆批发等方面的贷款业务;为机构客户提供信贷支持,对大规模车队用户进行多台车、高额度的贷款服务;对农业机械设备、建筑工程设备等非道路机动车辆提供金融服务。

大众金融目前主要通过车辆销售方式获取收益,这是一种常规、基本的盈利途径。主要通过对经销商贷款、最终用户购车贷款的利息差来盈利。这种盈利方式是比较早期的盈利模式,盈利多少、盈利与否大部分取决于汽车生产商和政府的支持。

大众金融通过10多年的发展,目前已经成为我国优秀的汽车金融企业。大众金融的金融渗透率从2004年的5%,增长到目前的18%~19%。目前大众金融在全国约有1000多名员工,业务覆盖了75%的中国大陆区域,并在这些区域内拥有45%的市场份额,合作的4S店已达到3000多家。从表2-2、表2-3、图2-4可知,2016年底,个贷贷款合同成交量已超过

50万单,比2008年增长率达到近1400%,2016年12月发放贷款额达到4000万元,从2008年至今大众金融的市场占有率一直稳定增长。

大众金融2016年12月放贷情况(元)　　　　　　　　　　　表2-2

业务种类	个人车贷业务	机构车贷业务	经销商融资	合　计
正常	39039382	1718233	2789466	43601081
关注	99411	8851	4721	112983
次级	17635	3438	—	21073
可疑	36237	2479	1742	40458
损失	116	—	1125	1241
发放贷款和贷款总额	39246781	1733001	2797054	43776836

大众金融2016年度财务数据(元)　　　　　　　　　　　表2-3

利息收入	3699997577.18	营业利润	1433721390.48
利息净收入	2575998950.03	利润总额	1296848816.11
营业外收入	11346788.13	净利润	913793912.08

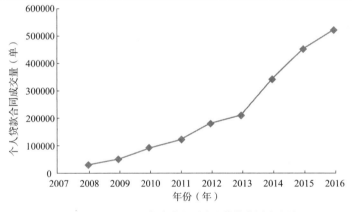

图2-4　2008—2016年大众金融个人贷款合同成交量

思考题

1. 汽车金融公司的特征是什么?
2. 汽车金融公司的竞争优势体现在哪些方面?
3. 汽车金融公司最佳资本结构确定方法有哪些?
4. 资本成本比较法的基本原理和决策步骤是什么?
5. 国内汽车金融公司的融资方式有哪些?
6. 影响汽车金融公司融资的因素有哪些?
7. 汽车金融公司的基本盈利模式和增值盈利模式是什么?
8. 什么是汽车金融产品?
9. 汽车金融产品营销的手段有哪些?
10. 汽车金融产品的三要素是什么?

第三章　汽车消费信贷

第一节　汽车消费信贷概述

一、汽车消费信贷的概念与方式

1. 消费信贷

消费信贷是金融机构或零售商等贷款提供者向消费者提供的用于购买商品和服务的贷款,是消费者在资金不足的情况下,以贷款购买消费用品的一种特殊的消费方式。从性质上说,消费信贷是信用消费的一种形式,信用消费从银行的角度来说也可叫消费信用,是货币信用制度的产物。《辞海》中关于消费信用的定义是:消费信用是对个人消费者提供的信用,也就是金融机构及企业对消费者提供的信用。它是在商业信用的基础上发展起来的,是信用中的一种高级形式。消费信用的发展经历了企业与消费者之间的消费信用以及企业与消费者之间有银行媒介的"三位一体"的消费信用两个阶段,消费信贷即为后者。

美国联邦储备委员会将消费信贷定义为"通过正常的商业渠道发放的用于购买供个人消费的商品和劳务或者用于偿还由此原因而产生的债务的中、短期信贷"。从现代金融学的角度定义,所谓消费信贷就是"以刺激消费,提高居民生活水平为目的,用居民未来收入作担保,金融机构对消费者个人发放的、用于购买耐用消费品或支付其他费用的贷款,是市场经济下利用信贷手段促进消费的重要方式"。因此,消费信贷是一种以刺激消费、扩大商品销售、加速商品周转为目的,用未来收入作担保,以特定商品为对象的信贷行为;是国家经济和社会生产力发展到一定水平的产物,是现代商业银行的一项十分重要的资产业务。

2. 汽车消费信贷

汽车消费信贷即用途为购买汽车的消费信贷,是消费信贷的一种。它可以使更多的消费者买得起汽车,使汽车企业的潜在客户不仅仅局限于那些可以用现金支付的人。

在我国,汽车消费信贷是指金融机构向申请购买汽车的用户发放人民币担保贷款,并联合保险、公证机构为购车者提供保险和公证,再由购买汽车的用户分期向金融机构归还贷款本息的一种消费信贷业务。

按贷款对象划分,汽车消费贷款有两类:一类是法人汽车消费贷款,贷款对象为出租汽车公司;另一类是个人汽车消费贷款,贷款对象基本上为个人或出租汽车驾驶员。

3. 汽车消费信贷方式

汽车消费信贷一般有 3 种方式:

(1)以车供车贷款。申请者如不愿或不能采取房屋抵押、有价证券质押的形式申请汽车消费贷款,可以向保险公司购买履约保险,收到保险公司出具的履约保证保险承保确认书,便可到银行申请的消费贷款。

(2) 住房抵押汽车消费贷款。以已出契证的自由产权住房作抵押,提交有关申请材料,交齐首期款并办妥房产抵押登记手续,便可获得的汽车消费贷款。

(3) 有价证券质押汽车消费贷款。以银行开具的定期本、外币存单和银行承销的国库券或其他有价证券等作质押,可以申请的汽车消费贷款。

二、汽车消费信贷提供的主体

1. 我国汽车消费信贷的提供主体

目前,我国汽车消费信贷市场的竞争主体有三个:银行、汽车经销商和汽车金融公司。国外汽车金融公司尚未大规模开展国内业务。

1) 银行

汽车消费信贷作为一项贷款业务,在我国主要由商业银行来提供,如中国建设银行、中国工商银行、中国银行、中国农业银行以及交通银行等,已经分别成立了类似汽车按揭中心的专门机构,并在汽车金融服务中心配备专门的人员。

2) 汽车经销商

考虑到市场的特殊性,商业银行一般将贷款业务的许多手续委托汽车经销商代理。一些城乡信用社作为合法经营贷款业务的金融机构也提供为数不多的汽车消费信贷。还有一些经过中国人民银行批准的财务公司(主要是汽车集团下属的财务公司)已经开始做这项业务。此外,还有一些专业金融租赁公司,也在以一些租赁的方式进入到汽车消费信贷市场。

3) 汽车金融公司

近些年,专业的汽车金融公司也早已步入我国汽车消费信贷市场。早在1995年,福特汽车财务公司就在北京设立办事处,德国大众金融服务公司、通用汽车金融服务公司分别于1998年和2001年先后在中国设立代表处,但没有开展实际业务。根据1999年11月中美达成的有关入世的双边协议,我国向外资开放汽车服务贸易领域,其中就包括中国同意允许非银行的金融机构提供汽车贷款融资,即从中国加入WTO之日起,美方就可获得在汽车行业的贷款融资权,且包括非银行机构。中国入世后,GMAC第一个向中国人民银行递交了成立合资汽车融资公司的申请,并于2004年8月18日在上海成立上汽通用汽车金融有限责任公司,同年汽车贷款总额即达21976万元。

面对国外汽车专业金融公司进入中国市场,国内汽车集团也纷纷迎战。2002年12月21日,风神汽车公司与台湾裕隆公司举行了东风裕隆项目合作签字仪式,合资组建东风裕隆汽车销售公司、东风裕隆旧车置换公司、联友科技有限公司,合作经营东风汽车工业财务公司和东裕保险代理公司。

2. 国外汽车消费信贷的提供主体

在国际上,提供汽车消费信贷的主体主要是附属于汽车公司的专业汽车金融公司。比如说在美国全部新车消费信贷中,银行仅占26%的份额。福特、通用、克莱斯勒、丰田四家专业汽车金融公司占39%,其他财务公司和信贷联盟占35%。

汽车金融信贷并不仅仅促进了汽车的销售,同时非常重要的是它本身就是盈利的手段。

比如通用汽车信贷公司在 2002 年第一季度获利润 4.39 亿美元，占公司同期利润总额的 55.5%。

这些专业汽车金融公司之所以占据较大份额的原因，首先是由于它们和生产厂商的天然联系，使得它的根本利益和厂商实际上是一致的，在关键的时候是可以互相支持的。比如在美国，汽车金融公司可以支援厂家的生产资金流动，而且对销售商有 60 天还款期，金融公司对销售商的期票进行承兑，对用户不但可以进行贷款和分期付款，还可以进行售后跟踪，尤其是对一些车的残值处理，这是那些非专业的汽车金融机构无法进行的。其次是由于其只从事汽车信贷业务，专业化非常强；为消费者提供涵盖汽车售前、售中、售后的更广泛的专业产品和服务。更重要的是，多年的从业经验，使得其开发出专门的风险控制系统、风险评估系统，甚至于专门的催讨系统，保证了较高的业务处理效率，具备了较强的竞争优势。商业银行尽管实力非常强大，但是在单一业务上却不如专业汽车信贷机构。

3. 我国汽车消费信贷市场竞争主体间的关系

(1) 银行和经销商之间存在着一种既竞争又共生的关系。一方面，我国目前的汽车经销企业还不具备独立开展汽车消费信贷业务的资本规模，它们需要利用银行的资本开展此项业务，与银行之间是一种合作的关系；另一方面，银行的直客模式使经销商无从获得以前收取的管理费和担保费等，与汽车经销商形成了直接利益冲突，变成了一定的竞争关系。

(2) 银行与汽车金融公司的竞争中有合作。对于具有广阔潜力的汽车消费信贷市场，这两者各有优势。银行的优势在于，其营业网点多，资本雄厚；而汽车金融公司由于对汽车产业的了解，拥有更多的信息、资源和专业人才等优势，同时汽车金融公司依托于集团企业的发展，提供消费信贷的初衷是谋求集团产品销售的增加而达到集团利益的最大化。因此，即使汽车金融公司的汽车信贷业务本身并不盈利，但只要最终实现集团利益，汽车金融公司仍有动力从事此项业务，这使得汽车金融公司在利率选择范围上具有自由度，随着国家优惠政策的不断推出，可以根据市场的实际情况灵活的使用低利率或零利率占领市场。

(3) 银行间竞争。从银行间的竞争来看，汽车个人消费信贷只占商业银行信贷量很少的一部分。各商业银行目前的竞争手段主要集中在利率优惠的层面，但由于我国各金融机构执行的汽车消费贷款利率基本不能自行决定，所以各商业银行在汽车消费信贷的价格（利率）上操作空间很小。从竞争状况看，目前银行间的汽车消费信贷业务竞争不甚激烈；在经销商企业中，由于进入者较少，经销商更多地需倚重银行，许多经销商尚无足够的资金实力使其难将消费贷款业务作为利润增长点，所以在这一业务领域，竞争势态也很平静；对于汽车企业的财务公司而言，受到中国人民银行利率调幅的限制，营业网点的制约，所以该业务还处于起步期。总体而言，目前汽车消费信贷市场还处于预热阶段，竞争态势平缓。

从以上的分析中我们可以看到，目前参与汽车信贷消费竞争的只有国内金融机构，虽然竞争十分激烈，但彼此之间仍然相互依存，协同发展。在未来的发展中，建立专业化的汽车金融公司，把银行、经销商、财务公司的资源优势整合进来，共同把汽车信贷市场做得更大，将成为发展我国汽车信贷服务主体市场的有益尝试。

三、汽车消费信贷的特点

汽车消费信贷又称汽车消费融资,在国外属于消费信贷的一个较大的分支。它的出现引起了汽车消费方式的重大变革,实现了消费者的支付方式由最初的全款支付向分期付款方式转变。主要有如下特点:

(1) 提供汽车消费信贷的公司形式多样。在欧美等汽车消费信贷发达的国家,向汽车消费者提供汽车消费信贷的公司很多,有商业银行、专门的信贷公司、汽车消费信贷机构、汽车资本服务公司等。

(2) 具有稳定的资金筹措渠道。对汽车消费信贷资金的来源,目前西方国家的政府规定提供此项业务的公司不能吸收社会公众的存款,其资金来源除资本金和正常利润留存外,主要依靠资本市场和银行信贷。一般来讲,较小的提供汽车信贷的公司除资本金外,融资方式主要为银行信贷和其他金融财务公司贷款。国外的汽车消费信贷公司特别是一些规模较大的汽车消费信贷机构还可以通过投资银行或者自己发行商业票据、债券融资,以及将汽车信贷资产证券化来获取资金。

(3) 汽车消费信贷的政策及监管规范。为了避免同其他金融机构的功能发生矛盾和冲突,政府在政策法律中对汽车消费信贷公司规定了明确的职能,定位在主要提供汽车流通销售、消费及使用阶段的融资服务上。政府还尽量为汽车消费信贷公司提供良好的市场环境与配套支持,如通过建立国家信用体系,使汽车消费信贷公司能够在社会信用状况较好的条件下运行,坏账风险容易控制;逐步向汽车消费信贷公司开放资本市场,直接进入资本市场融资,拓展筹资渠道;通过健全科学的资信评级系统,为汽车消费公司提供完善的中介服务体系。

政府对汽车消费信贷没有设置专门的监管机构,采用的是业务监管、行业自律,强化信息搜集和动态监控,防范风险。特别是行业自律在美国汽车消费信贷公司的监管中发挥了重要的作用。这样,一方面便于各州或联邦就近对汽车消费信贷公司进行业务监管,另一方面公司可根据自身情况、实力与竞争能力灵活开展相关业务。

(4) 汽车消费信贷的收益稳定增长。国外汽车消费信贷的利润一般保持在20%左右,汽车消费信贷公司利润主要来自资金成本与放款利息的利差。近些年来,汽车消费信贷公司开发了一些属于高收益、高风险、利润回报常可达到两位数以上的业务,如针对信用缺损和信用污点者提供汽车信贷。汽车消费信贷公司还通过进入资本市场,特别是信贷应收账款的证券化,来扩大汽车消费信贷资金和公司营运利润来源。在美国,汽车贷款是仅次于住宅抵押贷款的第二大金融资产。此外,汽车消费信贷公司通过改进服务,以开放便捷的形象吸引着众多的消费者和客户,以灵活的方式开展业务,再加上对汽车销售业务情况更为熟悉,对客户资信要求较低,一直因其特有的信誉度和可接受性为汽车消费者所欢迎,从而带来了可观的收益。

(5) 国际汽车消费信贷业务呈现规模化和专业化。通过规模化经营降低作为典型零售业务的汽车消费信贷业务成本,即通过拥有一定规模的客户数量及保持稳定的用户增长率,大幅提高盈利水平。如美国的福特信贷,德国大众金融服务公司等国际大企业及其客户数在数百万辆以上,年业务量甚至达到千亿美元以上,因而盈利能力占到了整个集团的20%左右,成为集团业务发展不可或缺的重要组成部分。

(6) 具有较为严密的风险管理程序。世界各汽车消费信贷成熟国家都开展了较为完善的风险管理程序,主要包括对融资对象包括经销商和申请分期付款的融资用户进行严格的信用评估,对融资的车辆拥有抵押权或取得所有权,对存货融资的车辆,要求购买保险,并定期对库存车辆进行盘点,并要求有关个人提供连带保证。

(7) 建立了较为完善的社会服务体系。在国外,经销店的服务功能除了传统的售车、维修、零部件供应外,还为用户提供周到、规范的融资服务。通过汽车经销商作为对用户分期付款的实施载体,极大方便了用户购买,实现对用户的"以人为本"的服务理念。为配合汽车销售融资业务的开展,建立了较为完善的社会服务机构,包括抵押登记部门、信用资料局、催收和追缴部门、旧车拍卖中心等。

(8) 汽车消费信贷服务多元化。为应对日趋激烈的市场竞争,汽车消费信贷公司加大调整变革力度,信贷服务开始采用"多元战略",从起初的仅为汽车的销售提供融资服务,逐步向售后服务发展。目前已基本形成了以售车、维修、转让、租赁为主体,汽车文化、汽车俱乐部、汽车消费品等相关产业链为辅助,以汽车消费理财、汽车信贷资产的证券化、汽车服务产品的金融化为核心的完整金融服务链;"多元战略"还根据不同国家和地区客户的需求提供相应的汽车信贷服务产品,开展汽车信贷产品个性设计与开发,让客户在汽车消费上的差异化选择均可获得相应的金融支持。

为进一步发掘利润来源,满足客户日益增加的新要求,汽车消费信贷有针对性地采取"深化战略",一方面就是金融工程和投资银行技术的广泛使用,汽车信贷证券化、汽车信贷服务业进一步深化和发展;另一方面是加大力度,推进汽车消费信贷服务的专业化,在机构上不断完备汽车消费信贷服务公司这一运作载体,出现了有限责任公司、服务有限公司等多种形式;同时,积累了一批专门的从业人员,在产品设计、业务开发、风险管理等方面积累了专门的经验,形成了高效的业务操作系统和严密有效的风险管理体系,构成了在汽车消费信贷方面竞争的比较优势。

四、国内外汽车消费信贷的发展

汽车消费信贷兴起于第二次世界大战后的西方国家。产生原因在于两个方面:一是战后生产力的极大发展,消费者的消费需求滞后于生产发展,导致消费与供给之间的矛盾;二是银行的资金较为充足,从生产领域的贷款扩展到消费领域,于是产生了金融创新,有了汽车消费贷款。最早的汽车金融服务,主要是由银行发放贷款。到了20世纪20年代初,对于汽车这一奢侈品,银行逐渐缩小对其发放贷款,这给汽车购买者和销售商造成了障碍,使大多数消费者买不起汽车,汽车制造商也缺乏足够的发展资金。为解决这个问题,汽车生产商组建了自己的融资公司,从而开始了汽车消费信贷的历史。

1. 国外汽车消费信贷的发展

汽车消费信贷起源于美国1907年私人汽车购买中的分期付款,到1919年,美国通用汽车公司成立了世界上第一家汽车公司自己的金融公司——通用汽车金融服务公司(GMAC),开创了世界专项汽车消费信贷的先河。通用汽车金融服务公司是通用汽车集团下属的一家全资子公司,也是世界最大的金融服务公司之一。据统计,通用汽车金融服务公司的业务遍及世界41个国家。

1929年,德国开始开展汽车金融服务。最初,是由银行来提供汽车消费贷款,后来由于汽车价格高、风险大,银行不愿为其提供贷款。为促进销售,有实力的汽车公司建立了自己的金融服务公司。1949年,德国大众成立了自己的信贷银行也就是现在的大众汽车金融公司。

在法国,购买汽车时一般很少采取一次性付款,贷款购车成为大多数人的选择。统计数据表明,法国70%的汽车是通过贷款购买的,汽车信贷因此成为各大银行重要的放贷业务之一。除银行外,从事汽车信贷业务的还有众多的消费信贷机构,像雪铁龙等汽车公司也都在全国各地开设金融服务公司,专门从事本公司汽车的信贷销售。

1959年,福特成立汽车信贷公司,目前在全球五大洲共40多个国家为超过1000万客户和超过12500家经销商提供金融服务,福特汽车信贷公司的收入大致占整个福特汽车公司总收入的3/4。

在加拿大,汽车早已成为每个家庭必备的交通工具。不过,许多加拿大人开的车并非完全属于自己,不少人是通过租赁——先租后买的方式从车行提车。这种方式实际上是租车和贷款购车的有机结合。在汽车租赁期内,与汽车发生的一切开支均由消费者承担。因此,消费者一定要购买各种相应的保险,把风险转移给保险公司。

此外,在欧洲、亚洲等很多国家,各大汽车公司也分别拥有自己的汽车银行,如大众汽车银行、欧宝汽车银行、雷诺汽车银行和标致-雪铁龙汽车银行。在日本,丰田也成立了自己的"丰田汽车金融服务公司"。

经过一个多世纪的发展,国外的汽车信贷体制已相当完善。目前,提供汽车消费信贷的机构主要包括汽车企业的汽车金融服务公司、银行和经销商。其中,汽车企业所属的汽车金融服务公司实力最强大,具有完整的金融服务体系和雄厚的资金,并且在化解利率和汇率风险方面具有丰富的经验。除了汽车消费信贷以外,汽车金融服务公司还为消费者提供牌照、保险等一条龙购车服务和维修、远程救助等全方位服务。

汽车消费信贷被人称之为汽车产业发展的催化剂,其多样灵活的金融产品和便捷的服务手段有利于汽车销售市场的不断拓展,更能给汽车金融服务商带来高额利润。

2. 我国汽车消费信贷的发展

随着人们收入水平的不断提高和国家多项鼓励消费政策的出台,汽车消费已成为继住房消费之后,我国居民消费的又一热点。汽车消费信贷随汽车消费的发展而产生、发展。就目前而言,汽车消费信贷在我国的发展大致可划分为4个阶段。

1) 引入阶段(1993年至1998年)

1993年,中国北方兵工汽车贸易公司第一次提出汽车分期付款概念,首开我国汽车消费信贷先河。1995年,当美国福特汽车财务公司派专人来到我国进行汽车信贷市场研究的时候,我国才进一步开展了汽车消费信贷理论上的探讨和业务上的实践。同年,上汽集团首次与国内金融机构联合推出了汽车消费信贷。这一阶段,恰逢国内汽车消费处于一个相对低迷的时期,为了刺激汽车消费需求的有效增长,一些汽车制造商联合部分国有商业银行,在一定范围、规模之内,尝试性地开展了汽车消费信贷业务,但由于缺少相应经验和有效的风险控制手段,逐渐暴露和产生出一些问题,以至于中国人民银行曾于1996年9月下令停办汽车消费信贷业务。这一阶段一直延续到1998年9月,中国人民银行出台《汽车消费贷款管理办法》为止。

这一阶段主要具有以下特点:

(1)国内缺乏汽车消费信贷的理念、政策和法律基础,汽车消费信贷处于自发性探索和"灰色生存"阶段,决定了它的生命力不强和随时的可夭折性;

(2)汽车生产厂商和银行是这一时期汽车信贷市场发展的主要推动者和风险承担者;

(3)汽车信贷的主体——国有商业银行,对汽车信贷业务的意义、作用以及风险水平尚缺乏基本的认识和判断。

2)发展阶段(1998年至2003年)

中国人民银行继1998年9月出台《汽车消费贷款管理办法》之后,1999年4月又出台了《关于开展个人消费信贷的指导意见》,至此,汽车信贷业务已成为国有商业银行改善信贷结构、优化信贷资产质量的重要途径。面对日益增长的汽车消费信贷市场需求,保险公司出于扩大自身市场份额的考虑,适时推出了汽车消费贷款信用(保证)保险。银行、保险公司、汽车经销商三方合作的模式,成为推动汽车消费信贷高速发展的主流做法。

这一阶段主要具有以下特点:

(1)国内私人汽车消费逐渐升温,北京、广州等城市的私人购车比例已经超过50%,其中汽车消费信贷占整个汽车消费总量的比例大幅度提高,由1999年的1%左右迅速升至2002年的15%;

(2)汽车信贷业务已经成为国有商业银行改善信贷机构,优化信贷资产质量的重要途径,汽车消费信贷的资金提供主体由四大国有商业银行扩展到股份制商业银行;

(3)保险公司在整个汽车信贷市场的作用和影响达到巅峰,甚至一些地区汽车信贷能否开展,取决于保险公司是否参与;

(4)银行、保险公司、汽车经销商三方合作的模式成为推动汽车消费信贷高速发展的主流做法;

(5)汽车消费信贷质量较高。据中国人民银行金融研究所统计,仅"工、农、建、中"四大银行截至2000年底,汽车消费信贷总额超过110亿元,增幅超过70%,但不良资产仅占0.5%,远低于其他类型资产的不良比例;

(6)银行不断降低贷款利率和首付比例,延长贷款年限,放宽贷款条件和范围,风险控制环节弱化,潜在风险不断积聚。

3)调整阶段(2003年中期至2004年8月)

2003年11月,中国银监会颁布《汽车金融公司管理办法实施细则》,对汽车金融业务、机构、从业人员、市场准入及金融监管作了具体规定。由于车价不断降低,信用体系不健全,出现了大量坏账,从2004年2月份开始,全国各大银行的汽车消费信贷业务开始急剧萎缩,由商业银行主导的从商业银行—保险公司—汽车生产商和销售商到汽车消费者的汽车金融服务业模式即刻瓦解,国内汽车金融服务业进入了寒冬。

这一阶段的主要特点体现在以下三个方面:

(1)严重依赖消费信贷的中重型商用车市场,销售受到巨大打击;

(2)汽车消费信贷占整个汽车消费总量比例下降,由2001年的15%下降至2004年

的8%;

(3)银行收紧银根,提高贷款首付的比例。

4)专业化阶段(2004年8月至今)

在汽车销量放缓、库存增长、消费热情遇冷、汽车贷款业务萎缩等压力下,汽车厂商、经销商等都迫切期待除商业银行以外的资金渠道出现来打破僵局,汽车金融公司这一新兴模式也因此受到关注。2003年,《汽车金融公司管理办法》出台,明确汽车金融公司的相关政策。2004年8月18日,中国首家汽车金融公司——上海通用汽车金融有限责任公司在上海开业。这是个具有里程碑意义的日子,汽车金融公司正式入场,标志着中国汽车金融业开始向汽车金融服务公司主导的专业化时期转换。

随着上海通用金融公司的成立,大众汽车金融公司、丰田汽车金融公司等国际汽车金融市场主要玩家入场中国,带入新的业务模式和风控技术。2008年1月,新版《汽车金融公司管理办法》颁布,为中国汽车金融业的快速发展创造了条件,打开多元竞争的局面。汽车金融公司逐渐成为市场主体,渗透率不断提高。2013年,互联网金融兴起,多元主体入场。消费金融概念席卷汽车市场,国外汽车电商也进入中国,互联网汽车金融公司作为新兴力量进入市场。至此,商业银行、汽车金融公司、互联网汽车金融公司多元主体并存的局面逐渐形成。2017年11月8日,中国人民银行再次修订出台《汽车贷款管理办法》,并于2018年1月1日起施行,以便进一步支持促进汽车消费,规范汽车贷款业务管理。

这一阶段的特点主要有以下三点:

(1)保险公司在整个汽车消费信贷市场的作用日趋淡化,专业汽车信贷服务企业出现,我国汽车消费信贷开始向专业化、规模化方向发展;

(2)银行和汽车金融公司开始进行全面的竞争,汽车金融公司所占份额迅速增长;

(3)汽车消费信贷规模增长迅速。2006—2016年中国汽车信贷规模平均增长率约为24.58%,2017年信贷规模超过1万亿元,相比成熟市场中汽车金融占价值链整体的23%,我国的发展机会才刚刚起步。根据预测,中国汽车金融行业贷款规模预计在2020年将达到1.8万亿元。

3.汽车消费信贷未来发展机遇

在短短20余年的时间里,我国的汽车信贷经历了从无到有、由小到大,进而由盛至衰的痛苦历程,汽车消费信贷一直不能持续发展下去。我国大多数消费者都是钱攒够了一次性付款购车,而真正愿意采取贷款购车的还是少数,特别是当前贷款利率高且处于上升趋势,加之手续繁杂更是限制了消费者贷款购物的热情。

1)市场机会巨大

从我国汽车产销量的增长率来看,过去多年的增长非常快,但是近年来,速度开始放缓。2018年,汽车产销量分别为2780.92万辆和2808.06万辆,同比下降4.16%和2.76%。

汽车市场的这块大蛋糕可以说已经几乎做到了最大,未来再增加的可能性不大。汽车行业微增长的信号已经放出,以往的不断开拓新市场的竞争模式可能无法再持续下去,市场竞争将由量的垄断向质的竞争转变,即未来谁能够做得更加专业化,更加契合市场的需求,谁将会胜出,整个行业将迎来一场全新的竞争模式。汽车消费信贷可有效解决当前收入不足以支付全款只好放弃消费的难题,因而在这场需要抢夺市场份额的车企大战中,谁能够将消费信贷做好谁将获得更多的市场份额。因此,未来对于消费信贷而言,机会无限。

2)发展空间巨大

我国汽车消费信贷发展空间和发展潜力非常大。从各国的消费信贷比例可以看到,我国仅为一成多的信贷比例,远远低于发达国家。因此,从长期来看,我国的汽车消费信贷还有很大的发展空间,对于市场供给方而言,未来不可限量,虽然当前该领域的发展很艰难,但是规模的逐渐扩大是未来的必然发展趋势。

因此,坚持做好当下,努力改善发展中存在的问题,以期迅速获得成长,在发展中领先于竞争对手,从而获得最优的利润。

3)"互联网+汽车信贷"加速了汽车发展的步伐

"互联网+汽车信贷"是在"互联网+"的浪潮下,将传统汽车消费信贷加入互联网属性演变而来。在汽车金融领域,互联网公司正在扮演越来越重要的角色,其通过新技术、新模式对传统企业形成了挑战,甚至颠覆了行业生态。因而以经销商、汽车金融公司为代表的传统机构,纷纷寻求与互联网巨头合作,引入线上流量,打造互联网与线下结合的新型汽车零售模式。

自2014年开始,多家汽车整车厂在电商平台或官网推出网上车贷申请与审批业务,满足消费者不同层面的需求。随之对汽车行业觊觎已久的互联网巨头纷纷加入,如阿里的汽车金融布局重点在于线上消费贷款产品,利用支付渠道优势推送汽车金融产品;腾讯公司几乎完成了新车电商及二手车电商C2B(Customer to Business,即消费者到企业)、C2C(Customer to Costumer,即个人与个人之间的电子商务)、B2B(Business to Business,即企业到企业)主要细分领域的布局;京东先后投资了美利车金融、易鑫和花生好车,多样性产品增加用户黏性。他们掌握了海量的交易数据与社交数据,搭建了互联网汽车平台。联同第三方汽车金融公司和融资租赁企业,分别推出新车分期付款、二手车融资租赁等服务,输出大数据的风控模型,对在线网购记录良好的消费者提供了综合授信,为汽车厂商开拓了新的渠道,获得海量用户群。

汽车消费信贷的另一提供主体——银行也积极开展互联网信贷业务。如2015年,工商银行开始通过网上平台构建汽车消费的金融生态圈,整合了从购车到用车全过程的消费需求,并在这些过程中实现包括汽车消费信贷、信用卡分期付款、汽车用品购买、汽车服务预约等的无缝接入。

与此同时,汽车信贷P2P(Peer to Peer Lending,即互联网金融点对点借贷平台,以下简称P2Peye.com)在互联网发展的风生水起之时应运而生。2011年,P2P车贷业务首次出现在大众视野,至今已经走过了8个年头。汽车信贷P2P借助互联网传播速度极快的巨大优势,更快地促进消费信贷业务的达成。截至2016年底,约有700多家P2P平台涉足车贷业务,至2017年底,这个数量飙升至1082多家,占全国P2P平台数量的61.79%。众多平台一拥而上,致使车贷领域的竞争空前白热化。融360、宜信、人人贷等综合性P2P网贷平台中车贷产品已初具规模,我国前十大互联网汽车金融平台主要以车贷为主,经营模式是"抵押-融资-理财"。如微贷网是"互联网+金融+汽车"的互联网金融信息服务平台;由易车公司、腾讯、京东三大巨头共同投资的易鑫车贷是针对工薪阶层贷款购车的平台,通过易车车贷频道、京东金融车贷频道、腾讯新闻 App 汽车频道，用户可办理新车贷款、二手车贷款、汽车保险、汽车抵押贷款等业务。

"互联网+汽车信贷"使消费者的消费方式获得了改善，极大促进消费信贷的需求，同时使汽车信贷市场做起来更加容易。随着年轻消费群体逐渐成为汽车购车的主力人群，整个汽车行业将会迎来重大变革，机遇与挑战并存。

4）利率的市场化使消费信贷更具吸引力和竞争力

2013 年 7 月，我国政府的信贷利率下限取消。可见，我国在信贷利率方面也在逐步松绑和成熟，信贷制化的市场化信号也已有所释放，其中的红利也将逐步显现于市场。其中对于汽车金融公司来说更有利，存款方面，我国存款利率上浮空间在逐步加大，可以预期未来存款利率有可能完全打开浮动区间。利率的市场化使银行的利差缩小，银行的市场竞争压力上升，银行为了获取更好的收益自然会增加业务类型，不再是以前的仅从客户资源的争夺上获取利润。汽车消费信贷便是一个强大而潜力无限的市场。

归纳以上的分析，可见我国的汽车消费信贷在未来具有非常大的发展机会。对于市场的各个主体来讲，意义非凡。企业可以从这块未来汽车市场的大奶酪上获取足够利润；消费者可通过汽车消费信贷更好地满足个人的汽车消费需求，提高自我的消费能力，优化自我消费方式；国家通过汽车消费信贷业务，也可从扩大内需入手，进一步发展国内经济。因此，汽车消费信贷对于整个汽车行业而言将是驱动其再发展、驱动市场再消费的一把利器。

第二节　国内外汽车消费信贷主要模式

一、国外汽车消费信贷主要模式

目前，世界各国汽车消费信贷的模式各有不同，现着重介绍几种有代表性的信贷模式。

1. 美国汽车消费信贷主要模式

1）融资方式

分期付款是各国普遍采用的一种传统的融资方式。分期付款，汽车零售商一般和消费者签订汽车分期付款零售合同，汽车分期付款零售合同是指汽车零售商和消费者之间签订的零售商保留所售汽车的所有权，以作为买方担保的一种买卖合同。根据该合同，消费者须在一定期间内向零售商偿付所融资的金额以及融资费用。

在美国，向用户提供汽车消费信贷融资的方式主要有两种，即直接融资和间接融资。直接融资是由银行或信贷公司直接贷款给用户，用户获得贷款后向经销商购买汽车，然后按分期付款归还银行或信贷公司的贷款。间接融资是用户同意以分期付款的方式向经销商购买汽车，然后经销商把合同卖给信贷公司或银行，信贷公司或银行将贷款拨给经销商或清偿经销商存货融资的贷款。目前美国直接融资的比例约占整个用户分期付款融资的 45%，间接融资占 32%，而且统计资料显示，银行所占的比例逐年下降，汽车金融公司的比例逐渐上升。

2）融资业务流程

以专业信贷公司为主的间接融资是美国汽车消费信贷融资方式的主体，其业务流程如图 3-1 所示。

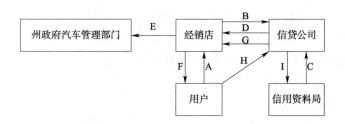

流程图说明：
A：用户在经销商处选定车型并填写贷款申请书。
B：经销商将用户贷款资料通过计算机联网，传送到信贷公司在当地的分公司。
C：信贷公司通过计算机联网向信用资料局调取用户的信用资料，进行信用评估。
D：信贷公司通知经销商贷款的核准情况。
E：经销商与用户签订汽车消费信贷销售合同，经销商向州政府汽车管理部门登记上牌，并登记信贷公司为车辆抵押权人，抵押权人将显示在汽车管理部门出具给用户的车辆所有权证明书上。
F：经销商交车给用户。
G：信贷公司在收到经销商的合同文件后，拨放贷款和佣金。
H：用户按合同规定按期支付分期款给信贷公司。
I：信贷公司将客户的付款状况信息提供给信用资料局。

图 3-1　美国汽车消费信贷融资流程

3）融资业务特点

美国汽车消费信贷方式具有如下特点：

（1）汽车消费信贷方式是通过完善的社会服务系统及先进的计算机系统来完成的，整体的操作非常有效率。

（2）贷款期限一般为 5 年，即 60 个月，贷款金额约为车价的 80%。

（3）美国对用户消费信贷融资的法令规定广泛，主要目的是为了保障用户的权益。例如，法令规定汽车消费信贷销售合同必须说明利率、利息费用、月付款等贷款条件。

（4）目前租赁融资的比例正在逐渐增加。这种方式既能使消费者可以经常更换车辆，同时又免去了处理旧车的麻烦。

2. 日本汽车消费信贷主要模式

日本汽车消费信贷开始时主要以银行为主体来开展这项业务。到 20 世纪 60 年代前期为了对抗美国汽车生产厂家强劲的销售能力，日本汽车工业协会提出了通过扩展消费信贷销售内容，以增加对国产汽车需求的建议，并提出应创办汽车销售金融公司。以此为契机，许多汽车公司纷纷成立金融公司来促进这项业务的开展。

日本汽车消费信贷融资的方式基本可以分为以下三种：

（1）直接融资。通常是用户直接向银行贷款购车，并以购买的汽车作为贷款的抵押物，然后再向银行进行分期付款。

（2）间接融资。这种方式与美国的间接融资基本上是一样的，即经销商将愿意以分期付款方式购车的用户先通过汽车厂专属的信贷公司的信用评估，然后与用户签订分期付款合同的经销商再把这个合同转让给信贷公司或信贩公司。信贷公司或信贩公司把贷款及佣金拨给经销商。

（3）附保证的代理贷款。简单说是金融机构（通常是保险公司）提供贷款给用户购车，但是整个贷款的作业从信用核准到贷款后的服务及催收都由信贷公司处理，信贷公司保证在客户不付款时要代替客户向金融机构支付贷款，信贷公司则向提供贷款的金融机构收取一定的费用。这是日本较有特色的做法，其业务流程如图3-2所示。

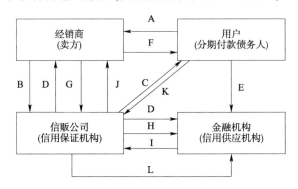

流程图说明：
A：用户在经销商处选定车型并填写贷款申请。
B：与信贷公司有合同关系的经销商将用户的贷款申请送到信贷公司。
C：信贷公司对用户作信用评估及调查。
D：信贷公司将核准贷款通知经销商及签有保证合同的金融机构。
E：用户与提供贷款的金融机构签订融资合同。
F：经销商将车辆交付给用户。
G：经销商向信贷公司请求支付贷款。
H：信贷公司向金融机构请求拨发贷款。
I：金融机构拨发贷款给信贷公司。
J：信贷公司将贷款转拨给经销商。
K：用户向信贷公司分期付款。
L：信贷公司向金融机构支付客户到期的分期款并收取应得的收入。

图 3-2　日本汽车消费信贷融资流程

这种做法的好处是金融机构（银行或保险公司）对用户的贷款通过专业信贷公司的管理及对贷款的保证，将贷款风险降到最低。信贷公司也通过这样的安排不必考虑资金的筹措问题，可用本公司提供的专业服务获取适当的报酬，这是一种高度分工的做法。

日本汽车金融融资的特点是融资的主体由信贷公司、银行、汽车制造厂专属的信贷公司及经销商所组成。其中，专业信贷公司占业务量的比例最大，并且逐年上升，银行占业务量的比例则逐年下降。

二、我国汽车消费信贷主要模式

目前，我国的汽车消费信贷业务模式按照各主体在信贷业务过程中所承担的职责及其与消费者关联度的不同主要分为三种：以银行为主体的贷款模式、以汽车经销商为主体的贷款模式和以汽车金融公司为主体的贷款模式。

从银行业务角度来看，汽车消费信贷可分为"间客式"信贷和"直客式"信贷两种模式。

"间客式"信贷以汽车经销商为主体,是指购车人先买车,后续再进行贷款,而且整个过程由经销商提供信贷过程的所有相关服务,包括资信调查申请贷款、代收缴车款本息等。"直客式"信贷以银行为主体,是指有购买汽车意向的客户直接向银行提出贷款申请,通过银行渠道获取贷款资格、贷款额度、贷款比例,最后完成汽车消费信贷流程。

从汽车经销商的角度来看,汽车消费信贷可分为与银行合作和与汽车金融公司合作两种方式。与银行合作就是所谓的"间客"模式;与汽车金融公司的合作,实际上是与厂家之外的第三者合作,而汽车金融公司又具有厂家的背景。

1. 以银行为主体的信贷模式

该模式是银行直接面对汽车消费者,因此又称之为"直客"模式。由银行直接对消费者进行信用评定,并与符合贷款条件的消费者签订消费信贷协议,消费者将会从银行设立的汽车消费贷款机构获得一定的汽车贷款额度。消费者拿获得的贷款额度到汽车市场上选购自己满意的产品。

在此模式中,银行是各个业务流程的运作中心,由银行指定的征信机构或律师行出具消费者的资信报告,银行指定保险公司并要求消费者购买其保证保险,银行指定经销商销售车辆。此模式下,风险的主要承担者为银行与保险公司。因此,消费者除承担银行利息外,还要承担保证保险、代理费(律师费)等各项支出。

这种模式是比较传统的模式,可以充分发挥银行资金雄厚、网络广泛及贷款利率低的优势。但仍存在以下三个方面的问题:

(1)银行不能及时按照汽车市场的快速变化而提供相应的金融服务;

(2)消费者选择银行放贷必须通过担保公司做担保,这中间要承担比较高的手续费和交付一定金额的贷款保证金,因此消费者承担费用较高;

(3)申请比较难,手续复杂,对贷款人的要求比较严格,获贷率不高。

采用"直客"模式,回归了个人汽车消费信贷作为一个金融产品的本来面目。目前,国内大多数的商业银行都提供了"直客"模式汽车贷款。虽然各家商业银行所提供的服务程序不完全一样,但对贷款的审批条件、审批程序以及担保抵押等大致都相同。

而近年来兴起的银行卡个人消费类汽车专向分期付款业务,只需持卡人信用状况良好、有稳定收入,银行将会视所购车型给予一定的贷款额度。该方式相对于传统车贷,突破了审批流程瓶颈,简化了审批流程,具有手续简单、还款便捷的优点,更容易被消费者所接受。但这种方式对贷款人和经销商有一定的要求,贷款人必须是银行的客户,经销商必须是该银行的合作经销商。

2. 以汽车经销商为主体的信贷模式

该模式由汽车经销商直接面对消费者,与用户签订贷款协议,完成消费者的信用调查与评价。经销商负责为购车者办理贷款手续,以经销商自身资产为消费者承担连带责任保证,并代银行收缴贷款本息,而购车者可享受到经销商提供的一站式服务。或引入保险公司,通过汽车贷款履约等相关险种帮助消费者向银行取得购车贷款。因此,又称之为"间客"模式。

在这一模式中,经销商是整个业务的运作主体,它与银行和保险公司达成协议,负责与消费信贷有关的一切事务,消费者只需与一家经销商打交道。此模式下,风险由经销商与保险公司共同承担。由于经销商贷款过程中承担了一定风险并付出了一定的人力物力，所以经销商通常需要收取2%~4%的管理费。因此，消费者还要多承担此项管理费用。目前，以经销商为主体的"间客"模式又有新的发展，由原来消费者必须购买保险公司的保证保险到经销商不再与保险公司合作，消费者无须购买保证保险，经销商独立承担全部风险。

该模式的优点在于实现了对消费者的全程服务，经销商能够根据市场变化推出更合适的金融服务。缺点在于经销商的资金来源和自身资产规模有限，资金成本较高，而且信贷业务也并非其主业，所以信贷业务经验相对较少。

3. 以汽车金融公司为主体的信贷模式

该模式是由汽车金融公司直接面对消费者，组织进行消费者的资信调查、担保、审批工作，向消费者提供分期付款服务。在该模式下，消费者从汽车金融公司贷款买车采取抵押所购车辆的方式，对贷款消费者进行购车咨询、信用调查、提供担保、售车、贷款中期的信用追踪以及售车后的一系列服务，将汽车的生产、销售、消费和服务统为一体，真正使消费者受惠。

此模式与以银行为主体的"直客"模式的运作基本一致，但放贷主体通常是汽车集团所属的汽车金融公司。一般由律师行出具资信文件，由其所属集团的汽车经销商提供车辆，客户购买保险公司的保证保险，汽车金融公司提供汽车消费信贷业务。一旦出现客户风险，由保险公司将余款补偿给经销商，经销商再将其偿还给汽车金融公司。该模式下，风险主要由汽车金融公司和保险公司共同承担。汽车金融公司除去自有资金，以及吸收的3个月以上的存款作为资金依托外，一般都是按照同业往来利率向银行或其他金融机构借款，作为支撑汽车信贷的资金来源。

汽车金融公司的优势在于其更加专业化，能够有效地连接汽车生产企业、商业企业和银行，并以金融业务为其主业，可以将银行和企业的优势较好地联系在一起，所提供的汽车贷款更灵活、更专业、更具针对性，而且手续简便。劣势在于贷款利率较高，通常比银行现行利率约高出1~2个百分点。

4. 汽车消费信贷模式比较

三种汽车消费信贷模式比较见表3-1。

汽车消费信贷业务模式比较 表3-1

模　式	合作构成	合作方式	特　点
直客模式	银行+律师行+保险公司+经销商	律师行完成信用调查，保险公司提供保证保险	银行直接面对消费者，并决定是否发放贷款
间客模式	银行+保险公司+经销商	经销商完成信用调查，保险公司提供保证保险，经销商承担连带责任	经销商直接面对消费者，负责办理手续、资信调查、保险代理等，承担连带责任保证，能够决定是否放贷
汽车金融公司为主体	汽车集团	汽车集团对贷款进行全程担保，并负责贷前、贷中、贷后的信用管理	汽车集团直接面对客户，并决定是否放贷

第三节 汽车消费信贷操作实务

一、以银行为主体的汽车消费信贷操作实务

在我国,商业银行是目前开办汽车消费信贷业务的主要机构,占全部汽车贷款量的90%以上。以商业银行为主要贷款机构的汽车消费信贷模式也被称为"直客"贷款模式,由购车人向商业银行贷款,用所获得的贷款支付给经销商,购买选中的汽车,然后购车人再按分期付款方式归还银行的贷款。

1. 主要业务流程

1) 汽车消费信贷程序

以银行为主体的汽车消费信贷业务流程可以归纳为汽车信贷申请、汽车信贷申请的审批、汽车信贷监控、违约处理等步骤。

(1) 汽车信贷申请阶段。

申请汽车信贷的购车者通过与银行的资信评估部门接触,了解汽车消费信贷的一些相关事宜,如贷款人的条件、贷款额度、期限等;在确定需要申请信用贷款后,需按照要求填写有关表格及提供有关资料。银行的资信评估部门对贷款人进行立项,对其资信进行初步审核,决定是否接受其申请,对不合要求的贷款人及时进行回复。这一阶段主要是银行筛选服务对象的第一关,主要集中在对贷款申请人文字材料的分析,通过这一阶段的筛选,将一些风险很高的贷款申请人剥离出去,一方面提高整体运营效率,另一方面也大大降低了风险。

(2) 汽车信贷申请的审批阶段。

对于符合汽车信用贷款的申请人,银行通过实地考察、采集资料,对贷款申请人进行资信评估和分析,然后将评估结果交信贷审查批准部门进行审查与审批,对于不符合汽车信贷条件的申请人予以回复,对于符合条件的申请人银行同意申请汽车信贷意向书,并启动贷款审批程序。该阶段是银行筛选服务对象的第二关,主要集中在银行资信评估部门对贷款申请人的实地考察和资信评估,作为汽车信贷审批的重要依据。通过第二关的筛选,银行能够挑选出符合风险控制规定的贷款申请人,并提供汽车消费信贷。

(3) 汽车信贷监控阶段。

银行正式发放汽车信贷后,风险监控部门需要定期、不定期的检查以得到贷款人的财务情况和偿付能力,追踪贷款人资信变化情况,监测预警系统,及时发现风险并采取措施进行控制。

(4) 违约处理阶段。

风险监控部门一旦发现预警信号,应立即通知资产管理部门,并通过紧急止损措施,收回抵押资产等,银行的法律部门则负责各项法律事务,保证公司利益。

由于目前许多保险公司已经停止办理带有为贷款人担保性质的履约保险,所以现在银行办理较多的主要是抵押加保证的贷款,即借款人将其固定资产或车辆抵押,并找一个银行认可的担保人(公务员、医生、金融员工等)进行担保。

2)业务办理流程

汽车消费贷款手续,与其他消费贷款类似,具体业务办理流程如图3-3所示(在顺序上各银行的要求可能略有不同)。

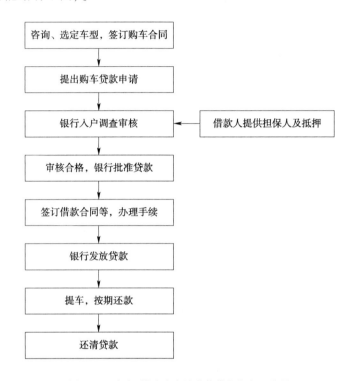

图3-3 "直客"模式汽车消费信贷业务办理流程

(1)咨询、选定车型,签订购车合同。购车者首先了解汽车消费信贷的一些相关事宜,然后选中满意的车型,与经销商谈好价格等,签订购车合同。

(2)提出贷款申请。购车者签订购车合同后,填写汽车消费贷款申请书、资信情况调查表,并连同个人情况的相关证明一并提交贷款银行。

(3)银行进行贷前调查和审批。银行对用户进行调查,对于符合贷款条件的,银行会及时通知借款人填写各种表格。

(4)审核合格,办理手续。通知借款人签订借款合同、担保合同、抵押合同,并办理抵押登记和保险等手续。

(5)银行发放贷款。由银行直接划转到汽车经销商的指定账户中。

(6)提车,按期还款。借款人将首付款交给汽车商,并凭存折和银行开具的提车单办理提车手续;按照借款合同的约定偿还贷款本息。

(7)还清贷款。还清贷款后在一定的期限内去相关部门办理抵押登记注销手续。

银行信用卡汽车专向分期付款业务的办理手续在不同的银行有所不同,但总的来说,手续操作大同小异,首先都要通过银行的审核,然后再缴款。比如,在中国建设银行的龙卡购车分期主要分为6个环节:

(1)客户先在经销商处选车、试驾,并与经销商协商确定购车价;

(2) 出示龙卡信用卡、身份证,并填写购车分期付款申请表;
(3) 经销商向建行递交客户的申请资料;
(4) 申请批准后客户至经销商处支付首付款,办理相关手续;
(5) 接到经销商提车通知后,刷卡支付尾款并提车;
(6) 通过龙卡信用卡按月分期还款。

2. 购车须知

消费者如果决定向银行申请贷款购买汽车,第一步就是做好咨询工作,也就是去银行咨询相关事宜,了解我国商业银行汽车消费信贷购车须知。

1) 我国商业银行关于汽车消费信贷中借款人的条件

我国的商业银行对于申请汽车消费贷款的自然人所具备的条件要求大致相同,一般都应符合以下条件:

(1) 18周岁以上,具有完全民事行为能力的中国公民,原则上年龄不超过65周岁;
(2) 具有本市常住户口或有效居住身份,有固定的住所;
(3) 有稳定职业和固定收入,具有按期偿还贷款本息的能力;
(4) 提供贷款人认可的财产抵押、或有效权利质押、或具有代偿能力的法人或第三方作为偿还贷款本息并承担连带责任的保证担保;
(5) 遵纪守法,没有不良信用记录;
(6) 持有与特约经销商签订的购车协议或购车合同;
(7) 提供或在贷款银行存有不低于首期付款金额的购车款;
(8) 愿意接受贷款银行规定的其他条件。

2) 我国商业银行关于汽车消费信贷购车应提供的资料

汽车消费信贷购车人在申办汽车消费贷款的过程中一般需要向银行提供的个人证件及资料见表3-2。

贷款购车所需资料　　　　　　　　　表3-2

角　色	携　带　证　件　及　资　料
借款人	身份证原件和复印件
	户口本原件和复印件
	住房证明
	工资收入证明
	驾驶证
	停车泊位证明
	一寸照片(两张)
	结婚证原件和复印件
	贷款申请书
	购车协议或合同
	不低于首付款的存款凭证或首付款的收据原件和复印件
	贷款银行要求提供的其他资料

续上表

角 色	携带证件及资料
共同购车人	身份证原件和复印件
	户口本原件和复印件
	住房证明
	工资收入证明
	与借款人的关系证明
担保人	身份证原件和复印件
	户口本原件和复印件
	住房证明
	工资收入证明

提交了上述的个人证件及资料后,由银行委托的律师上门作借款人贷款的资信调查,签订协议。

银行信贷部门审查合格后同意贷款的,消费者便可以和银行签订汽车消费借款合同,并办理贷款的担保及保险手续。在签订借款合同时,消费者还要填写汽车消费贷款转存凭证。与此同时,消费者将购车首期款划入经销商账户。银行信贷部门与消费者签订借款合同时,有效支款期一般规定为15个工作日,最长不超过30个工作日。

银行信贷部门向经销商出具《汽车消费贷款通知书》,经销商在收到汽车消费贷款通知书及首期款收款凭证后,消费者便可以在经销商处提车,经销商协助消费者到有关部门办理缴费及领取牌照等手续。此外,经销商还要在汽车消费贷款通知书所规定的时限内将购买发票、各种费用凭证原件及机动车行驶证复印件直接交予经办银行。

3)贷款额度

以我国的建设银行为例:

(1)按建设银行的个人信用评定办法达到A级以上的客户,可以将所购车辆作抵押申请汽车贷款,贷款额度最高为所购车辆销售款项的80%。

(2)借款人以建设银行认可的国债、金融债券、国家重点建设债券、本行出具的个人存单进行质押的,贷款额度最高为质押凭证价值的90%。

(3)借款人以房屋、其他地上定着物或依法取得的国有土地使用权作抵押的,贷款额度最高为抵押物评估价值的70%。

(4)保险公司提供分期还款保证保险的,贷款额最高为汽车销售款项的80%。

(5)提供第三方连带责任保证方式(银行、保险公司除外)的,按照建设银行的个人信用评定办法为借款人(或保证人)设定贷款额度,且贷款额度最高为汽车销售款项的80%购买再交易车辆的,贷款额度最高为其评估价值的70%。

4)贷款期限

汽车消费贷款期限一般为三年,最长不超过五年。

5)贷款利率

贷款利率按照中国人民银行规定的同期贷款利率执行,并允许按照中国人民银行的规定实行上浮或下浮。

3. 主要操作性文件

"直客式"汽车消费信贷的程序及操作性文件主要包括以下内容。

1) 签订购车合同

消费者在车型选择好之后,与汽车经销商签订购车合同书、同意书及担保书。

(1) 购车合同书,是购车人与经销商签订的正式购销合同。本合同一式五份,购车人、经销商(供车方)、贷款银行、保险公司、公证处各执一份,具有法律效力。

购车人向经销商、贷款银行、保险公司、公证处分别提交购车合同书文件。

(2) 同意书、购车合同书附件,是由共同购车人签署的具有法律效力的同意文书。

(3) 担保书、购车合同书附件,是由担保人签署的具有法律效力的文书,此文件需公证处公证。

上述文件填写时,需注意以下事项:

(1) 购车合同书由购车人本人签署;

(2) 同意书由共同购车人本人签署;

(3) 担保书由担保人本人签署,担保人情况表应如实填写。

2) 贷款申请手续

在客户决定购车后,将同时填写购车申请表、资信调查表和银行汽车消费信贷申请书。

(1) 消费信贷购车申请表。

购车申请表,一式二联,一联由客户回单位盖章,一联由经销商消费信贷部门存留;内容均为本人的真实反映,并由申请人所在单位盖章认可。

用途:决定购车客户分别向银行、经销商提出申请贷款和购车,并分别向银行、经销商、保险公司出具资信调查担保。

填写注意事项:由购车人填写,各项均应如实填写、真实可靠。

(2) 消费信贷购车资格审核调查表。

汽车消费信贷业务中,对消费者(购车人)的资格审核是主办者的业务难点和重点,更是消费者的困扰点。怎样逾越这一鸿沟,主办者从消费者的实际出发,逐步形成了一套"全新汽车消费贷款服务模式"。

目前,由银行、企业、保险公司联合推出的汽车消费买方信贷,资信审核将由三方共同审核,其中以经销商上门初审为主,银行、保险依各自需要留备材料。

此表形式为:一式三联,一联由银行留存,二联由保险公司留存,三联由经销商留存,以及统一的编号、制单日期和服务日期,购车人(被审核人)签字,主管领导和主审领导批复。用于对客户调查后,填写该客户与其共同购车人及担保人的情况,并附意见。

此表设计基础为:贷款购车人所具备的条件和应提供的资料。

内容包括:购车人真实身份、家庭和职业稳定性、资金收入和支配、居住和联系方式稳定性、购车用途、共同购车人和保证人的身份、共同承担风险的可能性。此表审核对象是贷款购车(本)人、(与其)共同购车(当事)人和(为其)保证人的情况。

用途及操作:审查服务用。审查人员应熟悉表中各项目,由各当事人填写表格前应以口头对话形式进行初审和熟悉内容,事后再次核对。

(3)银行汽车消费贷款申请书。

银行汽车消费贷款申请书由银行制发,用于客户申请购车贷款,是客户向银行提出汽车消费贷款的正式申请书,内容均根据国家金融机构有关政策制定。申请书一式三联,一联由银行信贷部门留存,二联由保险公司留存,三联由经销商消费信贷部门留存。

用途:决定购车客户分别向银行、经销商提出申请贷款和购车请求,并分别向银行、经销商、保险公司出具资信调查担保。

3)银行批准

(1)汽车消费信贷银行所需存档材料。

(2)个人消费贷款保证合同。

此合同是经销商为购车人提供贷款保证,与银行签订的合同。合同每项内容均需当事人签署。

(3)个人消费贷款借款合同。

个人消费贷款借款合同是消费者个人与贷款提供方(通常是银行)签订的合同。

(4)个人消费贷款审批表。

(5)委托付款授权书。

授权书是银行制发的文件,用于购车人成为贷款银行贷款客户后,授权银行将其首付款及银行贷款支付经销商的文件。

此授权书签署双方为贷款银行和购车人。

(6)委托收款通知书。

通知书,银行制发的单据,当购车人的贷款申请被银行批准后,由经销商通知银行将购车人贷得的款项存入经销商的账户。

4)取车手续

(1)车辆验收交接单。客户获得车辆后的签收单,应提请购车人核对单中内容正式签收。此单一式两联,用于客户选车和提车使用,一联客户留存,二联经销商留存。由购车人本人或其委托人与供车方交接车辆。

(2)办理经济事务公证申请表。申请表是用于对购车合同书进行公证的申请。申请表每项内容均需当事人签署。

(3)车辆险投保单。保险公司制发的单据,用于客户所购车辆投保的车辆险、第三者责任险、盗抢险和不计免赔险。保单每项内容均需当事人签署。

(4)机动车辆分期付款售车信用保险投保单。保险公司制发的单据,用于客户在分期购车时投保的信用险。

5)汽车消费信贷保险公司所需客户资料

(1)购车人身份证复印件;

(2)购车人户口本复印件;

(3)购车人的工资收入证明复印件;

(4)经过公证的购车合同书;

(5)共同购车人的身份证、户口本复印件;

（6）保证人的身份证复印件；

（7）购车发票、汽车合格证、车辆购置附加费缴费凭证复印件；

（8）首期款缴费凭证复印件；

（9）车辆交接单复印件。

以上材料由保险公司留存、建档。

6）车辆出门证

车辆出门证是售车单位给购车人开具的车辆驶离售车单位大门的凭证。

7）按月付款

在合同期内，贷款银行对借款人的收入状况、抵押物状况进行监督，对保证人的信誉和代偿能力进行监督，借款人和保证人应提供协助。

4. 优劣势分析

根据上述分析银行开展汽车消费信贷业务，是有一定的优势，但是也存在一些矛盾问题。

1）优势分析

（1）资金充足。银行作为汽车信贷的主体，优势就在于资金优势上，充足的后备资金，使银行在做汽车消费信贷业务时更是游刃有余。

（2）贷款操作熟练。银行本身就是金融管理的行家，对于贷款的操作是轻车熟路，资本运作的优势是商业银行独一无二的。

2）劣势分析

尽管银行具有资金优势，但汽车消费信贷服务对象主要是个人客户，与其他贷款种类相比，具有客户数量多、贷款数额小而分散、专业知识要求高等特点，同时由于目前在我国缺乏专业的汽车消费信贷服务体系和完善的个人征信系统，这都使得"直客"模式的汽车消费信贷模式存在着一些比较突出的问题。

（1）汽车产品自身的特点给银行带来的附加成本。汽车消费信贷本身具有的特点造成银行人工成本大大增加。如原本1000万元的贷款单，其他商业贷款可能是一个客户，而汽车消费贷款可能是100个客户，会增加大量的工作人员管理成本，分散银行的实力，增加银行成本。

（2）专业评估费用高。银行需要花费大量的人力来进行资信调查、审核和管理，显著增加管理成本，降低工作效率。

（3）承担风险高。由于缺乏完善的个人信用体系，银行难以掌握客户收入和综合信用情况，由此造成了汽车消费贷款的较高风险。

另外，由于汽车消费是一套完整的价值链，许多链条在银行系统中还无法串联起来，如难以顺利转嫁二手车，缺乏通晓汽车信贷的专业人才，对违约车辆的处置和变现也都比较困难，客户发生违约，处置成本会很高。因此，一旦客户违约，银行就非常被动。

二、以经销商为主体的汽车消费信贷操作实务

以经销商为主体的汽车消费信贷模式是指银行通过汽车经销商与汽车消费者形成金融借贷关系，以经销商为消费者资信调查和信用管理的主体，并由汽车经销商向消费者提供金

融服务的汽车消费信贷模式,也称之为"间客"模式。

这种汽车消费信贷模式是由经销商、银行、保险公司三方联手,由经销商负责为消费者办理贷款手续,完成消费者的信用调查与评价。以经销商的自身资产为消费者承担连带责任保证,并代银行收缴贷款本息。该模式一般都是由经销商向银行贷款,并向银行存储一定的保证金,以便发生违约时可以从保证金中扣除坏账费用。由于经销商贷款过程中承担了一定风险并付出了一定的人力物力,所以通常需要收取2%~4%的管理费。

在这一模式中,经销商是主体,它与银行和保险公司达成协议,负责与消费信贷有关的一切事务,客户只需与一家经销商打交道。这种模式的主体关系是"购车人—经销商—银行—保险"。

1. 业务流程

我国以汽车经销商为主体的汽车消费信贷业务,并没有统一确定的对贷款申请人的条件限制和贷款流程。一般是消费者(贷款申请人)先到特约汽车经销商处选购汽车,提交有关贷款申请资料,并由汽车经销商代其向银行提出贷款申请。以汽车经销商为主体对消费者实施信贷资格审查和信贷风险管理,银行根据经销商对消费者的审查意见,经调查审批同意后,签订借款合同、担保合同,发放贷款给客户,保险公司提供汽车信贷信用保险或保证保险。经销商负责办理公证、保险等手续,实现了一站式服务。该模式下,汽车消费信贷业务的市场宣传、业务咨询、资信调查、客户评估、风险管理、坏账处理等大部分业务环节均由经销商来承担。贷款要素也基本是遵从汽车经销商所依靠的银行制定的贷款期限、利率以及贷款额度的规定,但是经销商可以在一定的范围内,针对贷款申请人的条件来灵活确定这些因素。

消费者购车时,首先要找一个担保人,需要有本市户口,还要有稳定的收入,对担保人月收入也有一定的要求,根据拟购买的车辆价位不同,对担保人的月收入要求也不同。

实际购车时,消费者需出具自己和担保人的身份证、户口本复印件、收入证明(加盖公章)、居住证明(即个人住房的房产证)等。消费者有了这些文本后,就到汽车经销商处挑选车辆,交纳首付款。首付款的额度视所选购车型和生产厂家的规定而确定,然后银行告诉购车人每月(年)应付的本息。交完首付定金3~5个工作日以后,由汽车经销商派人带领购车者去税务部门交纳汽车的购置税(国家规定汽车销售部门不得代收汽车购置税)。所有这一切做完以后,提车、取牌照,消费者才可以开走这辆车。以汽车经销商为主体的汽车消费信贷的业务流程如图3-4所示。

2. 银行与汽车经销商的合作方式

国内各家商业银行与汽车经销商合作的主要方式有以下两种。

1) 经销商全程担保

即消费者贷款时,经销商为消费者提供担保,承担风险。为此,银行贷款需要重点审查经销商而不是个人,经销商也须向购车者收取保证保险费,要求其提供自然人或单位担保,同时将机动车登记证、汽车发票、购置税发票、购车合同书、机动车行驶证复印件等文件、票据留存。但是,这种操作模式下银行同样存在一定的风险:一是目前经销商与银行之间的担保形式一般是保证金的形式,并非实物性资产抵押。而保证金一般是几千万元,而其担保金额动辄几亿元,有的甚至十几亿元,远大于其本身的资产,一旦出现坏账,经销商没有足够的资金偿还,因此银行存在风险;二是个别经销商制造虚假购车合同骗贷,达到一定数额后,经销商突然清盘不干,银行将会遭受非常重大的损失。因此,这种贷款模式需要经销商与银行间更充分的信任。如果将来银行改变现有做法,则经销商需要有广阔的融资渠道,以支持其发展战略。

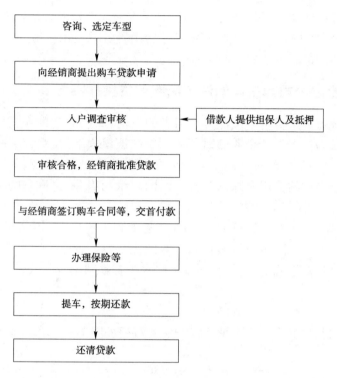

图3-4 "间客"模式汽车消费信贷业务流程

2)保险公司提供履约保险

即购车者贷款时,向保险公司投保履约保险。一旦银行出现坏账,由保险公司负责偿付。为此,保险公司须向购车者收取保险费用,要求其将所购车辆在车管所抵押登记,禁止交易,同时要求承担连带保险责任。

但无论是哪种方式,三者之间的合作仅仅停留在业务表层上,并且银行不承担任何风险,销售商没有良好的信用评估体系,仅凭保险公司担保并不能长久。因此,如何开展更深层次的合作是一个需要研究的问题。这样一来就重复了"直客"模式下的不足。其次,汽车经销商的最终目的是销售最大化,在急于销售存货的同时也就忽略了对贷款购车者的资信评估,这也是销售商不可规避的利益问题。

3.优劣势分析

1)优势分析

(1)简化了贷款申请和审批的程序。该模式提高了信贷服务效率,消费者可以得到相对方便的个人汽车消费贷款服务。

(2)消费者选择空间更大。消费者在首付款、贷款期限等各方面都有更大的自主选择空间。

(3)可享受到专业化的增值服务。通过与经销商的合作,消费者在整个过程中能得到各种专业的汽车资讯和汽车维护维修方面的专业知识。通过这种多方联合的方式,汽车消费信贷最终形成了"集信息咨询、贷款购车、上牌照、上保险等为一体的一条龙购车服务"。

2)劣势分析

这种模式一方面给消费者带来较大便利,另一方面给消费者带来较大负担,消费者除承担银行利息外,还要承担保证保险、经销商服务费用等各项支出。另外,经销商存在着销售量与对贷款购车者的信用审核之间的矛盾。

三、以汽车金融公司为主体的汽车消费信贷操作实务

该模式由非银行金融机构组织进行购买者的资信调查、分期付款服务。目前国内的非银行金融机构通常为汽车生产企业的财务公司。在该模式下,消费者采取抵押所购车辆的方式,从汽车金融公司贷款买车。汽车金融公司对贷款消费者进行购车咨询、信用调查、提供担保、售车、贷款中期的信用追踪以及售车后的一系列服务,将汽车的生产、销售、消费和服务统为一体,真正实惠于消费者。

汽车金融公司的优势在于其更加专业化,能够有效地连接汽车生产企业、商业企业和银行,并以金融业务为其主业,可以将银行和企业的优势较好地联系在一起,所提供的车贷更灵活、更专业、更具针对性,而且手续简便。劣势在于贷款利率较高,通常比银行现行利率约高出 1~2 个百分点。

1. 业务流程

汽车金融公司具体的个人汽车消费信贷业务流程如图 3-5 所示。

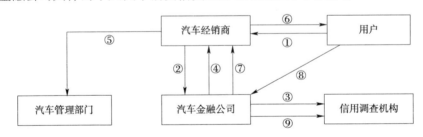

图 3-5　汽车金融公司的个人汽车消费信贷业务流程

(1)消费者在经销商处选定车型,填写贷款申请。

(2)经销商将消费者贷款资料通过电脑传给汽车金融公司。

(3)金融公司通过计算机联网向信用调查机构调取消费者信用资料,进行信用评估。

(4)金融公司通知经销商贷款核准情况,并授权经销商同消费者签订融资合同。

(5)经销商向政府汽车管理部门登记上牌。金融公司为车辆的抵押权人,并显示在汽车管理部门出具给消费者的车辆所有权证明书上。

(6)经销商交车给消费者。

(7)金融公司收到经销商的合同文件后,付款给经销商。

(8)消费者按合同内容分期付款给金融公司。

(9)金融公司将消费者的付款状况信息提供给信用调查机构。

在实际贷款业务的操作中还会涉及更多的相关部门,诸如办理保险、担保手续、二手车的价值测评、售后服务等一系列问题,但是,这些都不需要消费者自己去办理,而是由汽车金融公司依借其在各个部门的关系来为消费者代理。

2. 优劣势分析

1) 优势分析

(1) 程序简便。汽车金融公司属于某汽车集团,可以为购车者提供更为专业便利的服务。购车者在经销商处看中一辆车后即可办理贷款、付款、信用调查、保险、公证等一条龙服务,大大简化了购车程序。同时,金融公司继续承担其他售后服务。

(2) 提供专业化服务。汽车消费过程中除了购车外,还涉及零部件供应、维修、索赔、旧车处理等内容。专业化的汽车金融公司除了方便地为消费者提供贷款、担保、资信调查等服务外,还可以凭借其先天优势——汽车行业背景,更加便捷、快速地提供一系列完整的专业服务,诸如以旧换新、汽车维修、美容、旧车处理、零部件供应等。

(3) 促进汽车产业自身的发展。汽车金融公司其首要市场定位是促进汽车及相关产品的销售。例如,经济不景气时,汽车销售量减少,这时商业银行为减少风险可能就要收缩贷款。但汽车金融公司相反会采取一些措施来促进汽车销售量的增长,例如推出零利率汽车贷款等措施。

显然,在以汽车金融公司为主体的汽车消费信贷模式下,可以在一定程度上完善"直客"模式的不足。虽然我国目前在汽车金融服务上才刚刚起步,但是,由于我国目前家用轿车消费量逐年递增的大好形势,使得汽车金融公司有着更多的发展机遇。

2) 劣势分析

(1) 利率限制。根据中国人民银行的规定,汽车金融公司发放汽车消费贷款的利率在法定利率基础上上浮幅度为30%,下调幅度为10%。这大大减少了汽车金融公司的竞争优势。

(2) 资金来源限制。汽车金融公司的资金来源是金融机构借款和境内股东存款。金融机构本身在开展汽车消费信贷业务,是汽车金融公司的竞争对手,所以汽车金融机构获得银行借款的难度很大。但是境内股东存款也无法彻底解决汽车金融机构的资金问题。

(3) 业务范围限制。根据我国的《汽车金融公司管理办法》,汽车金融公司禁止从事汽车租赁业务,不得开设分支机构。这使得我国的汽车金融公司不能在全国范围内开展业务。

3. 汽车金融公司与银行的汽车消费信贷比较

由银行提供的个人汽车消费贷款是一种传统的汽车贷款模式,分为"直客"模式和"间客"模式两种,存在办理手续复杂、获贷率不高等问题。随着汽车金融公司的发展,以汽车金融公司为主题的汽车消费信贷模式逐渐成为消费者的另一种选择方式,并且以其手续简便等优势较快发展。消费者只要选定车型,就可到其所属汽车公司的经销商处购买,只要诚信度好,一般都能获贷。下面主要从贷款手续、利率等几个方面对两者进行比较。

1) 申请资格

汽车金融公司放贷标准较宽松,注重申请人的信用,外地户口符合条件也可申请;而银行更看重申请人收入、户口和抵押物等,且需要本地户口或本地市民担保、房产证明等一系列繁琐的程序。

2）手续和费用

金融公司一般三天左右完成，且不交手续费、抵押费、律师费等费用；银行则需一周多时间，要找担保公司做担保，且收取一定的杂费。

3）首付比例及贷款年限

金融公司的首付一般较低，如丰田汽车金融公司对于信誉度非常好的客户可以承诺首付款为全车售价的20%，贷款年限分三年、五年两种；而目前多数银行在实际操作时规定最低首付为全车售价的40%，年限最长不超出五年。

4）利率水平

银行按照中国人民银行规定的同期贷款利率计算，而汽车金融公司则比银行现行利率约高出1~2个百分点。

5）月还款额

银行提供的信贷方式一般称为标准信贷。目前，有的汽车金融公司比银行多推出了一种服务方式，即弹性信贷。所谓弹性信贷，是指为消费者提供多种选择：消费者可以将一部分贷款额（通常不超过25%）作为弹性尾款，在贷款期限的最后一个月一次性支付，而不计算到月付金额，由于弹性尾款不计入月供总额，这样就能使购车者的月还款额明显低于银行标准信贷的月还款额。信贷合约到期时，消费者可以有三种选择：一是一次性结清弹性尾款，获得完全的汽车所有权；二是对弹性尾款再申请为期12个月的二次贷款；三是在汽车经销商的协助下，以二手车置换新车，将尾款从旧车折价中扣除。

综上所述，银行机构汽车消费信贷的优势在于贷款利率比较低，但存在申请手续繁杂，获贷率不高等问题，有些银行的汽车贷款还需支付其他多种费用，如担保费、验资费、律师费、抵押费等。汽车金融公司提供的贷款服务更加专业化和人性化，所提供的汽车贷款更灵活、更专业、更具针对性，而且手续简便，在贷款条件方面比银行宽松。汽车金融公司贷款比较注重购车者的个人信用，学历、收入、工作等都是其参考标准，而不需像银行那样要质押，外地户籍也不会成为获得贷款的阻碍。

第四节　汽车消费信贷风险

一、汽车消费信贷风险概述

1. 汽车消费信贷风险的含义

从狭义上来讲，汽车消费信贷风险一般是指借款人到期不能或不履行还本付息协议，致使汽车金融机构遭受损失的可能性，它实际上是一种违约风险。从广义上讲，汽车消费信贷风险是指由于内外部各种不确定的因素对金融机构产生的影响，使汽车金融机构经营的实际收益结果与预期目标发生背离，从而导致金融机构在经营活动中遭受损失或获取额外收益的一种可能性程度。

2. 汽车消费信贷风险的特征

汽车消费信贷风险是信贷风险的一种，具有信贷风险的一般属性。一般表现了以下几个特征：

（1）客观性。只要有信贷活动存在，信贷风险就不以人的意志为转移而客观存在，也就是说，在现实的银行业务工作中，无风险的信贷活动根本不存在。

（2）隐蔽性。信贷本身的不确定性损失很可能因信用特点而一直被其表象所掩盖。

（3）扩散性。信贷风险发生所造成银行资金的损失，不仅影响银行自身的生存和发展，更多还会引起关联的链式反映。

（4）可控性。可控性是指贷款人依照一定的方法、制度可以对风险进行事前识别、预测，事中防范和事后化解。

3. 汽车消费信贷风险的分类

（1）汽车消费信贷风险源于市场内部、市场外部的各个不同方面，宏观经济环境、市场结构、市场运行模式、市场主体的行为等因素都有可能产生相应的风险。根据产生风险的因素是根源于市场内部还是市场外部，可以将风险划分为市场内部风险和市场外部风险。

（2）根据风险产生的信贷环节不同，可以将风险划分为信贷授信环节风险、信贷管理环节风险、信贷收回环节风险。同时，因为信贷授信环节风险产生在贷款合同订立之前，我们可以将其称为事前风险，相应，信贷管理环节风险与信贷收回环节风险可以称为事后风险。

（3）根据授信者——商业银行是否可以控制该风险，将风险划分为可控风险与不可控风险。这里的"可控"并不是指授信者有绝对的能力去控制风险甚至将风险降低为零，而是指授信者能够对该风险施以较大的影响力。

（4）根据风险产生的原因不同，将汽车消费信贷风险划分为受信者偿债能力风险、受信者信用风险和市场因素风险。

授信者——商业银行作为消费信贷风险的第一承担者，最有积极性去降低风险，因此，在后面的分析中，授信者是最主要的降低消费信贷风险的行为主体。下面我们分别论述各类风险产生的根源以及授信者应该如何去降低风险。

二、受信者偿债能力风险

1. 受信者偿债能力风险特征

受信者偿债能力风险指的是受信者在取得汽车消费信贷之后，由于受信者的生活环境发生了变化，使得现实情况与申请贷款之前的预期产生偏离，原本可以保证如实履约的偿债能力降低，导致不能按贷款合同偿还贷款。

受信者偿债能力风险有以下几个基本特征：

（1）受信者在取得贷款之前按照合理的预期是有履约能力的，这里排除原本就不具备履约能力的骗贷行为；

（2）受信者违约时已经丧失了偿债能力，排除受信者有能力而不去作为的情况；

（3）受信者丧失偿债能力这一情况发生在取得贷款之后。

受信者偿债能力风险根源于市场外部因素，是一种市场外部风险。同时，受信者偿债能力风险是管理环节产生的风险，是签约的事后风险。在后面的分析中，我们可以知道，受信者偿债能力风险也是一种不可控风险。

2. 受信者偿债能力风险表现形式

俗语说"天有不测风云，人有旦夕祸福"，作为一个自然的人和一个社会的人都不可避免

地面临着生活中的种种意外,每个人都难保生活中不发生变故。汽车消费信贷市场上的受信者都面临下面的一些常见的风险:

(1)受信者的人身安全,或者说生命安全,受信者生命的灭失将会直接导致偿还贷款风险;

(2)受信者劳动能力,即健康问题,如受信者健康发生问题而致使受信者丧失劳动能力或丧失部分劳动能力,也将导致偿还贷款的风险;

(3)就业或可能的失业风险,如受信者就业发生问题甚至出现失业问题,也同样会导致偿还贷款的风险;

(4)商业失败风险;

(5)标的车发生碰撞等事故而遭受损失等。

当作用在受信者身上的外部风险小于或等于受信者的自身承受能力的时候,外部风险就不会向授信者——商业银行溢出,受信者承了全部风险,此时外部风险没有形成市场中的消费信贷风险;但当外部风险的数量超过受信者的承受能力的时候,其超出部分就会向授信者外溢,此时外部风险转化为市场中的消费信贷风险。

3. 受信者偿债能力风险的影响因素

受信者偿债能力风险取决于两个因素:市场外部因素变化作用在受信者身上的外部风险与受信者自身的风险承受能力。外部风险的大小决定于市场外部因素对受信者的影响力,对此很难进行一个准确的预测和推断。受信者风险承受能力的大小决定于受信者合法的预期收入和是否拥有可以用作偿还贷款的合法的存量资产。

1) 受信者的收入能力

受信者的收入能力是受信者依靠自身所占有的生产要素去创造收入的能力。为了使问题简化,假设生产要素市场是有效的,也就是说市场是按照要素的稀缺性及在生产中的作用来进行转移收入产出(收入)的。这样可以将注意力集中到受信者所占有的生产要素上来,要素占有量大的,收入能力就强。

在具体的汽车消费信贷市场上,为了便于分析,我们把汽车消费信贷的对象按照还贷来源分为经营性车辆和消费性车辆。经营性车辆是指消费者购车的目的是用作经营,这时的车辆是作为生产资料的身份出现的;消费性车辆是指消费者购买的车辆是作为一件耐用消费品来使用的。其中,经营性车辆进一步细分为出租汽车、一般客运汽车、长途客运汽车、长途运输车辆和工程车辆。

从经营性车辆看,出租汽车与一般客运汽车经营风险小,经营者一般可以获得一个较为稳定的经济来源,因此,市场外部的风险也就比较小,相应的消费信贷风险也较其他的经营车辆的风险小。长途客运车辆与长途运输车辆一般都是在省际往返,路途遥远,而且长途车辆的超载问题一直没有得到根治,相对前面提到的二者经营风险明显偏高。而作为工程车辆,虽然在表面上收益高于前几类车辆,但实际上存在以下风险:一是市场逐渐饱和,收益下降。在汽车消费信贷开办之初,适逢我国新上建设项目较多,市场需求大,收益较高,但随着车辆的不断增加,加之工程方欠款普遍,贷款户难以按期还款;二是工程车辆更新换代快,淘汰率较高,经营者多拉快跑,车辆前几年的有形损耗,无形损耗都很大,一般在两三年后车辆就已基本没有价值,这些因素都会对工程车辆的经营产生影响。由于经营性车辆的经营收入作为受信者的最主要还款来源,一旦其创收能力下降,就会明显地体现在消费信贷风险的增加上。

一般来说,消费性车辆的购买者都具有较高的收入(或预期收入)或者较大的资产存量,但是否这一定会使得消费性车辆的信贷风险降低?我们将这部分的消费者按照商业银行通行的划分方法划分为高端的优质客户群和一般客户群。高端优质客户群是指收入稳定,信用优良的政府公务员、高校教师、科技人员、金融机构职员、部队军官、社会知名人士等客户群体;一般客户群是指除此之外的其他客户,如:一般企业员工、自由职业者、民营或私营企业主、商人等。对于商业银行来说,贷款给高端优质客户的消费者偿债能力风险的确是非常小,但这部分的优质客户的比重也很小。而在一般客户群落中,限于我国目前的经济发展水平,普通企业职工购买消费性汽车的比例很小,更多的是私营、民营企业主和商人,他们往往抓住改革开放的宏观时机,通过自己的勤奋和智慧建立起自己的事业,在经济上积累了比一般人更多的物质财富,也拥有了更高的现实收入和预期收入。但我国现在的经济环境已经今非昔比,市场经济观念已经深入人心,市场竞争也日趋激烈。加入世界贸易组织后,我国更加迅速地融入国际经济的大环境之中,市场上商家的拼杀更加残酷。我们的民营和私营企业也面临着更多的机会和更大的挑战,这个过程之中,必然会有一部分的企业经不起竞争的考验而退出市场。这时,业主的经济能力必然会受到很大的影响,当这种汽车消费信贷市场的外部风险超过主体的风险承受能力时,消费信贷的风险也就产生了。

2)受信者的财富存量

受信者的财富存量是受信者目前占有的物质性资产的价值总量。财富可以分为生产要素和消费资料。无论是生产要素还是消费资料,财富都具有两个功能:抵押功能和信号功能。

(1)财富的抵押功能。财富的抵押功能不同于法律上的抵押担保,这里的抵押功能是说即使不在法律上设立抵押形式,授信者也有理由相信受信者的财富会对自己的债权形成一种值得信赖的保障。

(2)财富的信号功能。该功能是指通过个人财富的存量可以反映出有关个人获取收入能力方面的信息。财富是收入积累的结果,其中财富中生产要素部分既是收入的结果也同时是收入的原因。

财富的抵押功能和信号功能能够在一定程度上解释为什么商业银行更乐意把钱贷给"有钱人",这些人具有更大的外部风险承受能力,更小的外部风险溢出部分——偿债能力风险,银行也就承担更小的消费信贷风险。

三、受信者信用风险

受信者信用风险指的是因为受信者信用较低,导致到期不能或不予履行贷款合同的风险。考虑受信者不同的心理态度,可以分为以下两种情况:

1. 过失信用风险

过失信用风险产生于受信者对待信用、对待贷款合同的一种不负责任的态度或者是一种对待未来自身收入情况的过分的乐观预测。部分受信者信用观念淡薄,在申请贷款之前没有充分考虑自身的经济实力与预期偿债能力,怀有一种"先把款贷下来,还钱的事到时再说"的心理去申请银行贷款,到了履约时候,没有能力去偿还贷款,造成信用风险,我们可以称之为过失信用风险。

实际上,在目前的贷款购车申请人中有一部分是不具备贷款购车的偿债能力的,看到周围的人纷纷去贷款购车,在对美好物质生活憧憬的激励下,不顾自身的实际情况与偿债能力,也去模仿别人去申请贷款购买汽车,这种情况更多发生在年轻人对消费性车辆的需求上。当这部分受信者在取得贷款的那一刻,也就是产生了新的消费信贷风险,授信者——商业银行成为风险的第一承受者。

2. 过错信用风险

正如任何一个社会都无法杜绝违法犯罪行为的发生,在汽车消费信贷市场上也不可避免地出现少数不法分子的恶意行为。极少量的受信者在申请贷款之前就怀有恶意骗贷的心理,在申请贷款时就没有想过要偿还这笔贷款,为了取得贷款甚至不惜利用虚假的个人资料去骗取,我们可以称之为过错信用风险。

在汽车消费信贷中,这种明显带有恶意的信用过错行为虽然所占的比例不大,但一旦形成就会给商业银行造成很大的经济损失,银行在对客户的授信中也不得不面临着很大的此类风险,而且仅仅靠银行一家努力也是很难避免的,需要社会的综合力量。

过失信用风险与过错信用风险同属信用风险,二者都是由于受信者信用意识缺乏造成的风险,但二者还是有一定的不同之处。首先,在主观动机上,过失信用风险在主观上只能构成一种过失,并无恶意,但过错信用风险在主观上是故意的,是心怀恶意的;其次,在结果表现上,过失信用风险对于贷款合同是没有能力去履行,而过错信用风险却是很多情况下有能力去偿还但不去偿还。

同时,过失信用风险也区别于前面所说的受信者偿债能力风险。受信者偿债能力风险产生于信贷管理环节,是一种事后风险,对于授信者——商业银行来说是不可控风险;而过失信用风险产生于信贷授予环节,是一种事前风险,对于授信者来说是一种可以在授信之前采取一定的措施加以控制的风险。过失信用风险与受信者偿债能力风险也有其共同之处:二者都是缺乏偿还债务的能力。

四、市场风险

在汽车消费信贷市场上,我们把受信者、商业银行、汽车销售商以及风险的分流主体(如提供汽车贷款履约险的保险公司,为汽车贷款履约提供担保的担保公司)作为市场主体,把各个主体的商业行为作为市场行为。但同时,汽车消费信贷市场作为一个局部市场,不可避免地存在着一些外生变量,也就是说市场上一定存在着市场主体无法控制的因素,这些因素通过改变市场主体的选择空间来改变其决策和行为,进而改变市场的均衡。在汽车消费信贷市场上,汽车价格和市场利率是两个重要的外生变量:

1. 汽车价格下降带来的汽车消费信贷风险

在汽车价格方面,虽然一再降价,但我国汽车价格还远远没有降到位,目前国内汽车价格仍高于国际市场。

从生产率和设计能力来看,我国汽车生产企业的人均劳动生产率远低于欧美发达国家水平。其设计能力虽达到规模经济的起始标准,但实际生产能力还没有发挥出来,并没有达到规模效益的要求,随着关税的逐步降低,国内轿车价格与国际市场价格接轨,那么今后一段时间轿车市场还会有大幅度的价格下降。

从宏观来看,汽车生产技术的引进与改进、汽车产业政策的转变、消费市场的扩大带来了我国汽车产量的迅猛增长,产量的增长伴随着汽车进口政策放宽后进口车辆的增多,汽车降价成为一种必然。

从微观来看,一些汽车生产商从营销策略角度考虑,在刚刚推出一款新型车时,制定较高的价格,去获取较高的单车利润,当过了试售期或者其他竞争车型上市之后,就立即大幅度降低汽车价格,以图占领市场。这种行为,从汽车生产商角度考虑是无可厚非的,但却带来了汽车消费信贷市场上的不稳定因素。

汽车价格下降可能造成一部分消费者未来需偿还的贷款额要高于目前买一辆新车的价款。这种情况下,消费者就会考虑是否还有必要偿还余下的贷款,从而造成信贷的违约风险。

2. 市场利率变化带来的汽车消费信贷风险

市场利率作为一种重要的汽车消费信贷市场外生变量,通过改变受信者的效用函数和支付函数,产生风险,这种风险首先由受信者来承担,一旦风险的数量超过一定点,违约就成为受信者的理性选择,最终体现为汽车消费信贷风险。该风险是商业银行不可控风险。

五、汽车消费信贷风险管理

1. 建立和完善个人信用制度体系

个人信用体系是指根据居民的家庭收入资产、已发生的借贷与偿还、信用透支、不良信用记录及所受处罚与诉讼情况,对个人的信用等级进行评估并随时记录、存档,以便信用的供给方决定是否对其贷款和贷款多少的制度。在发达国家,个人信用记录早已是市场经济的基石,但在我国,个人信用制度才刚开始筹建。建立和完善个人信用制度体系主要从以下三个方面着手。

1)建立健全个人信用体系

汽车消费信贷具有单笔贷款相对较小,贷款时间相对较短,贷款申请者比较分散的特点,因而在消费信贷的申请与审批中存在严重的信息不对称,从而导致消费信贷的"逆向选择"效应和"道德风险"问题。建立科学有效的个人信用体系是商业银行控制汽车消费信贷风险的前提保证。个人信用体系的建立,可以在很大程度上解决消费信贷中的信息不对称问题。

2)加强信用评估制度建设

借鉴国外先进的信用评估系统和评估方法,不仅对客户的信用风险进行定性评估,还要运用量化的技术和方法对客户风险进行衡量。信用评估可由两个体系组成,即价值体系和信誉体系。价值体系建立在个人资产的原值、净值、市场价值等基础上采用科学方法等对其进行评估;信誉体系包括个人基本素质、收入水平、社会地位、商业信誉、金融信誉、社会保障、司法信誉等,根据个人的不同情况进行评级。以此为基础,通过对客户的信用材料进行统计分析,可以估算客户的违约率、贷款收复比率、预期贷款损失和非预期贷款损失等指标,为贷款决策及贷款定价提供依据。

3）建立失信行为的惩罚机制

惩罚机制的建立是个人信用业务发展、商业银行稳定经营的重要保障。其建立应从以下几个方面进行：

(1) 确定合理的惩罚尺度，以对不同程度的失信行为进行约束、惩罚。

(2) 建立高效的失信行为信息的举报机制。

(3) 及时更新个人信用数据库。

(4) 建立被惩罚人申诉机制。

(5) 完善相关法律体系。

(6) 建立个人破产制度。个人破产制度是个人信用制度的必要补充，需要限定破产人在豁免债务的同时，必须付出一定的代价，比如：个人破产后不得进行高消费、不能购置房产、汽车等高档物品，并在进行消费信贷时给予更严厉的条件。

2. 增强操作风险监控意识

(1) 强化流程的管理。对现有流程进行检查和梳理，杜绝可能存在的漏洞。

(2) 加强汽车消费信贷风险控制人员的防范意识。提高商业银行的风险控制人员的控制意识，统一控制观念，使控制人员的责、权、利关系明确，形成有效的自发控制机制。只有这样，才能从源头上减少或消除商业银行汽车消费信贷业务的操作风险。

(3) 建立健全汽车消费信贷操作风险的评估机制。进行风险评估主要是辨识和分析实现预定目标发生风险的可能性，是一个有效控制操作风险的关键步骤。要从分析内部和外部两部分影响因素入手，针对商业银行的特点构建有效的操作风险评估机制。

(4) 强化贷前、贷中、贷后三阶段审核监督力度。贷前调查阶段，保证信息完整性和可靠性。银行应主动搜集客户的信息，如道德品质优劣、家庭状况、收入状况及有无不良信用记录等，为下一步的工作打好基础。贷中审批阶段，要实现定性和定量相结合的方法，首先，定性上应具备相应的资产、收入水平、足够的还款能力及信誉良好等硬性指标；其次，要有量化手段，如根据借款人收入、期限等差异分别评分，利用计算机模型对客户进行统计分析；最后综合加权作为审批的依据。加强贷后管理工作，对汽车贷款进行连续性监管。

(5) 建立后评价制度。所谓后评价是指按照现行标准对以前发放的贷款进行重新评估、确认，以弥补、减少因贷款评价不准确、信贷制度不落实、内部人员道德原因造成的信贷风险的措施，是立体式贷后管理的重要组成部分，使得各级管理层由被动参与变为主动参与和贷后管理。

3. 建立贷后风险预警机制

借款人、担保情况等都可能随着时间的推移发生变化，继而形成风险。不过风险的发生往往会出现许多预警信号，如果能及时把握这些信号，商业银行就可以采取相应的措施来阻止风险的形成及恶化。根据国外银行统计，75%以上的贷款损失可以通过早期的信贷风险预警予以有效控制或消除，而当贷款出现风险问题后，通过采取相应措施可以将贷款损失减少到25%。因此，为防止个人汽车消费信贷风险再次出现集中爆发，应加快建立、完善个人汽车消费信贷贷后风险预警机制。即利用现代化工具和技术手段，跟踪收集各类情况资料及预测变化趋势，针对不同阶段的实际情况，发出预警信号，并对贷款进行有效控制和调节，做到"超前预警、化险为夷"。

4. 进一步完善消费贷款的担保制度

担保制度，是贷款第一还款来源出现风险时的必要保证，也是制约借款人信用程度的一个有力武器。银行必须健全保证人担保制度，加强对保证人的风险审查，对其偿债能力进行深入分析：一是从单个保证人出发，考核该保证人的保证能力，其财务状况是否能够承担对外保证的数量，对外提供保证总额与其有形净资产是否在合理的比例关系之内；二是从风险控制角度，把相互保证的保证人视作一组借款人，审查其信用集中情况，防范由于保证不充分而导致的风险过度集中，加强对保证人财务实力的分析。

5. 拓展风险转移渠道

商业银行应当进一步开拓创新，充分利用各种合法的交易方式或者业务手续，将个人汽车消费信贷风险转移给其他经济主体。比如加强担保、推进合作、实行资产证券化等。

第五节 中国汽车消费信贷案例

易鑫集团有限公司（以下简称易鑫）是我国专业的互联网汽车金融交易平台。本节将以其作为案例对汽车消费信贷相关知识进行介绍。

1. 易鑫经营现状

（1）交易平台业务和自营融资平台业务齐头并进。易鑫的业务模式可以概括为面向消费者、汽车品牌和经销商、金融机构提供一站式服务，利用互联网平台建立起全面的生态系统，为参与者提供便利。易鑫两大业务部门：交易平台业务和自营融资业务。交易平台业务包括广告及会员服务和交易促成及增值服务，如成交促成服务、贷款促成服务、其他增值服务；自营融资业务则主要包括融资租赁业务和经营租赁业务，回租是开展业务的主要形式。

（2）公司业务量迅猛增长。截至2017年上半年，公司共促成16万笔汽车零售交易及汽车相关交易，较2016年同期增长87.6%；营业收入15.51亿元，同比增长240.13%，净利润2.61亿元，同比增长684.2%，营业收入与净利润均呈现飞跃式增长。

2. 易鑫经营模式

互联网汽车零售和自营融资齐头并进，以消费者为中心，汽车消费全周期服务提供商是易鑫汽车金融经营模式，如图3-6所示。在此过程中，易鑫与15000余家经销店合作，拥有100家易鑫体验店，以满足消费者需求。

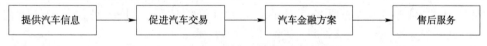

图3-6 以消费者为中心的汽车金融经营模式

易鑫汽车金融（自营融资业务）是公司主要收入来源，包括融资租赁和经营租赁两种，其中融资租赁业务是公司主要收入来源。该业务自2015年6月成立以来发展最为快速，截至2017年6月共完成约14万笔汽车零售交易，2015年全年、2016年全年、2017年上半年的收入约为6550万元、13亿元及12亿元，分别占总收入的24.1%、85.7%及79.3%。收入来源为向消费者收取中介费和利息费。

3. 易鑫汽车金融（融资租赁）

易鑫汽车金融（融资租赁）是主要的业务增长引擎。易鑫的融资租赁产品和银行以及汽车金融公司提供的产品相比,更加丰富,效率更高,更加灵活。截至 2017 年上半年,每个消费者融资租赁的平均融资额及平均期限分别是 7 万元和 33 个月,易鑫的净融资应收账的平均收益率为 13%。

公司目前对于新车有一证贷、两证通、鑫动融等融资方案;对于二手车有一证贷、两证通等融资方案,具体见表 3-3。

易鑫融资租赁核心产品线 表 3-3

产品类型	一 证 贷	两 证 通	鑫 动 融
申请条件	1. 信用记录良好或征信空白; 2. 年满 18 周岁	1. 信用记录良好; 2. 年满 18 周岁	1. 信用记录良好; 2. 年满 18 周岁
申请资料	身份证	身份证 + 银行对账单/房产证/专业证书等	身份证 + 银行对账单/房产证/专业证书等

4. 易鑫汽车金融(经营租赁)

易鑫汽车金融(经营租赁)明星产品"开走吧"在 2017 年取得较大关注。"开走吧"产品于 2017 年 2 月推出,具有灵活的支付条款,较低的首付(10%)以及较低的每月还款等特点,面向具有良好工作前景的年轻消费者。按照经营租赁模式,易鑫向汽车经销商购买汽车并充当出租人,将汽车租给消费者(承租人),以收取租金。在租赁期间内,易鑫保有汽车所有权,消费者仅拥有使用权,在租赁期满后,将汽车返还给易鑫。在第一个 12 月期间结束时,消费者有 4 个选择:

(1)转为 3 年融资租赁;

(2)再次支付首期付款以租赁新车;

(3)作为一次性付款购买该汽车;

(4)汽车返还给易鑫,无须支付额外费用。

5. 易鑫平台开展汽车金融的优势

(1)风控能力强。易鑫背后的股东包括腾讯、京东和百度三家互联网巨头,这三家股东将通过各自的优势资源支持易鑫发展。易鑫融合了腾讯、京东、百度三家大数据的优势,征信完善、风控能力强、逾期率和坏账率低。腾讯在行为数据和社交平台上具有技术优势;京东在消费数据上能够为易鑫提供帮助;百度在搜索和数据匹配上面可以为易鑫提供支持。进一步实现互联网与传统人行征信互补的交叉验证征信体系。目前,易鑫金融已经和股东建立了 40 多个风控模型。

(2)资金来源渠道多元化。易鑫结合资产证券化和金融机构贷款,有效支持业务发展。易鑫的自营融资业务具有多个融资渠道,资金来源多元化。从 2015 年以来,易鑫多次向腾讯、京东、百度和易车发行优先股筹集现金,并获得银行以及其他独立金融机构的信贷。此外,易鑫还通过资产证券化,累计筹集资金 70 亿元,包括公开发售(26 亿元)和私募发售(44 亿元)。根据易鑫租赁在 2017 年第二期资产支持票据发行说明书所述,易鑫租赁 2016 年融资平均利率约为 4.97%。

(3)公司形成了以消费者为中心的汽车交易生态系统,涵盖汽车消费全周期。易鑫作为汽车消费全周期服务提供商,目前与 15000 余家汽车经销商进行合作。从汽车消费链着手,构建汽车消费全生命周期的互联网汽车零售交易平台。

从买车这一行为来看,购买汽车是相对低频的一次性行为,消费者在交易完成后,通常与经销商(4S)店的联系就已经结束。但是易鑫同时涉及提供汽车信息、新车/二手车交易、融资租赁等金融服务,满足了消费者选车、购车、养车、换车的用车周期,金融服务作为其中的关键环节,有效满足了不同层次消费者的购车需求。

(转引自:华泰证券,汽车金融:多元竞争,格局重塑——汽车金融行业深度研究,2018.2)

思考题

1. 什么是汽车消费信贷?其方式有哪些?
2. 简要回答汽车消费信贷的特点。
3. 简述我国汽车消费信贷的主要模式。
4. 论述我国以银行为主体的汽车消费信贷主要业务流程。
5. 简要分析我国以汽车金融公司为主体的汽车消费信贷的优劣势。
6. 什么是汽车消费信贷风险,汽车消费信贷风险有何特征?
7. 简述汽车消费信贷风险的分类的方法。
8. 什么是受信者偿债能力风险,其表现形式有哪些?

第四章 汽车保险

在现代社会,汽车作为一种不可或缺的交通工具,扮演起越来越重要的角色。但随着汽车的广泛使用,汽车事故造成的经济损失也愈发严重。在汽车诞生后的1893年,英国一家有远见的保险公司"法律意外保险公司"首先开创了汽车保险业务。随着汽车工业的发展和汽车保有量的不断增加,汽车保险已成为世界各国财产保险公司中首屈一指的龙头险种。我国机动车辆保险业的情况也大致相同,国内各家财产保险公司都把机动车辆保险业务作为其支柱险种,机动车辆保险已成为财产保险公司收入和盈利的主要来源。

第一节 汽车保险概述

一、汽车保险的概念

汽车自诞生以来,一方面大大提高了工作效率,方便了人们的生活,但另一方面,也使得交通事故数量急剧增加,造成社会公众的人身伤害和财产损失。"车祸猛于虎""车轮下的战争"就是人们对道路交通意外事故的形象描述。交通事故造成的死亡一直是我国安全事故死亡中最主要的部分。

从全国来看,大部分道路交通死亡事故是由于各种机动车和行人的违章行为所引起的。而这样的情况对于目前国内的交通状况来说,危害尤其明显。这是因为目前我国交通车辆混合行驶的现象还比较普遍,二轮摩托车、大型客车、汽车、自行车和行人等,大多在同一路面上运行。这使得我国的交通死亡原因和伤害模式与发达国家不同。国外的交通事故多是车撞车,而我国很多是车撞人。在这种情况下,如果驾驶员和行人的交通安全意识薄弱,出现交通事故和造成伤亡的隐患就非常大。所以说"人祸"是国内交通事故致死率居高不下的一个重要因素。

公安部交通管理局发布的数据显示,截至2018年6月底,我国机动车保有量达3.19亿辆。2018年上半年新注册登记机动车达1636万辆,高于2017年同期1594万辆的登记量。新能源汽车保有量达199万辆,私家车保有量达1.8亿辆,2018年以来保有量月均增加166万辆,保持持续快速增长。全国58个城市汽车保有量超过百万辆,其中7个城市达300万辆以上。载货汽车保有量达2470万辆,2018年上半年新注册登记载货汽车达172万辆,明显高于2017年同期156万辆的登记量,为历史最高水平。同时,机动车驾驶人数量达3.96亿人,新领证驾驶人1325万人。其中,男性驾驶人占70.7%,女性驾驶人占29.3%。

除交通事故风险外,汽车本身所造成的风险,如车辆制动系统有故障等,也有可能导致车辆自身损毁的直接损失以及车辆停驶引起的间接经济损失。

汽车保险属于财产保险的一种,它是以汽车本身以及机动车辆的第三者责任险为保险标的的一种运输工具保险。它能够保障汽车保险的被保险人和交通事故受害者在机动车辆发生保险责任事故,造成车辆本身损失及第三者人身伤亡和财产损坏或损失时得到经济补偿,最大限度地减少所造成的损失。

汽车保险包括下列四层含义:

(1) 它是一种商业保险行为。保险人按照等价交换关系建立的汽车保险是以盈利为目的的。简而言之,保险公司最终要从它所开展的汽车保险业务上赚到钱,因此汽车保险属于一种商业行为。

(2) 它是一种法律合同行为。投保人与保险人要以各类汽车及其责任为保险标的签订书面的具有法律效力的保险合同,否则汽车保险没有存在的法律基础。

(3) 它是一种权利义务行为。在投保人与保险人所共同签订的保险合同(如汽车保险单)中,明确规定了双方的权利和义务,并确定了违约责任,要求双方在履行合同时共同遵守。

(4) 它是一种以合同约定的保险事故发生为条件的损失补偿或保险金给付的保险行为。正是这种损失补偿或保险金给付行为,才成为人们转移车辆及相关责任风险的一种方法,才体现了保险保障经济生活安定的互助共济的特点。

对于被保险人来讲,保险公司设置车辆保险的目的有两个:一是使各种车辆在遭受保险责任范围内的灾害事故损失时能够获得经济补偿;二是有效保护车祸受害者的利益。换句话说,车辆保险不但保障车辆本身,而且为车主或其允许的人在使用车辆过程中给他人造成的损害依法承担的民事赔偿责任提供保险保障。

二、汽车保险的基本特征

由于汽车在使用过程中出险的概率高,汽车保险事故的社会影响和危害大,理赔工作具有复杂性。因此,汽车保险的基本特征可以概括为以下几方面:

1. 保险范围的广泛性

汽车保险的广泛性表现在两个方面。一方面,被保险人具有广泛性。汽车日益成为人们普遍采用的交通工具,企业和个人更加广泛地拥有汽车,汽车逐步成为人们生活的必需品,使得汽车与每一个人的生活息息相关。另一方面,机动车辆保险业务量大、普及率高。由于汽车出险率高,加之各国政府为了保障交通事故受害者的利益,均实施了第三者责任险的强制保险制度。此外,各保险公司还推出了一系列附加险,这就使汽车保险在财产保险中成为业务量大、普及率高的一个险种。

2. 保险标的的差异性

由于汽车产品的类别、型号、档次、性能、使用程度、技术状况有很大的差异,其价格、功能等差异也很大。

3. 保险标的的可流动性

由于汽车是可移动的交通工具,具有流动性,从而增加了经营的不确定性,核保时加大了验标承保的难度。由于汽车的流动性,风险的不确定性,在发生保险责任事故时给检验和理赔工作增加了难度。

4. 保险事故的高出险频率性

汽车保险相对其他财产保险而言具有出险率高的特点。由于汽车经常处于载人或载货并运动的状态,很容易发生碰撞及其他意外事故,造成财产损失和人身伤亡。由于汽车数量的迅速增加,再加上驾驶员疏忽、过失等人为原因,导致交通事故发生频繁,机动车出险率较高。

三、汽车保险的职能

保险基本职能是组织经济补偿和实现保险金的给付,这同样也是汽车保险的基本职能。生产力水平的提高、科学技术的发展使人类社会走向文明。汽车文明在给人类生活以交通便利的同时,也给人类带来了因汽车运输中的碰撞、倾覆等意外事故造成的财产损失和人身伤亡。不仅如此,随着生产力水平的提高、科学技术的进步,风险事故所造成的损失也越来越大,对人类社会的危害也越来越严重。汽车在使用过程中遭受自然灾害风险和发生意外事故的概率较大,特别是在发生第三者责任的事故中,其损失赔偿是难以通过自我补偿实现的。

汽车在使用过程中的各种风险及风险损失难以通过对风险的避免、预防、分散、抑制以及风险自留而解决,必须或最好通过保险转嫁方式将其中的风险及风险损失在全社会范围内分散和转移,从而最大限度地抵御风险。汽车用户以缴纳保险费为条件,将自己可能遭受的风险成本全部或部分转嫁给保险人。汽车保险是一种重要的风险转嫁方式,在大量的风险单位集合的基础上,将少数被保险人可能遭受的损失后果转嫁到全体被保险人身上,而保险人作为中介对少数人实行经济补偿。汽车保险可将拥有机动车辆的企业、家庭和个人所面临的种种风险及其损失后果,得以在全社会范围内分散与转嫁。

汽车保险是现代社会处理风险的一种非常重要的手段,是风险转嫁中一种最重要、最有效的技术,是不可缺少的经济补偿制度。

四、汽车保险的功能

1. 汽车保险的保障功能

保险的保障功能是保险业的立业之基,最能体现保险业的特色和核心竞争力。

汽车保险的保障功能是汽车保险得以产生和迅速发展的内在根源,具体表现为补偿损失功能。

汽车保险是在特定灾害事故发生时,在汽车保险的有效期和汽车保险合同约定的责任范围以及保险金额内,按其实际损失金额给予补偿,通过补偿使已经存在的社会财富(即车辆因灾害事故所导致的实际损失)在价值上得到补偿,在使用价值上得以恢复,从而使社会再生产得以持续进行、人民的生活得以安定,进而保障社会稳定。

2. 汽车保险的金融融资功能

金融融资功能是指将保险资金中闲置的部分重新投入社会再生产过程中所发挥的金融中介作用。汽车保险人为了使保险经营稳定,必须保证保险资金的保值与增值,这就需要汽车保险人对保险资金加以运用。又由于汽车保险的保费收入与赔付支出之间存在时间差和数量差,这又为汽车保险人进行保险资金的融通提供了可能。所以,保险又具有金融融资功能。汽车保险的融资来源主要包括:资本金、总准备金或公积金、各项保险准备金以及未分配的盈余。

汽车保险融资的内容主要包括：银行存款、购买有价证券、购买不动产、各种贷款、委托信托公司投资、经营管理机构批准的项目投资及公共投资、各种票据贴现等。

3.汽车保险的防灾防损功能

汽车保险人从开发汽车保险产品、制定费率到汽车保险和理赔的各个环节，都直接与灾害事故打交道，不仅具备了识别、衡量和分析的专业知识，还积累了大量的风险损失资料，所以，汽车保险人可以为社会、企业、家庭、个人提供防灾、防损、咨询和技术服务职能，从而减少社会财富即车辆的损失和社会成员的人身伤害。

五、汽车保险的作用

伴随着汽车进入百姓的日常生活，汽车保险正逐步成为与人们生活密切相关的经济活动，其重要性和社会性也正逐步突现，作用越加明显。

1.扩大了消费者购买汽车的需求

从目前经济发展情况来看，汽车工业已成为我国经济健康、稳定发展的重要动力之一，汽车产业政策在国家产业政策中的地位越来越重要，汽车产业政策要产生社会效益和经济效益，要成为中国经济发展的原动力，离不开汽车保险与之配套服务。汽车保险业务自身的发展对于汽车工业的发展起到了有力的推动作用，汽车保险的出现，解除了企业与个人对使用汽车过程中可能出现风险的担心，一定程度上提高了消费者购买汽车的欲望，扩大了消费者购买汽车的需求。

2.稳定了社会公共秩序

随着我国经济的发展和人民生活水平的提高，汽车作为重要的生产运输和代步的工具，成为社会经济及人民生活中不可缺少的部分，其作用显得越来越重要。汽车作为一种保险标的，虽然单位保险金不是很高，但数量多而且分散，车辆所有者既有党政部门，也有工商企业和个人。车辆所有者为了转嫁使用汽车带来的风险，愿意支付一定的保险费投保。在汽车出险后，从保险公司获得经济补偿。由此可以看出，开展汽车保险既有利于社会稳定，又有利于保障保险合同当事人的合法权益。

3.促进了汽车安全性能的提高

在汽车保险业务中，经营管理与汽车维修行业及其价格水平密切相关。原因是在汽车保险的经营成本中，事故车辆的维修费用是其中重要的组成部分，同时车辆的维修质量在一定程度上体现了汽车保险产品的质量。保险公司出于有效控制经营成本和风险的需要，除了加强自身的经营业务管理外，必然会加大事故车辆修复工作的管理，一定程度上提高了汽车维修质量管理的水平。同时，汽车保险的保险人从自身和社会效益的角度出发，联合汽车生产厂家、汽车维修企业开展汽车事故原因的统计分析，研究汽车安全设计新技术，并为此投入大量的人力和财力，从而促进了汽车安全性能方面的提高。

4.汽车保险业务在财产保险中占有重要的地位

目前，大多数发达国家的汽车保险业务在整个财产保险业务中占有十分重要的地位。美国汽车保险保费收入，占财产保险总保费的45%左右，占全部保费的20%左右。亚洲地区的日本和中国台湾汽车保险的保费占整个财产保险总保费的比例更是高达58%左右。

从我国情况来看，随着积极的财政政策的实施，道路交通建设的投入越来越多，汽车保有量逐年递增。在过去的20年,汽车保险业务保费收入每年都以较快的速度增长。在国内各保险公司中,汽车保险业务保费收入占其财产保险业务总保费收入的50%以上,部分公司的汽车保险业务保费收入占其财产保险业务总保费收入的60%以上。汽车保险业务已经成为财产保险公司的"吃饭险种"。其经营的盈亏,直接关系到整个财产保险行业的经济效益。可以说,汽车保险业务的效益已成为财产保险公司效益的"晴雨表"。

第二节　汽车保险的种类

一、机动车交通事故责任强制保险

《机动车交通事故责任强制保险条例》于2006年3月1日公布,并于2006年7月1日起开始执行实施其中第三条规定:"本条例所称机动车交通事故责任强制保险,是指由保险公司对被保险机动车发生道路交通事故造成本人员、被保险人以外的受害人的人身伤亡、财产损失,在责任限额内予以赔偿的强制性责任保险。"我们理解其核心内容如下:

(1)该强制性保险只承保机动车上的人员、被保险人之外的第三人所遭受的损害。

(2)机动车交通事故责任强制保险涉及全国2亿多辆机动车,保障全国十几亿道路和非道路通行者的生命财产安全。机动车交通事故责任强制保险保障的对象是被保险机动车致害的交通事故受害人,但不包括被保险机动车本车人员、被保险人。

(3)第三人所遭受的损害包括人身伤害和财产损失,不包括精神损害。

(4)该强制性保险有一定的责任限额,保险人只在该限额内承担支付保险金的责任。

二、商业汽车保险

我国交通事故责任强制保险采取限额保险制,在强制险之外,还有商业汽车保险,见表4-1。

我国汽车保险的种类(2007年4月1日执行)　　　　表4-1

强制汽车保险	非强制商业汽车保险		
机动车交通事故责任强制保险	主险	车辆损失险、第三者责任险、全车盗抢险	车上人员责任险
	附加险	车辆损失险的附加险:玻璃单独破碎险、自燃损失险、新增加设备损失险、车辆停驶损失险、车身划痕损失险、特约救助条款、可选免赔额特约险等(以上为项下附加险);	
		第三者责任险的附加险:车上货物责任险、无过错责任险、车载货物掉落责任险等(以上为项下附加险)	
		车辆损失险和第三者责任险的附加险:不计免赔特约险	

一般的商业汽车保险分为基本险和附加险。

基本险:也称为主险,主要包括车辆损失险和第三者责任险,也有的保险公司把全车盗抢险和车上人员责任险也列入基本险。

附加险:附加险是指附加在主险之外的保险,是对主险险种的补充,它承保的一般是主险险种不予承保的自然灾害或者意外事故。附加险不能单独承保,必须投保相应的险种之后才能承保,主要包括全车盗抢险、玻璃单独破碎险、车上人员责任险、自燃损失险、新增加设设备损失险、不计免赔特约险、车辆停驶损失险、无过错责任险、车载货物掉落责任险等。

1. 车辆损失险
1) 车辆损失险的定义

机动车损失保险又称为车辆损失险,简称车损险,是保险人对于被保险人承保的汽车,因保险责任范围内的事故所致(自然灾害和意外事故)的毁损予以赔偿的保险。

车辆损失险负责赔偿由于自然灾害和意外事物造成车辆自身的损失。这是车险中最主要的险种,花钱不多,却能获得最大的保障。一般说来,对于进口车、国产轿车、驾驶者技术或驾驶习惯不能对车辆安全提供较高的保障时,应投保此险种。

2) 车辆损失险的分类

车辆损失险按客户种类和车辆用途划分:

(1) 家庭自用汽车:家庭自用汽车是指在中华人民共和国境内(不含港、澳、台地区)行驶的家庭或个人所有,且用途为非营业运输的核定座位在9座以下的客车(被保险机动车)。

(2) 非营业用汽车:非营业用汽车是指在中华人民共和国境内(不含港、澳、台地区)行驶的党政机关、企事业单位、社会团体、使领馆等机构从事公务或在生产经营活动中不以直接或间接方式收取运费或租金的自用汽车,包括客车、货车、客货两用车(以下简称被保险机动车)。

(3) 营业用汽车损失保险条款:是指在中华人民共和国境内(不含港、澳、台地区)行驶的,用于客、货运输或租赁,并以直接或间接方式收取运费或租金的汽车。

2. 第三者责任险

交通事故责任强制保险总体的实施原则是根据我国经济发展情况,制定一个基本的水平,保险金额相对较低。因此,在强制保险之外,投保商业三者保险用来弥补强制保险的不足,十分必要。

机动车第三者责任保险简称为三者险,是指被保险人或其允许的合格驾驶员,在使用保险汽车过程中发生意外事故,致使第三者遭受人身伤亡或财产的直接损毁,依法应当由被保险人支付的赔偿金额,保险人依法给予赔偿的一种保险。

第三者是指因被保险机动车发生意外事故遭受人身伤亡或者财产损失的人,但不包括被保险机动车本车上的人员、投保人、被保险人和保险人。保险法律关系的主体:投保人、保险人、被保险人。未发生交通事故时,第三者未知,一旦发生意外,第三者才有意义。

保险可分为财产保险和人身保险。责任保险是财产保险中的一种,根据《保险法》第六十五条,责任保险是指以被保险人对第三者依法应负的赔偿责任为保险标的的保险。

"第三者责任险"是"商业险",同时也是责任保险,是以被保险人对第三者依法应负的赔偿责任为保险标的的保险,应该依据《保险法》第六十五条的规定,进行"有责赔付",即实行过错责任原则。

由于汽车的第三者损失对象既有人身伤亡又有财产损失,所以汽车责任险又分为第三者伤害责任保险和第三者财产损失责任保险。汽车责任险有代替被保险人承担经济赔偿责任的特点,是为无辜的受害者提供经济保障的一种有效手段。对于以"过失主义"为基础的汽车保险制度,一般遵循"无过失就无责任,无损害就无赔偿"的原则,所以当被保险人负有过失责任,或者第三者有由过失直接造成的损害发生时,保险人才能依据保险合同予以赔偿。

消费者可根据自身的需要,在投保机动车交通事故责任强制保险(以下简称交强险)的基础上选择投保不同档次责任限额的商业第三者责任险,以便享受更高的保险保障。

3. 全车盗抢险

全车盗抢险是负责保险车辆因被盗窃、被抢劫、被抢夺造成车辆的全部损失,以及被盗窃、被抢劫期间由于车辆损坏或车上零部件、附属设备丢失所造成损失的赔偿责任。

目前国内盗抢险全称为"全车盗抢险",根据合同保险责任一般包括两项:一是保险车辆(含投保的挂车)全车被盗窃、被抢劫、被抢夺,经县级以上公安刑侦部门立案证实满一定时间(大部分为三个月)未查明下落;二是保险车辆全车被盗窃、被抢劫、被抢夺后受到损坏或车上零部件、附属设备丢失需要修复的合理费用。即赔偿条件必须为整车被盗被抢,且公安机关立案,如盗抢未遂则不属于赔偿范围。所以,诸如"非全车遭盗抢,仅车上零部件或附属设备被盗窃"等情形都是属于盗抢险的责任免除事项,是不予赔偿的。

其次,全车盗抢险承保的范围是车辆本身,像现金、笔记本电脑等经常被放置在车内的物品都不属于承保范围。

另外,在被盗窃、被抢劫、被抢夺期间,保险车辆发生交通事故造成第三者人身伤亡或者财产损失的,保险公司也不负责赔偿。当然,根据最高人民法院有关司法解释,这种情况下被保险人也不承担赔偿责任,而应由肇事人(大多数情况下为实施盗抢的犯罪嫌疑人,也可能是犯罪嫌疑人指派的其他人员)负责赔偿。

全车盗抢险的保险责任为:

(1)保险车辆(含投保的挂车)全车被盗窃、被抢劫、被抢夺,经县以上公安刑侦部门立案证实,满3个月未查明下落;

(2)保险车辆在被盗窃、被抢劫、被抢夺期间受到损坏或车上零部件、附属设备丢失需要修复的合理费用。

其赔偿处理要点为:

(1)全车损失的,按基本险条款赔偿处理有关规定计算赔偿金额,并实行20%的绝对免赔率;

(2)本条款保险责任第二项规定的损失,按实际修复费用计算赔偿,但最高不超过全车盗抢险保险金额;

(3)被保险人索赔时未能向保险人提供出险地县级以上公安刑侦部门出具的盗抢案件证明及车辆已报停手续,保险人不负赔偿责任。

保险人确认索赔单证齐全、有效后,由被保险人签具权益转让书,赔付结案。

4. 车上人员责任险

车上人员责任险是指发生意外事故,造成保险车辆上人员的人身伤亡,依法应由被保险人承担的经济赔偿责任,保险人负责赔偿。另外,保险车辆发生意外事故,导致车上的驾驶员或乘客人员伤亡造成的费用损失,以及为减少损失而支付的必要合理的施救、保护费用,由保险公司承担赔偿责任。

5. 无过失责任险

无过失责任险是指机动车辆与非机动车辆、行人发生交通事故,造成对方人身伤亡、财产损失时,虽然保险车辆无过失,但根据《道路交通事故处理办法》第四十四条的规定,仍应由被保险人承担10%的经济补偿。对于10%以上的经济赔偿部分,如被保险人为抢救伤员等已经支付而无法追回的费用,保险人也在保险赔偿限额内承担赔偿责任。保险人承担的10%及10%以上的赔偿责任加免赔金额之和,最高不得超过赔偿限额。

6. 车载货物掉落责任险

车载货物掉落导致他物受损,该责任属于车载货物掉落责任险范畴,即对车载货物从车上掉下来造成第三者遭受人身伤亡或财产的直接损毁而产生的赔偿责任。

7. 玻璃单独破碎险

玻璃单独破碎险是指承保车辆在停放或使用过程中,其他部分没有损坏,仅风窗玻璃和车窗玻璃单独破碎,保险公司负责赔偿的赔偿责任。

玻璃单独破碎险中的玻璃是指风窗玻璃和车窗玻璃,不包括车灯、车镜玻璃。如果车灯、车镜玻璃破碎及车辆维修过程中造成的破碎,保险公司是不承担赔偿责任的。

8. 车身划痕损失险

车身划痕损失险是指对无明显碰撞痕迹的车身划痕损失,由保险人负责赔偿。

9. 可选免赔额特约险

投保了机动车损失保险的机动车可附加本特约条款。保险人按投保人选择的免赔额给予相应的保险费优惠。被保险机动车发生机动车损失保险合同约定的保险事故,保险人在按照机动车损失保险合同的约定计算赔款后,扣减本特约条款约定的免赔额。

10. 车辆停驶损失险

车辆停驶损失险负责赔偿保险车辆发生保险事故,因停驶产生的损失。保险人在双方约定的修复时间内按保险单约定的日赔偿金额乘以从送修之日起至修复竣工之日止的实际天数计算赔偿。对于从事专业营运的大型客货车辆以及营运出租轿车,由于肇事后修车耽误营运,间接损失较大,是有必要投保的。

11. 自燃损失险

自燃损失险是负责赔偿保险车辆因本车电器、线路、供油系统发生故障以及因运载货物自身原因起火燃烧造成保险车辆的损失;而由于外界火灾导致车辆着火的,不属于自燃损失险责任范围。虽然车辆发生自燃的概率相对较小,但自燃往往导致较严重的经济损失,因此在条件许可的情况下,应投保自燃损失险。

12. 新增加设备损失险

新增加设备损失险负责赔偿车辆发生保险事故时,造成车上新增设备的直接损失。未投保本险种,新增加的设备的损失,保险公司不负赔偿责任。

13. 不计免赔特约险

根据保险条款规定,一般情况下,车辆损失险和第三者责任险在保险责任范围内发生保险事故,每次保险事故与赔偿计算履行按责免赔的原则,车主须按事故责任大小承担一定比例的损失(称为免赔额)。但如果投保了不计免赔特约险,发生保险事故后,保险公司不再按原免赔规定进行免赔,而按规定计算的实际损失给予赔付。

第三节　汽车保险承保实务

承保实质上是保险双方订立合同的过程。其即指保险人在投保人提出投保请求时,经审核其投保内容后,同意接受其投保申请,并负责按照有关保险条款承担保险责任的过程。一般先由从事展业的人员为客户制定保险方案,客户提出投保申请,经保险公司核保后,双方共同订立保险单。承保流程主要有:投保、核保、缮制及签单、批改、续保。

一、展业

保险展业是保险公司进行市场营销的过程,即向客户提供保险商品的服务。保险服务包括两方面的内容:一是保险业务自身服务,即承保、防灾防损、查勘理赔等;二是拓展性服务,如汽车修理服务、代驾服务、风险服务,是一种延伸意义上的服务。展业人员可以是保险公司员工,也可以是中介机构的代理人或经纪人。

展业直接影响保险人的业务经营量。近年来,保险合同纠纷不断,主要原因就是展业人员没有认真解释合同,有的不具备有关知识和技能,即不具备业务素质。

1. 准备工作

业务人员进行展业活动前,必须作好各项准备:

(1) 相关知识。条款、条款解释、费率规章、投保单填写要求。

(2) 车辆情况。了解企业车辆数量、车型和用途、车辆状况、驾驶人员素质、运输对象(货物/人员)、车辆管理部门等。

(3) 以往投保情况。包括承保公司、投保险种、投保金额、保险期限和赔付率等情况。

(4) 当地情况。当地机动车辆交通事故情况、处理规定等。

2. 保险宣传

保险宣传对于保险业务的顺利展开和增强国民的保险意识具有重要的作用,保险宣传的方式多种多样,如广告宣传、召开座谈会、电台和报刊播放或登载保险知识、系列讲座、印发宣传材料等。

3. 保险方案

由于投保人所面临的风险概率、风险程度不同,因而对保险的需求也各不相同,这需要展业人员为投保人设计最佳的投保方案。

提供完善的保险方案也是保险人加大保险产品内涵,提高保险公司服务水平的重要标志。保险方案制定原则主要有:

(1) 充分保障原则:在风险评估基础上,制订保险方案,最大限度分散风险。

(2) 公平合理原则:用最小的成本实现最大的保障,且防止不必要的保障。

(3) 充分披露原则:根据最大诚信原则,如实告知,特别是可能产生对投保人不利的规定要详细告知。

保险方案的主要内容有如下几个方面:

(1) 保险人情况介绍;

(2) 投保标的风险评估;

（3）保险方案的总体建议；

（4）保险条款以及解释；

（5）保险金额和赔偿限额的确定；

（6）免赔额以及适用情况；

（7）赔偿处理的程序以及要求；

（8）服务体系以及承诺；

（9）相关附件。

二、投保

投保是指投保人向保险人表达缔结保险合同的意愿。因保险合同的要约一般要求为书面形式，所以汽车保险的投保需要填写投保单。

1. 投保单

投保单是投保人填写的，表示愿意同保险人订立保险合同的书面申请，也是投保人要求投保的书面凭证，为保险合同的要件之一。

投保单主要内容为：投保人和被保险人情况（姓名、地址），驾驶员情况，保险车辆情况（车本身资料和车的使用情况），投保险种及期限，投保人签单（应确认属实和确认知道）。

投保人与被保险人的姓名主要用于确定其投保资格。投保人是保险合同不可缺少的当事人。投保人除应当具有相应权利能力和行为能力外，对保险标的必须具有保险利益。因此，投保人应当在投保单上填写自己的真实姓名，以便保险人核实其资格，避免出现保险纠纷。被保险人必须是保险事故发生时遭受损失的人，即受保障的人。因此，投保单上必须注明被保险人的姓名。

保险车辆情况。保险车辆本身资料，包括号牌号码、厂牌型号、发动机号、车架号、车辆种类、座位/吨位、车辆颜色等内容；车辆所有与使用情况，包括该车所属性质、是否为分期付款购买，卖方是谁，机动车行驶证所列明的车主，车辆的使用性质，行驶区域。

车辆号牌号码，填写车辆管理机关核发的号牌号码并注明底色，如：鲁H00099（黄）、黑AB1180（蓝），填写号牌号码应与机动车行驶证号牌号码一致。厂牌型号编制，国产车型号（如夏利轿车TJ7100）、进口车型号（如奔驰Benz、宝马BMW等）分三部分，前部字母表示类型和级别如：A级为小型单厢车、C级为小型轿车、E级为中级轿车、S级为高级轿车、M级为SUV、G级为越野车、V级为多功能厢式车、SLK为小型跑车；CLK为中型跑车、SL为高级跑车、CL为高级轿跑车、SLR为超级跑车；中部数字表示排量，如280、300及500分别表示排量为2.8L、3L及5L；尾部字母有一定含义，如L表示加长车型，Diesel表示为柴油，S600L则表示排量为6L的高级加长型轿车。

发动机号及车架号。发动机号和车架号是生产商在发动机和车架上打印的号码，可根据机动车行驶证填写，对于有VIN号的车辆，应以VIN号代替车架号。

车辆识别代码Vehicle Identification Number，简称VIN码。VIN码由17位字符组成，也称为十七位代码。它包含车辆生产厂家、年代、车型、车身型式及代码、发动机代码及组装地点等信息。

初次登记年月用来确定车龄，因为初次登记年月是理赔时确定保险车辆实际价值的重要依据,所以应按照机动车行驶证上的"登记日期"填写。

车辆按使用性质的不同,分为营业与非营业两类。营业车辆是指从事社会运输并收取运费的车辆;非营业车辆是指各级党政机关、社会团体、企事业单位自用的车辆,或仅用于个人及家庭生活的车辆。

车辆所属性质:根据保险汽车的所有权,按照机关、企业、个人三类填写保险汽车的所属性质。

车辆颜色应与机动车行驶证上的车辆照片颜色一致。

行驶区域分为省内、境内、出入境。

保险金额和赔偿限额分险种列明:车辆损失险、第三者责任险、附加险。

保险期限通常为一年,也可根据实际情况选择短期保险。

投保人签章。投保人在对投保单所填写的各项内容核对无误,并对责任免除和被保险人义务明示理解后,须在"投保人签章"处签章并填写日期。

2. 投保方式

投保方式主要有上门办理保险、到保险公司投保、电话投保、网上投保、代理人投保、经纪人投保。

投保时应注意的事项有:及时交费、不重复或超额投保、了解责任开始时间、认真核对投保单等。

三、核保

核保是确定是否承保、承保条件、保险费率的过程。

核保工作原则上采取两级制。即先由展业人员、保险经纪人、代理人进行初步核保,然后由核保人员复核决定是否承保、承保条件及保险费率等。具体步骤包括:审核投保单、查验车辆、核定费率、计算保费、复核。

1. 审核投保单

审核内容包括:形式是否完整、清楚,内容是否准确等。

2. 查验车辆

查验车辆内容包括:重点车辆和重点检查。

(1)重点车辆包括首次投保车辆、未按期续保车辆、投保第三者责任险后,又加保车损的车辆、申请增加附加险的、接近报废车辆、特种车辆、重大事故后修复的车辆。

(2)重点检查包括牌照、车型、发动机号、车架号、颜色是否与机动车行驶证一致,是否有效年检(避免报废车或不合格车),设备齐全性(消防配备、防盗装置等),车辆技术状况、有无受损,操纵安全性(转向、制动、灯光、喇叭、刮水器等)。

3. 核定费率

应根据投保单上所列的车辆情况、驾驶人员情况和保险公司的"机动车辆保险费率标准",逐项确定投保车辆的保险费率。

4. 计算保费

计算保费分为一年期的保费、短期保费。短期保费按日率、月率计算。日率:1/365;月率:10%、20%、30%、40%、50%、60%、70%、80%、85%、90%、95%、100%。

合同解除时保险费计算:生效前解除的手续费为3%;生效后解除,日率:≤8个月,1/300;>8个月,1/365。

一年保费按照下列公式计算:

车辆损失险保险费 = 基本保险费 + 保险金额 × 费率

第三者责任险保险费 = 相应档次固定保险费

盗抢险保险费 = 盗抢险保险金额 × 费率

车上人员责任险保险费 = 每座赔偿限额 × 投保座位数 × 费率

车上货物责任险保险费 = 货损限额 × 费率

无过失责任险保险费 = 第三者责任险保险费 × 费率

车载货物掉落责任险保险费 = 此险赔偿限额 × 费率

玻璃单独破碎险保险费 = 车辆保险价值 × 费率

车辆停驶损失险保险费 = 日赔偿金额 × 约定的最高赔偿天数 × 费率

自燃损失险保险费 = 此险保险金额 × 费率

新增设备损失险保险费 = 此险保险金额 × 车辆损失险费率

不计免赔特约险保险费 = (车辆损失险保险费 + 第三者责任险保险费) × 费率

5. 复核

(1)复核保单:单证内容、保险价值、保险金额、费率标准、保费计算。

(2)交上级处理。

四、缮制与签发单证

1. 缮制保险单

业务内勤接到投保单及其附表以后,根据核保人员签署的意见,即可开展缮制保险单工作。

保险单原则上应由计算机出具,暂无计算机设备而只能由手工出具的营业单位,必须得到上级公司的书面同意。

计算机制单的,将投保单有关内容输入保险单对应栏目内,在保险单"被保险人"和"厂牌型号"栏内登录统一规定的代码。录入完毕检查无误后,打印出保险单。

保险单缮制完毕后,制单人应将保险单、投保单及其附表一起送复核人员复核。

2. 复核保险单

复核人员接到保险单、投保单及其附表后,应认真对照复核。复核无误后,复核人员在保险单复核处签章。

3. 收取保险费

收费人员经复核保险单无误后,向投保人核收保险费,并签字盖章。

只有被保险人按照约定交纳了保险费,该保险单才能产生效力。

4. 签发保险单证

机动车保险合同实行一车一单(保险单)和一车一证(保险证)制度。

签发单证时,交给被保险人收执保存的单证有保险单正本、保险费收据、机动车保险证。

对已经同时投保车辆损失险、第三者责任险、车上人员责任险、不计免赔特约险的投保人,还应签发事故伤员抢救费用担保卡,并做好登记。

5. 保险单证的清分与归档

对投保单及其附表、保险单及其附表、保险费收据、保险证,应由业务人员清理归类。

(1)财务人员留存的单证:保险费收据、保险单副本。

(2)业务部门留存的单证:保险单副本、投保单及其附表、保险费收据。

留存业务部门的单证,应由专业人员管理并及时整理、装订、存档。每套承保单证应按照保费收据、保险单副本、投保单及其附表、其他材料的顺序整理,按照保险单流水号码顺序装订成册,并在规定时间内移交档案归档。

五、续保

保险期满以后,投保人在同一保险人处重新办理保险机动车的保险事宜称为续保。机动车保险业务中有相当大的比例是续保业务,做好续保业务对巩固保险业务来源十分重要。

六、批改

我国《机动车辆保险条款》规定:"在保险合同有效期内,保险车辆转卖、转让、赠送他人、变更用途或增加危险程度,被保险人应当事先书面通知保险人并申请办理批改。"

同时,一般汽车保险单上也注明"本保险单所载事项如有变更,被保险人应立即向本公司办理批改手续,否则,如有任何意外事故发生,本公司不负赔偿责任。"的字样,以提醒被保险人注意。

在保险单签发以后因保险单或保险凭证需要进行修改或增删时所签发的一种书面证明称为批单,也称背书。批改作业的结果通过这种批单表示。

1. 办理批改手续的条件

根据现行的《机动车辆保险条款》,以下三种情况下车险保单需要办理批改手续:

(1)保险车辆转卖、转让、赠送他人。

在保险合同有效期内,保险车辆合法转卖、转让、赠送他人,应当事先通知保险公司。在向公安交通管理部门办理异动手续后,应向保险公司申请办理批改被保险人称谓。

(2)变更用途。

在保险合同有效期内,保险车辆改变使用性质或改装变形,应事先通知保险公司,并申请批改车辆使用性质或车型。如果将以非营业性质投保车辆出租的,则视为该车辆已变更用途。

(3)增加危险程度。

订立合同时由于未曾预见或未予估计可能增加的危险程度,直接影响保险公司在承保当时决定是否加收保险费和接受承保。在保险合同有效期内,保险车辆危险程度增加,应事先书面通知保险公司,并申请办理批改,按规定补交保险费。

2. 批改作业的主要内容

批改作业的主要内容包括:

(1)保险金额增减。

(2)保险种类增减。

(3)变更车辆种类或厂牌型号。
(4)保险费变更。
(5)保险期间变更。

车辆险保单上的车辆牌照号码信息,是保险公司对车辆业务进行信息化管理的重要基础指标之一,由于未及时办理保险批改手续,会给客户带来一系列的不便。因为,无牌照车辆在发生保险事故后进行报案,保险公司不方便及时准确地查询到被保险人的信息;在理赔过程中,被保险人也不能够快捷准确查询到案件的理赔进度,甚至理赔工作还可能因此而大大延缓。这是因为车辆牌照具有唯一性,可以很快查询、落实客户信息。

此外,如果在一个保单年度内没有将车辆号牌及时告知保险公司进行批改,那么在车辆第二年进行续保时,客户只能用新保或者转保程序进行承保,使得客户特别是未出险客户不能享受更多的续保优惠。

七、退保

投保人于保险合同成立后,可以书面通知要求解除保险合同。保险公司在接到解除合同申请书之日起,接受退保申请,保险责任终止。

1. 汽车保险退保的原因
(1)汽车按规定报废;
(2)汽车转卖他人;
(3)反复保险,为同一辆汽车投保了两份相同的保险;
(4)对保险公司不满意,想换保险公司。

2. 汽车保险退保条件
汽车保险不是所有的车辆都能退保,必须符合下面的这些前提:
(1)车辆的保险单必须在有效期内。
(2)在保险单有效期内,该车辆没有向保险公司报案或索赔过可退保,从保险公司得到过补偿的车辆不可退保;仅向保险公司报案而未得到补偿的车辆也不可退保。

3. 汽车保险退保步骤
(1)向保险公司递交退保申请。书写一份申请书,说明退保的缘故缘由以及从什么时间起退保,签上字或盖上章,把它交给保险公司的营业办理部门。
(2)由保险公司营业办理部门出具退保批单。保险公司根据退保申请书出具一份退保批单,上面写明退保时间及应退保费金额,同时收回投保人的汽车保险单。
(3)到保险公司财政部门领取应退保险费,拿退保批单以及身份证,到保险公司的财政部门领应退的保险费。

保险公司计算应退保费是用投保时实缴的保险费金额,减去保险已生效的时间内保险公司应收取的保费,剩下的余额就是应退给投保人的保险费。计算公式如下:

$$应退保险费 = 实缴保险费 - 应收取保险费$$

退保的关键在于应收取保险费的计算。一般按月计算,保险每生效一个月,收10%的保险费,不足一个月的按一个月计算。

退保时被保险人所需提供的证件如下。

（1）退保申请书：写明退保缘故缘由以及时间，车主是单位的需盖印。
（2）保险单：需要原件，若保险单亡失，则需事前补办。
（3）保险费发票：一般需要原件，有时复印件也可以。
（4）被保险人的身份证实：车主是单位的需要单位的营业执照；车主是个人的需要身份证。

八、保险单证的管理

保险单作为保险当事人双方合法权利的书面合同，对于保险双方当事人都非常重要。保险单的内容、质量及其管理对保证保险公司的稳定经营、防范风险具有极其重要的作用。机动车保险的单证大体分为两类：一类是正式的单证，包括投保单、保险单和批单；另一类是相关的单证，包括保险证、急救担保卡或保险抢救卡。由于单证管理失控而引发的问题屡见不鲜，如截留和侵吞保费、利用单证违规担保等情况时有发生，给保险公司带来了严重的经济损失，为此应当重视和加强对保险单证的管理。

保险单证的管理贯穿于印刷、领用、核销和销毁四个环节。在管理过程中，应当注意各个环节的相互衔接，强化有关人员的责任，切实加强保险单证的管理工作。

（1）单证的印刷：单证的印刷是单证管理的基础，目前各保险公司独立设立保险条款印刷保险单。应当加强对单证印制的管理，首先对付印的清样要认真校对，防止发生错误；其次防止单证从印刷厂丢失，严把验收和交接关；还应对单证统一编号，便于集中管理。

（2）单证的领用：应建立完善的保险单证领用制度。单证的领用制度包括领用单证的审批、领用单位的登记。建立登记簿对保险单证的发放进行管理，对每一次领用的单证的名称、数量、号码、经办人进行记录。

（3）单证的核销：单证的核销包括单证使用的审核和单证的回收。对领用的单证进行复核检查，按标号对保单的去向进行跟踪；对作废的单证必须进行回收，防止外流。

单证作废主要有两种情况：一是在使用过程中，由于在单证的填写中出现错误，造成单证作废；另一种是单证改版，旧单证作废。

（4）单证的销毁：加强对回收单证的管理，对作废单证进行集中销毁，并对销毁的单证进行登记记录。

第四节　汽车保险理赔程序

一、汽车保险事故损失确定

1. 车辆定损
（1）车辆定损的基本原则：
①仅限本次保险事故损失；
②能修不换；
③能局部修，不整体修；
④能换零件，不换总成；

⑤准确确定工时费用;
⑥准确掌握换件价格。

（2）车辆定损步骤:
①选派两名定损员进行定损;
②根据现场查勘记录,鉴定事故车辆损伤部位;
③确定连带损伤部位;
④确定维修方案。

（3）车辆定损应注意的问题:
①事故损失坚持尽量修复的原则。如被保险人或第三者提出扩大修理范围或应修理而要求更换的,超出部分费用应由其自行承担,并在定损确认书上明确注明。
②经保险人同意,对事故车辆损失原因进行鉴定的费用应负责赔偿。
③受损车辆解体后,如发现尚有因本次事故损失的部位没有定损的,可追加修理项目和费用。
④受损车辆未经保险人同意而由被保险人自行送修的,保险人有权重新核定修理费用或拒绝赔偿。
⑤换件残值应合理作价,如果被保险人接受,则在定损金额中扣除;如果被保险人不愿意接受,保险人拥有处理权。

（4）维修成本构成分析:
①维修成本＝修理工时费＋材料费＋其他费用
②修理工时费＝定额工时×工时单价（工时单价＝基本工时单价×车型系数,基本工时单价与修理厂的类别有关。）
③材料费＝外购配件费＋自制配件费＋辅助材料费（外购配件费是指购买配件、漆料、油料等费用,自制配件费按实际制造成本计算。）
④其他费用＝外加工费＋材料管理费

材料管理费是指因采购、装卸、运输、保管、损耗等产生的费用。一般收取标准为:本地、本省、邻省,9%;跨省、远处,18%;单件配件价格低于1000元,18%;单件配件价格高于1000元,10%。

2. 施救费用的确定

（1）车辆发生火灾,应当赔偿被保险人使用他人及非专业消防单位的消防设备的合理费用及设备损失。

（2）车辆出险后失去行驶能力,雇用吊车及其他车辆进行抢救的费用,以及将出险车辆拖运到修理厂的运输费用。

（3）抢救过程中因抢救而损坏他人的财产,应由被保险人赔偿。但因抢救人员而造成个人物品的丢失,不予赔偿。

（4）抢救过程或拖运途中,因发生意外事故而造成损失扩大部分和费用支出增加部分,如果该抢救车辆是被保险人自己或他人义务派来抢救的,应予赔偿;如果该抢救车辆是受雇的,则不予赔偿。

（5）出险后被保险人奔赴肇事现场处理所支出的费用,不予负责。

(6)保险人只对保险车辆的施救保护费用负责。例如,保险车辆发生保险事故后,受损保险车辆与其所装货物同时被施救,应按保险车辆与货物的实际价值进行比例分摊赔偿款。

(7)保险车辆为进口车或特种车,发生保险事故后,当地确实不能修理,经保险人同意后去外地修理的移送费,可予以适当负责。但护送保险车辆者的工资和差旅费,不予负责。

(8)施救、保护费用与修理费用应分别理算。但施救前,如果施救、保护费用与修理费用相加,估计已达到或超过保险金额时,则可推定全损,予以赔偿。

(9)保险车辆发生保险事故后,对其产生的停车费、保管费、扣车费及各种罚款,保险人不予负责。

3. 人员伤亡费用确定

确定人员伤亡费用时,应根据道路交通事故处理的有关规定,向被保险人说明费用承担的标准。

一般可负责的合理费用包括:医疗费(限公费医疗的药品范畴)、误工费、护理费(住院护理人员不超过两人)、就医交通费、住院伙食补助费、残疾生活补助费、残疾用具费、丧葬费、死亡补偿费、被抚养人生活费、伤亡者直系亲属或合法代理人参加事故调解处理的误工费、交通费、住宿费。对于伤者需要转院赴外地治疗的,须由所在医院出具证明并经事故处理部门同意,保险人方可负责;伤残鉴定费需要经保险人同意方可负责赔付。

不符合保险赔偿范围的费用包括:受害人的精神损失补偿费、困难补助费、被保险人处理事故时的生活补助费和招待费、事故处理部门扣车后的看护费、各种罚款、其他超过规定的费用等。

人员伤亡费用确定,重点调查被抚养人的情况及生活费、医疗费、伤残鉴定证明等的真实性、合法性和合理性。调查对象包括人员(行人、车上人)、机动车辆、非机动车、车上货物、道路及设施、路旁花草树木、房屋建筑、路旁农田庄稼、电力和水利设施。

第三者类别的确定,这是基于被保险人的侵权行为产生的,应根据民法的有关规定按照被损害财产的实际损失予以赔偿。可以采用与被害人协商确定的方式,协商不成可以采用仲裁或者诉讼的方式。

其他财产包括:本车上的财产(车上责任险)和第三者的财产(第三者责任险)。

4. 残值处理

残值处理是指保险公司根据保险合同履行了赔偿并取得对于受损标的所有权后,对于这些受损标的的处理。

通常情况下,对于残值的处理均采用协商作价归还被保险人的做法,并在保险赔款中予以扣除。如协商不成,也可以将已经赔偿的受损物资收回。这些受损物资可以委托有关部门进行拍卖处理,处理所得款项应当冲减赔款。一时无法处理的,则应交保险公司的损余物资管理部门收回。

二、汽车保险赔款理算

1. 赔款计算

赔款计算是指理算人员根据被保险人提供的经审核无误的有关费用单证,对车辆损失险、第三者责任险、附加险及施救费用等赔偿金额分别计算。即根据公式,分险种计算。

1)车辆损失险赔款计算

车辆损失险赔款的计算按照全部损失和部分损失分别计算。

(1)全部损失。当车辆整体损毁,或受损严重,失去修复价值,或修复费用达到或超过出险时的实际价值时,保险人按推定全损计算赔款。

保险金额大于出险时实际价值,按出险时实际价值计算。

$$赔款 = (实际价值 - 残值) \times 事故责任比例 \times (1 - 免赔率)$$

保险金额小于或等于出险时的实际价值,按保险金额计算。

$$赔款 = (保险金额 - 残值) \times 事故责任比例 \times (1 - 免赔率)$$

注意:此处残值与上面公式的残值不同,此处残值应为:

$$残值 = 总残值 \times \frac{保险金额}{实际价值}$$

出险时实际价值的确定应按照出险时的同类型车辆市场新车购置价、减去该车已使用年限折旧金额后的价值合理确定;或按照出险当时同类车型、相似使用时间、相似使用状况的车辆在市场上的交易价格确定。

折旧按每满一年扣除一年计算,不足一年的部分,不计折旧。

折旧率按国家有关规定执行,但最高折旧金额不超过新车购置价的80%。

(2)部分损失。当车辆受损后,未达到"整体损毁"或"推定全损"程度的局部损失时,按照部分损失计算赔款。

保险金额按投保时新车购置价确定的,当保险金额等于或高于出险时新车购置价,部分损失按照实际修复费用赔偿。

$$赔款 = (实际修复费用 - 残值) \times 事故责任比例 \times (1 - 免赔率)$$

保险金额低于投保时的新车购置价,发生部分损失按照保险金额与投保时的新车购置价比例计算赔偿。

$$赔款 = (实际修复费用 - 残值) \times (保险金额/新车购置价) \times 事故责任比例 \times (1 - 免赔率)$$

事故责任比例的确定,一般分为:第一,对事故负全部责任,责任比例100%;第二,对事故负主要责任,责任比例90%、80%、70%、60%;第三,对事故负同等责任,责任比例50%;第四,对事故负次要责任,责任比例40%、30%、20%、10%;第五,单方肇事事故,责任比例100%。

免赔率的确定依照各保险公司的规定,一般按事故责任比例确定,各保险公司免赔率略有不同。同一保险年度内多次出险的免赔率每次加扣一定的比例,违反安全装载规定的和非约定驾驶员驾驶保险车辆肇事后均需要加扣一定的免赔率。

2)施救费用赔款计算

(1)保险金额等于投保时的新车购置价:

$$施救费 = 实际施救费用 \times 事故责任比例 \times (保险车辆实际价值/实际施救财产价值) \times (1 - 免赔率)$$

(2)保险金额低于投保时的新车购置价:

$$施救费 = 实际施救费用 \times 事故责任比例 \times (保险金额/新车购置价) \times (保险车辆实际价值/实际施救财产价值) \times (1 - 免赔率)$$

(3)当计算的施救费用超过保险金额时,按保险金额确定最高施救费用。

3)第三者责任险赔款计算

(1)按事故责任比例应负赔偿金额超过赔偿限额:

$$赔款 = 赔偿限额 \times (1 - 免赔率)$$

(2)按事故责任比例应负赔偿金额低于赔偿限额:

$$赔款 = 应负赔偿金额 \times (1 - 免赔率)$$

(3)对被保险人自行承诺或支付的赔偿金额,如不符合《道路交通安全法》规定的赔偿范围、项目和标准及保险合同规定,且事先未征得保险人同意,保险人在计算赔款时应扣除。

4)附加险赔款计算

(1)全车盗抢险:

全部损失:赔款 = 保险金额 × (1 - 免赔率)

部分损失:赔款 = 实际修复费用 - 残值

赔款金额不得超过保险金额。

(2)车上责任险:

车上人员伤亡费用或货物损失费用与所负责任比例之积没有超过赔偿限额:

$$赔款 = 实际损失 \times 所负责任比例 \times (1 - 免赔率)$$

车上人员伤亡费用或货物损失费用与所负责任比例之积超过赔偿限额:

$$赔款 = 赔偿限额 \times (1 - 免赔率)$$

(3)无过失责任险:

损失金额未超过赔偿限额:赔款 = 实际损失 × (1 - 20%)

损失金额超过赔偿限额:赔款 = 赔偿限额 × (1 - 20%)

(4)车载货物掉落责任险:

损失金额未超过赔偿限额:赔款 = 实际损失 × (1 - 20%)

损失金额超过赔偿限额:赔款 = 赔偿限额 × (1 - 20%)

(5)玻璃单独破碎险:

$$赔款 = 实际损失$$

(6)车辆停驶责任险:

未超过最高赔偿天数:赔款 = 约定日赔偿金额 × 约定修理天数

超过最高赔偿天数:赔款 = 约定日赔偿金额 × 约定最高赔偿天数

(7)自燃损失险:

全部损失:赔款 = (保险金额 - 残值) × (1 - 20%)

部分损失:赔款 = (实际损失 - 残值) × (1 - 20%)

(8)新增加设备损失险:

损失金额与所负责任比例之积未超过保险金额:

$$赔款 = 损失金额 \times 所负责任比例 \times (1 - 免赔率)$$

损失金额与所负责任比例之积超过保险金额：

$$赔款 = 保险金额 \times (1 - 免赔率)$$

（9）不计免赔特约险：

$$赔款 = 车损险免赔金额 + 第三者责任险免赔金额$$

例题：一车辆，投保车损险，发生保险事故，新车购置价（含车辆购置税）123000元，保险金额为123000元，实际价值108240元，驾驶员承担全部责任，依据条款规定承担15%免赔率，同时由于非约定驾驶员驾车肇事，应增加5%免赔率，车辆全部损失，残值430元，则：保险公司应赔付多少？

解：保险金额大于出险时实际价值，按出险时实际价值计算

$$\begin{aligned}赔款 &= (实际价值 - 残值) \times 事故责任比例 \times (1 - 免赔率) \\ &= (108240 元 - 430 元) \times 100\% \times [1 - (15\% + 5\%)] \\ &= 86248 元\end{aligned}$$

2. 缮制赔款计算书

计算完赔款以后，要缮制赔款计算书。赔款计算书应该分险别项目计算，并列明计算公式。

赔款计算应用计算机出单，应做到项目齐全、计算准确。业务负责人审核无误后，在赔款计算书上签署意见和日期，然后送交核赔人员。

3. 核定赔款

主要内容包括：

1）审核单证

（1）审核被保险人提供的单证、证明及相关材料是否齐全、有效，有无涂改、伪造等。

（2）审核经办人员是否规范填写有关单证。

（3）审核相关签章是否齐全。

2）核定保险责任

（1）被保险人与索赔人是否相符。

（2）出险车辆的厂牌型号、牌照号码、发动机号码、车架号与保险单证是否相符。

（3）出险原因是否在保险责任范围内。

（4）出险日期是否在保险期限内。

（5）赔偿责任是否与保险险别相符。

（6）事故责任划分是否准确合理。

3）核定车辆损失及赔款

（1）车辆损失项目、损失程度是否准确合理。

（2）更换件是否进行询报价，定损项目与报价项目是否一致。

（3）拟赔款金额是否与报价金额相符。

4）核定人身伤亡损失与赔款

（1）伤亡人员数、伤残程度是否与调查情况和证明相符。

（2）人员伤亡费用是否合理。

(3)被抚养人口、年龄是否属实,生活费计算是否合理。

5)核定其他财产损失

应根据照片和被保险人提供的有关货物、财产发票、有关单证,核实所确定的财产损失和损失物资残值等是否合理。

6)核定施救费用

审核涉及施救费用的有关单证和赔付金额。

7)审核赔付计算

审核赔付计算是否准确、免赔率使用是否正确、残值是否扣除等。

8)核赔权限

(1)属于本公司核赔权限的,审核完成后,核赔人员签字并报领导审批。

(2)属于上级公司核赔的,核赔人员提出核赔意见,经领导签字后,报上级公司核赔。

(3)在完成各种核赔和审批手续后,转入赔付结案程序。

三、结案

1. 结案

在赔案经过分级审批通过之后,业务人员应制作"机动车辆保险领取赔款通知书",并通知被保险人,同时通知会计部门支付赔款,保户领取赔款后,业务人员按赔案编号输录"机动车辆保险已决赔案登记簿",同时在"机动车辆保险报案、立案登记簿"备注栏中注明赔案编号、赔案日期,作为续保时是否给付无赔款优待的依据。

2. 理赔案卷管理

理赔案卷须一案一卷整理、装订、登记、保管。赔款案卷要做到单证齐全、编排有序、目录清楚、装订整齐,照片及原始单据一律粘贴整齐并附说明。

理赔案卷按分级审批、分级留存并按档案管理规定进行保管的原则。

1)车险业务档案卷内的排列顺序一般遵循的原则

承保单证应按承保工作顺序依次排列,理赔案卷应按理赔卷皮内目录内容进行排列。

2)承保单证、赔案案卷的装订方法

(1)承保单证、赔付件中均采用"三孔一线"的装订方法,孔间距为6.5cm,承保单证一律在卷上侧统一装订,赔付卷一律在卷左侧统一装订,对于承保和理赔中需要附贴的单证,如保费收据、赔案收据和各种医疗费收据、修理费发票等一律在"机动车辆保险(单证)粘贴表"上粘贴整齐、美观,方便使用。

(2)对于承保单证一律按编号排序整齐,每50份装订为一卷,在赔付卷要填写卷内目录和备考线,装订完毕后打印自然流水号,以防卷内形式不一的单证、照片等重要原始材料遗失,对于卷内规格形式不一的单证(如照片、锯齿发票等),除一律粘贴在统一规格的粘贴表上之外,还应加盖清晰的骑缝章,并在粘贴表的"并张单证"中注明粘贴张数。

3)卷内承保、理赔卷的外形尺寸

卷内承保、理赔卷的外形尺寸分别以承保副本和机动车辆保险(单证)粘贴表的大小为标准,卷皮可使用统一的"车险业务档案卷皮"加封,并装盒保存(注:每盒承保卷50份,理赔卷10份)。

4)承保单证及赔付案卷卷皮上应列明内容

承保的卷皮上应列明的内容有:机构名称、险种、年度、保单起止号、保管期限;赔案卷皮应注明的内容有:机构名称、险种、赔案年度、赔案起止号、保管期限。

5)档案管理要求

业务原始材料应由具体经办人提供,按顺序排列整齐,然后交档案管理人员,档案管理人员按上述要求统一建档,保管案卷人员应以保证卷内各种文件、单证的系统性、完整性和真实性为原则。当年结案的案卷归入所属业务年度,跨年度的赔案归入当年的理赔案卷。

6)业务档案的利用工作

业务档案的利用工作既要坚持积极主动,又必须执行严格的查阅制度。查阅时要填具调阅登记簿,由档案管理人员亲自调档案并协助查阅人查阅。

7)承保及理赔档案的销毁和注销

根据各个公司的规定,对于车险业务一般保管期限为三年,对于超过保存期限的经内勤人员和外勤人员共同确定确实失去保存价值的,要填具业务档案销毁登记清单,上报部门经理方可销毁。

第五节 汽车保险的风险管理

无风险则无保险,风险是保险产生和发展的基础,是保险存在的前提。保险是人们用来对付风险和处理风险发生后所造成的经济损失的一种有效手段,是最有效的风险管理方式。建立保险制度的目的是应付自然灾害和意外事故的发生。

一、风险的含义

风险是指人们在生产、生活或对某一事项作出决策的过程中,未来结果的不确定性,包括正面效应和负面效应的不确定性。从经济角度而言,前者为收益,后者为损失。风险是一种客观存在,是不以人的意志为转移的,它的存在与客观环境及一定的时空条件有关,并伴随着人类活动的开展而存在,没有人类的活动,也就不存在风险。

二、风险的组成要素

风险的组成要素包括风险因素、风险事故和损失。

1. 风险因素

风险因素是指引起或增加风险事故的机会或扩大损失幅度的原因和条件,是风险事故发生的潜在原因,是造成损失的内在的或间接的原因。如酒后驾车、疲劳驾驶、车辆制动系统有故障等是导致车祸的原因。根据风险的性质,风险因素又可分物质风险因素和心理风险因素。

(1)物质风险因素。物质风险因素是指有形的,并能直接影响事物物理功能的因素,即某一标的本身所具有的足以引起或增加损失机会和损失幅度的客观原因和条件。如汽车的超速行驶、地壳的异常变化、恶劣的气候、疾病传染、环境污染等非道德风险因素。道德风险因素是与人的品德修养有关的无形的因素,即是指由于个人不诚实、不正直或不轨企图促使风险事故发生,以致引起社会财富损毁或人身伤亡的原因和条件。如欺诈、纵火、贪污、盗窃等。

（2）心理风险因素。心理风险因素是与人的心理状态有关的无形的因素,是指由于人的不注意、不关心、侥幸或存在依赖保险的心理,以致增加风险事故发生的概率和损失幅度的因素。例如,酒后驾车、驾驶有故障车辆、企业或个人投保财产保险后放松对财物的保护措施、投保人身保险后忽视自己的身体健康等。

2. 风险事故

风险事故是指造成生命、财产损害的偶发事件,是造成损害的外在的和直接的原因,损失都是由风险事故所造成的。风险事故使风险的可能性转化为现实,即风险的发生。如制动系统失灵酿成车祸而导致人员伤亡,其中,制动系统失灵是风险因素,车祸是风险事故,人员伤亡是损失。如果仅有制动系统失灵,而未导致车祸,则不会导致人员伤亡。

对于某一事件,在一定条件下,可能是造成损失的直接原因,则它成为风险事故；而在其他条件下,可能是造成损失的间接原因,则它便成为风险因素。如下冰雹使得路滑而造成车祸,造成人员伤亡,这时冰雹是风险因素,车祸是风险事故；若冰雹直接击伤行人,则它是风险事故。

3. 损失

在风险管理中,损失是指非故意的、非预期的和非计划的经济价值的减少,这一定义是狭义损失的定义。显然,风险管理中的损失包括两个方面的条件：一为非故意的、非预期的和非计划的观念；二为经济价值的观念,即经济损失必须以货币来衡量,二者缺一不可。如有人因病使自身智力下降,虽然符合第一个条件,但不符合第二个条件,不能把智力下降定为损失。

广义的损失既包括精神上的耗损,又包括物质上的损失。例如,记忆力减退、时间的耗费、车辆的折旧和报废等属于广义的损失,不能作为风险管理中所涉及的损失,因为它们是必然发生的或是计划安排的。

在保险实务中,损失分为直接损失和间接损失,前者是直接的、实质的损失；后者包括额外费用损失、收入损失和责任损失。

三、风险的特点

1. 风险存在的客观性

地震、台风、洪水、瘟疫、意外事故等,都不以人的意志为转移,它们是独立于人的意识之外的客观存在。这是因为无论是自然界的物质运动,还是社会发展的规律,都是由事物的内部因素所决定,由超出人们主观意识所存在的客观规律所决定。人们只能在一定的时间和空间内改变风险存在和发生的条件,降低风险发生的频率和损失幅度,而不能彻底消除风险。

2. 风险存在的普遍性

自从人类出现后,就面临着各种各样的风险,如自然灾害、疾病、伤害、战争等。随着科学技术的发展、生产力的提高、社会的进步、人类的进化,又产生新的风险,且风险事故造成的损失也越来越大。在当今社会,个人则面临生、老、病、死、意外伤害等风险；企业则面临着自然风险、技术风险、经济风险、政治风险等;甚至国家政府机关也面临着各种风险。总之,风险渗入社会、企业、个人生活的方方面面,无时无处不存在某一风险。

3. 风险发生的偶然性

虽然风险是客观存在的,但就某一具体风险而言,它的发生是偶然的,是一种随机现象。风险也可认为是经济损失的不确定性。风险事故的随机性主要表现为:风险事故是否发生不确定、何时发生不确定、发生的后果不确定。

4. 大量风险发生的必然性

个别风险事故的发生是偶然的,而对大量风险事故的观察会发现,其往往呈现出明显的规律性。运用统计学方法去处理大量相互独立的偶发风险事故,其结果可以比较准确地反映出风险的规律性。根据以往大量资料,利用概率论和数理统计的方法可测算出风险事故发生的概率及其损失幅度,并可构造出损失分布的模型,使其成为风险估测的基础。

5. 风险的可变性

风险在一定条件下是可以转化的。这种转化包括:

(1) 风险量的变化。随着人们对风险认识的增强和风险管理方法的完善,某些风险在一定程度上得以控制,降低其发生频率和损失幅度。

(2) 某些风险在一定的空间和时间范围内被消除。

(3) 新的风险产生。

四、风险与保险的关系

风险与保险关系密切,主要表现为:

(1) 二者研究的对象都是风险。保险是研究风险中的可保风险。

(2) 风险是保险产生和存在的前提,无风险则无保险。风险是客观存在的,时时处处威胁着人的生命和物质财产的安全,是不以人的意志为转移的。风险的发生直接影响社会生产过程的继续进行和家庭正常的生活,因而产生了人们对损失进行补偿的需要。保险是一种被社会普遍接受的经济补偿方式,因此,风险是保险产生和存在的前提,风险的存在是保险关系确立的基础。

(3) 风险的发展是保险发展的客观依据。社会进步、生产发展、现代科学技术的应用,在给人类社会克服原有风险的同时,也带来了新风险。新风险对保险提出了新的要求,促使保险业不断设计新的险种、开发新业务。从保险的现状和发展趋势看,作为高风险系统的核电站、石油化学工业、航空航天事业、交通运输业的风险,都可以纳入保险的责任范围。

(4) 保险是风险处理传统的、有效的措施。人们面临的各种风险损失,一部分可以通过控制的方法消除或减少,但风险不可能全部消除。面对各种风险造成的损失,单靠自身力量解决,就需要提留与自身财产价值等量的后备基金,这样既造成资金浪费,又难以解决巨额损失的补偿问题,从而,转移就成为风险管理的重要手段。保险作为转移方法之一,长期以来被人们视为传统的处理风险手段。通过保险,把不能自行承担的集中风险转嫁给保险人,以小额的固定支出换取对巨额风险的经济保障,使保险成为处理风险的有效措施。

(5) 保险经营效益受风险管理技术的制约。保险经营效益的大小受多种因素的制约,风险管理技术作为非常重要的因素,对保险经营效益产生很大的影响。如对风险的识别是否全面,对风险损失的频率和造成损失的幅度估计是否准确,哪些风险可以接受承保,哪些风险不可以承保,保险的范围应有多大,程度如何,保险成本与效益的比较等,都制约着保险的经营效益。

五、汽车保险的风险管理

风险管理是研究风险发生规律和风险控制技术的一门新兴管理科学。它是一个组织或个人用以降低风险的负面影响的决策过程。具体而言,就是组织或个人通过风险识别、风险估测、风险评价,并在此基础上优化组合各种风险管理技术,对风险实施有效的控制和妥善处理风险所致损失的后果,以最小的成本获得最大安全保障。

1. 风险管理的目标

一般来说,保险公司风险管理主要是针对保险的整个经营活动,力图降低损失赔付,保障保险公司的经营稳定性。保险公司风险管理通过防范和化解各种风险,实现财务稳定、持续发展和利润最大化的目标,机动车辆保险风险管理的目标是降低赔付率。

赔付率作为机动车辆保险风险管理的目标主要有以下三个方面的原因:

(1)赔付率的高低直接关系到经营机动车辆保险的财产保险公司的经营效益的好坏,影响保险公司偿付能力;

(2)赔付率指标具有可比性;

(3)赔付率既能反映保险企业的经济补偿职能,又可反映保险业务的承保质量以及事先预防工作和灾后抢救、减少损失和赔款的处理质量。

2. 风险管理的程序

机动车辆保险的风险管理是一个连续的、循环的、动态的过程,其程序主要包括以下几个步骤:

(1)建立目标。风险管理的总体目标是选择最经济和最有效的方法使风险成本最小,当前机动车辆保险风险管理的目标主要侧重体现在对赔付率的控制上。

(2)风险识别。风险识别是风险管理的第一步。机动车辆保险的风险识别是指保险公司对潜在的和客观存在的各种风险进行系统、连续识别和归类,并分析产生风险事故的原因的过程。

(3)风险估计。机动车辆保险的风险估计是在风险识别的基础上,通过对所收集的信息加以分析,采用概率论和数理统计等方法,较为精确、合理地估计和预测机动车辆保险活动中风险的概率和损失幅度。

(4)风险评价。风险评价是在风险识别和估计的基础上,把风险发生的概率、损失程度,结合其他因素综合考虑,分析机动车辆保险发生风险的可能性及其危害程度,以决定是否采取措施加以控制,明确控制措施采取的程度。

(5)风险控制。机动车辆保险的风险控制就是在风险识别和风险衡量的基础上,针对机动车辆保险活动存在的风险因素而采取的减少或控制风险的损失频率和损失幅度的技术,以实现消除、避免、减少和预防风险为目的。

(6)效果评价。对风险管理效果的评价实际上就是对机动车辆保险的风险管理技术是否实现最佳效益的评价。由于环境的变迁,风险的变化发展,会导致风险因素的变化,由于人们认识的局限性和保险公司风险管理技术处于完善中的状况,对于风险识别、估计、评价和风险管理技术的选择需要进行定期分析、检查、评估和修正,努力到达最佳的风险管理效果。

3. 风险的度量

1) 风险单位的定义

风险单位是指一次风险事故发生可能造成的最大损害范围。在保险实务中,风险单位是指保险标的发生一次保险事故可能造成的最大损失范围,是保险人确定其可以承担最高保险责任的计算基础。

2) 衡量风险的几个指标

(1) 损失机会。损失机会又称为损失频率,是指在一定时间范围内实际损失或预期损失的数量与所有可能发生损失的数量的比值。具体可以指一定时期内,一定数目的风险单位可能(或实际)发生损失的数量次数,通常以分数或百分率来表示,用于度量事件是否经常发生。

(2) 损失程度。损失程度是指一次风险事故发生造成的损失规模大小或金额多少。它是发生损失金额的算术平均数,用来度量每一事故造成的损害。通常情况下,发生损失的频率和损失程度呈反比关系。从保险的角度来看,损失机会越高,并不意味着风险越大。同样,损失程度越严重,也并不意味着风险越大。

(3) 损失平均值。损失平均值是根据一定时期内,一定条件下大量同质标的损失的经验数据计算算术平均值所得的平均损失,它反映了所评价的目标总体在一定情况下损失的一般水平。

4. 风险管理的策略

1) 保险公司风险因素的控制策略

(1) 经营风险的控制策略。经营风险的控制对于保险公司来说是一项十分重要的管理内容,主要包括:营销风险的控制和承保风险的控制。

① 营销风险的控制策略。如果保险企业在开展业务的过程中缺乏对风险的评估和选择,就会产生营销风险,直接影响保险公司的经济效益,因此,必须尽可能地控制营销风险的发生。

加强行业协作。对部分险种可以通过行业协会对价格进行统一协调,避免行业恶性竞争,维护整个行业的整体利益。这种协调并不是对消费者的价格垄断,而是一种价格的理性回归,行业内均已认识到,只有产品价格的保证,才能更好地为保户提供服务。

建立考核机制。车险的经营必须彻底改变过去那种旧体制,建立以效益为中心的考核机制。对经营班子而言,不以保费规模作为衡量经营业绩的唯一指标,从制度上杜绝各经营主体片面追求规模而导致的各种市场短期行为;对业务员而言,改变过去那种只把保费和业务员挂钩的考核机制,将车险的赔付率、费用率和保费一起和业务员的效益挂钩,使业务员重视承保质量,加强售后服务。

② 承保风险的控制策略。承保是保险业务的起点,承保质量的优劣直接影响到以后业务流程的各个环节,防范和化解经营风险,应该首先从承保抓起。

建立核保体系。保险公司应制订科学的核保工作流程,各级核保人员严格按照核保权限进行核保,对超权限的及时上报。核保行政工作是否完善,工作是否仔细,直接影响风险承保和经营活动,良好的核保行政规则的制定和遵循可以减少保险双方纠纷的发生。因此,保险公司必须建立起一套行之有效的核保规则,制定核保纪律,提高核保人素质,并配套行政管理系统,使核保工作落到实处。

承保选择。承保前解决如何选择新业务问题。在这一过程中,保险公司核保人员一方面要告诫代理人员对投保人作初步的取舍,另一方面,核保人必须充分掌握资料和信息,对代理人初步筛选后的投保人作出承保决定。承保后选择主要解决如何淘汰旧业务的问题,这是很多保险公司常常忽略的。保险经营承保中往往因为资料限制或经验欠缺,不能及时发现一些潜在风险,这些风险在经营的后续过程中逐步暴露,此时就应运用有关法律条款和权益规定,解除或约束未满期保单,或待保单期满后不再续保。承保前选择和承保后选择"双管齐下",可以有效降低保险公司在承保与核保环节所面临的各种风险,使公司在一个稳定的保险环境下运行。

(2)理赔风险的控制策略。理赔是一项技术性非常强的工作,不仅要求理赔人员具有很强的分析、识别损失原因、程度的能力,而且还要具有高度的敬业精神和责任感。理赔风险的控制主要有以下几个方面:

①定责控制。定责控制是理赔风险控制中的重要环节,要保证公正、准确的理赔定责,需要做到以下几点:

要把好现场查勘关,保证第一现场查勘率在95%以上,对重大肇事或私有、承包车辆要达100%。在现场查勘中,要见实物、见伤者,做到取证全、记录详、责任清、损失明。对疑案、大案、要案,业务主管经理应亲自参加。

要掌握定责主动权。为防止在定责、定损的处理上受到干扰,凡保险车辆交通事故都应有保险公司参与,如处理意见不一、协商不成时,交通管理部门的处理意见只作参考,以改变目前交通事故责任划分过分依附于交警部门的被动局面,保险公司应致力于培养自己的高水平的交通监理业务人员,真正掌握赔案处理的主动权。

②定损控制。在控制理赔风险中另一个重要手段是定损控制,加强定损控制是保证保险人权益的关键。定损控制主要注意以下几个方面:

认真坚持双人定损制度。机动车辆定损是一项技术性较强的工作,定损的高低直接涉及各自的经济利益,易于产生扩大责任和以权谋私等问题,因此必须坚持双人定损制度,对大案、疑案要有主管经理参加,集体研究;对有争议的车辆,则应外聘专业技术人员参与鉴定。

提倡一次性定损赔付。一次性定损不仅能加快结案速度和提高保险公司的信誉,也可以避免因中间环节引起的人情赔付,有效控制损失。对一些损失轻微和易于定损的案件,单方肇事或非公路交通肇事的案件,以及外聘专业技术人员参与定损的案件,则应实行一次性定损赔付。对伤人案件中的轻伤者,则应一次性现场核定给付金额。

坚持"以修为主"的原则。对能修理的绝不换件,对能换零件的绝不换部件,能换部件的绝不换总成,以尽量降低修理成本。定损时,应由业务人员把关核定,争取主动定损权。建立集中定损的管理模式。

③修理费用控制。车险赔付率逐年提高,主要是因修理费用增加所致,因此,加强对肇事车辆修理费用的控制,是降低机动车辆赔付的关键。控制修理费用可以从以下几个方面入手:

制定统一标准、定额。为了解决当前汽车修理工时费用和材料价格混乱失控的问题,有必要制定一个统一的标准和定额。在标准、定额的基础上,根据地区差异,上浮或下浮一定百分比,采用以上方法,不仅能有效控制修理费用,降低赔付,还可以促进机动车辆保险业务管理的标准化、规范化和科学化。

建立价格信息网络。在保险公司内形成自成体系的价格信息网络。报价中心要及时掌握并向基层保险公司通报市场价格行情,使基层保险公司准确了解汽车及其配件最新价格信息,此举对车辆定损(尤其是一次性定损)有重要作用。

(3)防灾防损的控制策略。目前,机动车辆保险普遍存在风险意识淡薄、风险管理滞后的问题。虽然有些保险公司建立了防灾防损制度,但仍不能落到实处,致使一些本来可以排除或避免的隐患与事故的发生,造成了一些不必要的损失。防灾防损控制主要有以下几个方面。

①保险公司可以对被保险人开展形式多样的交通安全宣传教育工作,有条件的地区可以编写交通安全宣传手册等,对大客户、黄金客户应制定开展安全活动的计划,定期进行安全教育、事故预防工作。

②对保险车辆盗抢险多发地区或车型要分析原因,制定防止盗抢案件发生的措施,并督促被保险人妥善保管车辆。

③保险公司可以加强与汽车厂商的联系与合作,开发对汽车安全驾驶、保持车辆安全性能、加强预防盗抢功能和改进安全装置与技术标准的项目,尽可能减少机械故障的发生,提高驾驶员对车辆可控的安全能力。

④建立防灾防损档案。对防灾检查中发现的问题要作详细的记录,填写保险车辆事故报告表,并依据国家有关法律法规的规定,提出整改或处理意见,并据此采取相应的业务措施,有针对性地使用特约条款和差别费率。

⑤提高防灾科学化水平,建立交通事故数据库,分析研究交通事故发生规律。

(4)管理风险的控制策略。

①建立以人为本的管理模式。保险业是劳动密集的行业,要求多层次、高素质的专业人才,因此,在管理过程中以人为本、重视人力资源的开发和利用,是保险公司高效管理模式建立的前提,也是保险公司防范管理不善而导致风险的有效途径。现代保险公司只有建立以人为本的管理模式,充分调动员工的积极性和主动性,为公司的发展献计献策,才能跟得上保险业发展的趋势。

②保险产品合理定价。一般而言,保险产品的价格是结合以往的数据和经验,根据预期经营成本和预计损失等因素,综合考虑保险公司和投保人双方利益而确定的。保险公司厘定费率的过程往往受到保险监管部门的严格监管,这一方面可以防范保险公司自身因为费率设定不合理带来的风险,另一方面也可以保护被保险人的利益。在我国,只有各大保险公司的总公司具有厘定保险费率的权力,这种集中管理,有利于保险公司对保险产品合理定价,防止费率风险。

(5)财务风险的控制策略。

①提取准备金。保险公司为应付超常年景的损失和巨灾风险,必须准确提存各种准备

金,以满足偿付能力要求。保险公司应在偿付能力和盈利、业务不断发展之间选择一个最佳的结合点,保证准备金积累的适度规模,因为过低的准备金积累会影响保险公司经营的稳定,而过高的偿付准备金则会影响到保险公司的盈利。

②确定自留额。保险公司的承保能力受到自身资本金的限制。保险公司必须根据自身资本实力和再保险安排状况来决定业务规模,过度的业务开拓会使保险公司面临巨大的风险。因此,保险公司要根据自身实际,合理确定每一风险单位的最大自留额以及保险公司年度内总的最大自留责任。因为自留额过低,保险费流失会影响保险公司收益;而自留额过高,则会影响保险公司财务稳定,使自身陷入破产边缘。

③加强应收保费管理。针对应收保费风险,保险公司应加强法律和风险意识的教育,依法经营,严格执行会计记账"权责发生制"的财务规定,健全应收保费管理制度,同时业务部门和财务部门要在各个环节中相互配合,相互监督,形成一套严密科学的管理方法,有效降低应收保费比例,实现保险公司的稳健经营。

2) 外在风险因素的控制策略

现在机动车辆保险赔付率急剧上升,保持在60%左右。这种现象严重影响了财产保险公司的经济效益和机动车辆保险的持续、顺利、稳健发展,造成如此高的赔付率的原因与路况差、车况差、驾驶员素质差的"三差"密切相关。可见,机动车辆安全方面的风险控制是当前保险公司亟待解决的大问题,也是降低机动车辆保险赔付率的必由之路。

(1) 车辆风险的控制策略。车辆风险控制的主要方法是,在确定机动车辆保险费率的过程中以被保险车辆的风险因素作为影响费率确定因素的模式。在确定被保险车辆适用的费率等级时,按照该车各种因素综合考虑,把每一个因素作为费率因子,设立一系列的等级费率。具体的控制措施有以下三方面:

①车龄差异的控制。车辆状况(安全技术性能)因素对车辆安全影响最大,它同车龄有着直接的关系,车辆的使用年限越长,磨损与老化程度就越高,导致车况越差,发生车辆事故的概率也同步上升。因此,应根据有关的理赔统计数据,按照车辆的使用年限划分几个区间,设计一个相应的浮动系数表,作为基准费率的调整系数,使之更符合承保车辆的风险性质。

②使用性质差异的控制。应对机动车辆使用性质进一步细化,按照不同的使用目的,把非营业性车辆细分为家庭自用、党政机关、事业团体和企业自用等多种使用性质。对于营业性车辆可以细分为出租单位、租赁单位、城市公交和公路客运等多种使用性质。根据其不同的使用性质设计相应的费率等级或者系数,使之符合承保车辆的风险性质。

③行驶区域差异的控制。对这方面的风险进行控制,可以制定一个适用于全国的费率表,与现行的费率表相似,表中增加地区系数项目,再通过严格科学的测算,为各省制定一个系数,系数可根据各省的风险变动情况适时进行调整。

(2) 驾驶员风险的控制策略。机动车辆的风险主要集中于驾驶人员的行为,也就是说,驾驶人员能否安全驾驶直接影响交通事故发生频率的高低和损失的大小。因此,保险公司应将机动车辆保险的风险管理重点放在对驾驶员的风险控制上。

①实施风险费率等级。在设定驾驶员风险费率等级时,应考虑职业、年龄、性别、保险经历等因素,不同年龄层次的人的驾车经验和出险概率不一样,还应该按年龄段增加或减少一定的费率系数;女性应采用较低费率系数;索赔经历和违章记录可作为保险人承保前的借鉴

材料,以便决定是否承保或以何种方式何种条件承保。

②实现免赔额与自负额的统一。机动车辆保险受驾驶员主观条件影响很大,充分调动被保险人或驾驶员的主观积极性和能动性,是降低赔付率、完善我国机动车辆保险制度的关键。要想真正驱动被保险人或驾驶员谨慎驾车,又有一个潜在的自愿承担部分风险责任的义务,必须通过实行保费折扣,把自负额与绝对免赔额结合起来。这样,就在给予被保险人压力的同时赋予动力,使被保险人基于自身的利益,而采取积极性的损失预防措施,降低损失频率,进而减少灾害事故的发生,降低赔付率,切实保证保险公司的经济效益。

③环境风险的控制策略。与机动车辆安全有关的环境因素主要包括地理环境和社会环境因素。这两方面的风险因素与车辆的驾驶员的关联性不大,对于这两方面的风险控制一般可根据被保险车辆所处的具体环境确定相应的费率等级。

第六节 案 例 分 析

一、汽车交强险理赔实例

1. 驾驶员醉酒驾车,保险公司免赔案例

1) 案情介绍

同年×月×日,某汽车队就自己的东风货车向保险公司投保了一年的机动车第三者责任险,约定赔偿限额为5万元。双方还约定,驾驶员饮酒、吸毒、被药物麻醉驾车的,保险公司不承担责任等。

同年×月×日,汽车队驾驶员栗某醉酒后驾车超车驶入非机动车道,制动时侧滑驶入车站港湾将李某等人撞伤。同年×月,法院对李某诉汽车队、车主、栗某道路交通事故人身损害赔偿纠纷案作出判决,该判决已生效。后汽车队就该赔偿金向保险公司索赔,保险公司以属于合同规定的免责情形为由拒赔。后汽车队诉至一审法院,要求保险公司赔偿。法院驳回其诉讼请求。汽车队不服,再次上诉。北京市第二中级人民法院(以下简称二中院)终审判决,驳回汽车队上诉,维持一审法院驳回其诉讼请求的判决。

2) 案例分析

审法院经审理判决后,汽车队不服,以保险合同中约定驾驶员酒后驾车发生事故的免赔条款系格式条款,且没有法律依据,保险公司应承担保险责任为由上诉到二中院。

二中院经审理认为,驾驶员栗某系醉酒后驾车造成交通事故,该行为所引起的保险责任属于保险公司与汽车队约定的保险条款中免责范围,也属于《机动车交通事故责任强制保险条例》中规定的有权向致害人追偿的情形之一。在李某诉汽车队的已生效法院判决确定车主赔偿责任的情况下,不应再适用保险公司无责赔付的原则处理,故汽车队要求保险公司承担保险责任,法律依据不足,故对汽车队上诉主张不予支持。

2. 交强险不负责赔付本人案例

1) 案情介绍

驾驶员驾车去天津,在行驶中与超速的汽车发生了剐蹭。驾驶员头部轻微损伤,驾驶员要求保险公司按交强险赔偿。

2)案例分析

交强险条款的第五条规定:"交强险的受害人是指因保险机动车发生交通事故遭受人身伤亡或者财产损失的人,但不包括被保险机动车本车的车上人员、被保险人。"因此,发生交通事故时本车驾驶员和车上的乘客并不在交强险的保障范围内。交强险主要是对第三者进行赔偿,而本车驾驶员和车上人员并不在第三者的责任范围内,所以交强险不负责赔偿。不过本案例中考虑到是双方事故,当事人应在事故发生后及时报案,由交警确定事故责任,如果为双方责任或对方责任,可由对方交强险承担赔偿,如果损失不大,可通过"交强险互碰自赔"原则赔偿。

对此,建议消费者购买商业保险。目前新款商业车险中已经将车上人员责任险由以前的附加险改为基本险,消费者可以在购买交强险后单独购买。

3.交强险不赔案例

1)案情介绍

小刘开车去西单,在回家时不小心撞坏了一辆出租汽车的保险杠。在赔偿修车费用的同时,出租汽车驾驶员提出让小刘通过交强险赔偿几天的停驶费。

2)案例分析

保险公司表示,交强险不负责赔偿停驶费。交强险条款第10条规定,受害人故意造成的交通事故损失,被保险人(车主)所有的财产及被保险机动车上的财产遭受的损失,被保险机动车发生交通事故,致使受害人停业、停驶、停电、停水、停气、停产、通信或者网络中断、数据丢失、电压变化等造成的损失以及受害人财产因市场价格变动造成的贬值、修理后因价值降低造成的损失等其他各种间接损失,因交通事故产生的仲裁或者诉讼费用以及其他相关费用,交强险不予赔付。

不过交强险在死亡伤残费赔付中包含误工费,如果事故造成对方受伤,应赔偿误工费用。

4.二手车买卖需办交强险过户

1)案情介绍

小王有一辆桑塔纳轿车,由于他要在2016年年底出国,想提前将车卖掉。二手车的交强险应该如何办理?

2)案例分析

交强险有关条款规定:"在交强险合同有效期内,被保险机动车所有权发生转移的,投保人应当及时通知保险人,并办理交强险合同变更手续。"在二手车买卖中,由于驾车人不同,因此风险也不同,所以要办理交强险的过户手续。办理时,需车主本人携带身份证原件,到保险公司提出书面申请,进行变更即可。如果不是本人来办理,代办人还需携带委托书,到保险公司办理。

二、汽车损失险理赔实例

1.车辆出险后是否修复的理赔案例

1)案情介绍

陈先生将其一辆宝马车向某保险公司投保车辆损失险80余万元,并支付了保险费1万余元,半年后,驾驶员因违反交通规则,与一大型客车相撞,造成车毁人亡。陈先生在处理善后过程中与保险公司在保险车辆的估损和理赔上发生争执。保险公司在未通知陈先生的情况下,委托了一家修理厂对该车辆进行鉴定,鉴定的结论为该宝马车尚可修复,费用44万元。陈先生提出异议,并向法院提起了诉讼,认为车辆已经全损,修理也无必要,应当赔款。

2) 案例分析

此案例是机动车辆损失险理赔中的典型案例。保险车辆因发生保险事故,需要确定损坏程度和研究定价方案,习惯上称之为"估损"。机动车辆保险条款对估损有明确要求,即"保险车辆因保险事故受损或致使第三者财产损坏,应当尽量修复。修理前被保险人应会同保险人检验,确定修理项目、方式和费用。否则,保险人有权重新核定或拒绝赔偿。"

根据这个条款,估损中应遵循两个原则:一是尽量修复原则;二是协商定价原则。如果是未经协商或协商不成的话,保险人有核定或拒赔权。因此,与保险人协商进行估损是解决问题的基本方法。

但在理赔实务中,各有关方面由于各自不同的利益、立场,会产生一些争议。修理价高,对保险人当然是损失,而对被保险人同样是损失。即使投保了附加的"不计免赔险"而不需支付15%~20%的免赔额,但到下一年度投保,保险费可能也要增加。修理价格过低,汽车修理厂无利润,车辆也难以恢复到损坏以前的状态和使用性能,这些对保险人而言,也是一个损失,并且又会使被保险人对保险公司的诚信产生怀疑。

不同的修理厂对同一损失的鉴定结论和修理费用会有差异。因此,如果对保险人的估损结果有疑问,可以选定一个专业的、中立的权威鉴定机构仲裁解决。近年来,先后由中国保险监督管理委员会批准设立的专门从事保险标的估损、鉴定等的保险评估机构,以及一些进口车型的特约维修部门,都是可以考虑的鉴定机构。

3) 案例结论

法院受理此案后,指定德国宝马公司在当地的一家特约修理厂对该车进行鉴定。鉴定结果为,该车虽可修复,但因修理费用在44万元以上,该车的修理价值不大。后法院判决,保险公司支付陈先生76万元并承担诉讼费、鉴定费等。

2. 定额保险的理赔案例

1) 案情介绍

高某于某年某月某日与保险公司订立了一份"机动车辆保险合同"。保险标的为奔驰SL600轿车,险种为车辆损失险、第三者责任险及车上责任险、玻璃破碎险、盗抢险等附加险,保险金额总计220万元,其中车辆损失险为130万元。高某向保险公司支付保险费29140元。某年某月某日晚9时许,被保险人驾驶承保车辆发生事故,汽车坠入山涧并起火烧毁。高某在返回后报案,保险公司和公安局在次日上午进行了现场勘察。被保险人于某年某月某日提出索赔,保险公司以"不属于保险责任"为理由拒赔。被保险人遂提起诉讼。

被告保险公司认为原告欺诈骗赔,理由如下。

(1) 原告以8万元购买的奔驰轿车却投保130万元的车辆损失险,未履行如实告知的义务,故意隐瞒事实。

(2) 原告没有履行法定程序向公安交通部门和消防部门报案。

(3) 被告有所在地的科技咨询中心鉴定结果,结论为"该车起火不是由于车辆驶出公路沿山体坡道行驶时发生的碰撞引起的"。

法院同意被告的意见,认为原告违反了最大诚信原则,未能及时报案,事后拒绝向被告提供该车的实际价值,原告不能举出汽车起火的直接证据,并根据被告的鉴定,判决原告败诉,被告胜诉。

原告不服上诉。省高级人民法院将此案发回重审。

重审时,法院认为:保险合同中约定了承保车辆的可保价值为130万元,保险金额也是130万元,为"定额保险";科技咨询中心的经营和业务范围不包括鉴定职能,其结论不予采用;"被告提出的原告骗保问题"证据不足。

因此,重审判决原告胜诉,被告败诉。

2）案例分析

本案涉及如下的法律原则。

（1）保险欺诈的标准和证据的确定。保险欺诈和保险欺诈罪不同,保险欺诈属于民事纠纷,保险欺诈罪则属于刑事犯罪。因此,它们适用不同的证据原则。作为民事诉讼的保险欺诈,只要证据占优就可能打赢官司。而确定保险欺诈罪的证据必须确凿,不能存在任何合理的疑问。

本案例中,要想确定被保险人是否投保骗赔,保险人必须证明被保险人是出于欺诈的动机投保和存在故意造成损失的欺诈行为。诉讼中,保险人恰恰没能证明这两点。首先,被保险人为8万元购买的轿车投保130万元的车辆损失险确实令人产生疑问,但保险人仅仅以此作为存在欺诈动机的理由显然是不充分的。如果被保险人接受他人馈赠的汽车,是否就不能购买保险呢？其次,保险人提供的鉴定指出"该车起火不是由于车辆驶出公路沿山体坡道行驶时发生的碰撞引起的",但该鉴定并未得出汽车起火是由于被保险人纵火造成的结论。

在民事诉讼中,谁主张谁举证。在保险中,火灾是属于结果的承保危险。在发生属于结果的承保危险时,被保险人只需要证明发生了这种结果,而保险人在引用除外责任拒赔时,负有首先举证的责任。因此,一审认为"原告不能举出汽车起火的直接证据"的理由是不能成立的。只有当保险人证明汽车起火是由于被保险人纵火造成的时候,被保险人才负有证明自己并未纵火的责任。

（2）对保险中最大诚信原则的理解。保险合同是最大诚信合同,被保险人和保险人均应履行如实告知的义务,尽管事实上的如实告知的责任主要是落在被保险人一方。由于承保技术的进步和保险公司经济实力的增强,现代各国保险法都不同程度地放宽了被保险人严格履行如实告知的义务。例如,被保险人故意不告知可以成为保险人解除保险合同的理由。不过,保险人负有证明被保险人故意不告知的举证责任。保险人为了加重被保险人的责任,减轻自己的负担,最简便的方法就是增加询问的内容,因为凡是询问的都是重要的事实。在本案例中,被保险人投保时,如果保险人询问了汽车的购买价格,被保险人没有如实回答就可能构成不实陈述,进而成为保险人解除保险合同的理由。相反,如果保险人认为汽车的购买价格属于重要事实,是保险人承保的基础,而保险人不去询问这样的重要事实,就构成了保险人自己的疏忽或错误。以保险人的疏忽或错误作为拒绝赔偿被保险人的理由显然是不公平的。此外,如果保险人认为汽车的购买价格属于重要事实,被保险人的不告知可以作为拒赔的理由,而又有意不去询问,那么,保险人的最大诚信则无从体现。

如前所述,汽车保险合同是不定值合同,保险人的最高赔偿限额之一是承保汽车的实际现金价值。实际现金价值的定义是汽车的重置成本减去折旧。无论新车或旧车,其市场价格是保险人已知或应知的事实,在一般情况下是被保险人无须告知的事实。

3) 案例结论

综上,由于保险公司并不能举证被保险人的保险欺诈的动机,重审的判决是没有错误的。尽管在这个案例中,被保险人在投保和索赔中存在着许多疑点,被保险人有明显的骗赔动机,事故现场又没有明显的意外事故痕迹,但他却打赢了官司。这种情况在目前的汽车保险理赔中不是个别现象。随着保险业的快速发展,保险欺诈有增无减。从保险人的角度来看,应该研究相应的对策。

(1) 必须提高承保技术并科学地订立保险合同。在被保险人投保时,如果保险人询问了投保车辆的购买价格,核实了车辆的实际车况,了解了投保人当时的经济状况,认为投保人有骗赔的可能,则保险人有权决定只接受第三者责任险而拒绝承保车辆损失险;也可以将询问的内容书面记录于投保单中,构成保险合同的一部分。此外,在这个案例中,即使科技咨询中心可以进行某种技术鉴定,其鉴定结果也不一定能够构成法庭所接受的证据。在一般情况下,交通事故的证据应该由国家的交通执法部门提取和保存。

新规中明确以车辆实际价值进行赔付,保险公司在承保时应对车辆实际价值进行评估。

(2) 理赔必须技术化,诉讼必须重证据。在处理保险赔案中,必须重视科学分析、取证和举证。假如在这个案例中,保险人能够证明车没有翻滚,因车的油箱在尾部,在发生前部碰撞的情况下,油箱不可能起火;或油箱起火是由外部引燃的;或虽然山崖很陡峭,车辆呈90°角直立,但被保险人毫发无伤,或转向盘和仪表盘无任何血迹等,保险人显然就有了占优势的证据。保险人还应该学会充分利用专家证词。欺诈骗赔通常都是经过诈骗者精心策划的,但仍然会留下蛛丝马迹。这就需要刑事侦查方面的专家和各种技术专家提供旁证。有时,旁证和间接证据与直接证据同样重要。保险公司也应该拥有自己的法庭科学专家,或者与法庭科学研究机构或刑事侦查研究单位进行合作。

(3) 保险的发展有赖于社会环境的改善。保险公司在对付保险骗赔时,除了加强制度内的研究,还必须注意对制度外问题的研究。例如,地方保护主义、黑社会势力等。

3. 点火照亮引起火灾应否赔偿案例

1) 案情介绍

某市政府于2015年购置了一辆公务小客车,一直在当地某保险公司投保,并由驾驶员陈某负责其日常维护。由于陈某精心维护,几年来从未出现大的事故。对于车辆经常出现的小故障,陈某凭着对该车情况的熟悉,一般都能自己动手解决。2018年5月,陈某外出时车辆意外抛锚。因当时天色已晚,陈某急于赶路,便下车打开机器盖检查。他隐隐嗅到一股燃油味,但看不清来自何处,遂从兜中摸出打火机照亮。突然,一股火苗从发动机下部蹿起,迅速蔓延到全车。陈某虽奋力抢救,车辆最终仍被全部烧毁。事后经当地消防中队认定,是车辆供油管道渗漏,遇外来火源起火。

2) 案例分析

目前国内行驶的许多车辆的前部机器盖内都没有装置照明设备,给驾驶员在昏暗光线下的检修增添了障碍,尤其是户外发生故障时,检修起来就更加困难。该案中陈某怀疑车辆供油系统渗漏,为防止出现更大事故,急于强行检修。但他忽略了应远避火源的原则,反而用明火照亮,这是引起火灾的主要原因。无疑,陈某对起火负有严重过失责任。但严重过失并不是保险的除外责任。本起事故应属于保险责任中的"火灾",保险公司应按照保险合同的规定予以赔偿。

在《机动车辆保险条款》中,被保险人及驾驶员的故意行为所导致的保险事故和损失被列为保险人的责任免除。但"故意"行为与被保险人的"过失"是两种完全不同的心理状态。故意是指行为人已预见到自己的行为会造成某种后果,而追求或放任该结果发生;过失则是指行为人能够或应当预见到其行为会造成某种后果,但由于疏忽大意没有预见到或虽已预见到却因过于自信而未能避免。被保险人及驾驶员的故意行为由于存在着极大的道德风险,不属于不可预见的风险,因此绝大多数的险种都将其从承保风险中剔除。而在大多数保险车辆发生的意外事故中,被保险人或驾驶员都或多或少地存在着诸如违章、处理措施不当之类的过失,除某些过失违反被保险人义务或因风险较大而被列为责任免除的情形外,其他状况下由于被保险人或驾驶员的过失而引发的保险事故,保险人均应当依据保险合同的规定予以赔偿。

4. 轿车降价后是否按保险金额赔偿案例

1) 案情介绍

张某新购一辆现代轿车,市场价为 13 万元,并以此向保险公司投保了车损险,期限一年。2018 年 5 月张某在高速公路上驾车,因跟车过近,不慎撞上前面一辆集装箱货车,造成现代轿车全车报废,张某当场死亡。公安交通管理部门鉴定张某负主要责任。张某的继承人持保险合同向保险公司提出索赔。保险公司认定事故属于保险责任,但双方在具体赔偿金额上未达成协议。原因在于现代轿车的价格于 2018 年的 13 万元降至 11.8 万元。张某家属要求按车损险保险金额 13 万元赔偿。保险公司则坚持按调整后价值 11.8 万元计算赔偿。保险公司应如何赔偿?依据是什么?应该赔偿的金额是多少?

2) 案例分析

保险条款中明确规定,机动车辆在全部损失的情况下,按保险金额计算赔偿,但保险金额高于实际价值时,以不超过出险当时的实际价值计算赔偿。根据保险的损失补偿原则,保险人应当在责任范围内对被保险人所受的损失进行补偿,其目的在于通过补偿使保险标的恢复到保险事故发生前的状况,被保险人不能获得多于或少于损失的补偿。本案中保险人按调整后价值 11.8 万元计算赔偿,足以使被保险人的遗属在当时的市场上购买与保险车辆同型号的新车,已经使被保险人的损失得到了充分、有效的补偿,因此保险公司通常是这样处理的:

$$赔偿金额 = 11.8 \times (100\% - 15\%) = 10.03(万元)$$

或

$$赔偿金额 = (11.8 - 残值) \times (100\% - 15\%)$$

5. 车辆过户未告知,保险公司拒赔案例

1) 案情介绍

高某于 2016 年 7 月在北京某保险公司为其购置的丰田轿车投保了车辆损失险、第三者责任险,交纳保险费 17000 元。同年底,高某经汽车交易市场将丰田轿车卖给金某,高某未告知保险公司。2017年1月,金某驾车行驶至北京市车公庄路口与同方向王某驾驶的桑塔纳2000型轿车相撞,交通队认定金某负全责。金某支付王某修车费5800元。金某在向保险公司索赔时遭到拒赔,金某遂诉至北京西城区人民法院,法院驳回了金某的诉讼请求,并判决诉讼费由金某负担。

2)案例分析

北京西城区人民法院认为,本案争议的焦点是保险合同的标的转让是否应当通知保险人。保险标的是肇事车辆捷达小轿车。投保人是高某。《保险法》第四十九条规定:保险标的的转让应当通知保险人,经保险人同意继续承保后,依法变更合同。因为保险公司只对保险标的具有法律上承认的保险利益的人提供保险保障。高某作为捷达轿车的所有人,可以投保财产保险合同,但其将丰田轿车所有权转移给金某时,则相应的保险利益亦随之转移给金某,高某已没有在该财产保险合同中作为投保人的资格。本案中,由于高某和金某未通知保险公司保险标的的权利已转移,致使保险公司未就投保人和被保险人变更为金某办理变更手续,故金某不能因依法取得的捷达轿车所有权而自然取得保险赔偿请求权。

6. 未缴足保险费赔偿案例

1)案情介绍

某地个体运输户高某,于某年某月将一辆16座轻型客车向当地保险公司投保车辆损失险和第三者责任险。保险金额为12万元,应付保费2850元。当保险公司将保险单填妥向高某收费时,高某声称钱未带够,因急于出车,要求先将保险单给他,下午再将其余的钱交来。接着在征得经办人同意后,便交了保费1000元,将保险单带走。

但事后高某并未如约补交保险费,保险经办人曾多次催收,并表示如再拖欠不交,出事后就不负责赔偿,均被其敷衍搪塞,一直未收到余款。到次年4月,保险车辆在行驶途中翻车,造成6万余元的损失,投保人向保险公司提出索赔。

2)案例分析

本案可以从以下几个方面来分析。

(1)保险合同成立并不以是否缴纳了保险费为前提。根据有关法律规定,保险人向投保人出具保险单或保险凭证就意味着保险合同成立。所以,是否交纳保险费不是保险合同成立的必要条件。本案中即使高某没交保险费,其保险合同也是成立的。

(2)保险合同成立不等于保险责任开始。保险合同成立并不代表发生保险责任事故就一定能得到赔偿,要看此时保单是否具有效力。保单效力是指被保险人需要严格遵守和履行保险单的各项规定,是保险公司在所签订的保险单项下承担赔偿责任的先决条件。

(3)缴纳保险费是投保人的义务。投保人支付保险费的方式有两种。

若合同没有特别约定时,支付保险费义务的履行,必须在合同成立时进行,其数额为全额保险费。如果在合同成立时不立即支付保险费或只是部分支付保险费,则构成对《保险法》第十四条关于支付保险费义务规定的违反。

若合同有特别约定时,其支付保险费的方式依据该约定履行。保险合同成立后,保险当事人、关系人依据保险合同,既享有一定的权利又负有一定的义务,负有义务的人若不履行有关义务,将承担相应的法律后果。各险种条款中也通常在被保险人义务中写明被保险人或其代表应根据保险单和批单的规定交纳保险费。

（4）违反交纳保险费的义务要承担违约责任。违反支付保险费义务表现为在保险合同期限内完全不支付保险费和在保险合同期限内只支付部分保险费。

从本案来看，高某的行为与第二条相符。保险条款中明确指出投保人或被保险人违反义务，保险人有权拒绝赔偿或解除合同。

（5）本案中保险人有过错责任。对于投保人不按约支付保险费，保险人应依法采取催收或终止保险合同等措施。催收应以书面形式为妥，对于催收无效的情况，应及时终止保险合同。本案纠纷的产生与保险人对应收保费的催收措施和管理不到位有关。另外，在签订保险合同时，因对保险费的缴付时效没做明确规定而留有隐患。

在现实中，法院可能按混合过错处理，即投保人有未足额支付保险费的过错，保险人有未按书面约定分期缴费的过错。因而，由保险人按所收保费占全额保费的比例，承担相应的保险责任，给予被保险人部分经济补偿。

综上所述可知，保险合同为劳务合同，保险人与被保险人既享有权利，又要承担义务，权利与义务是对等的。根据《民法通则》有价有偿的原则，高某交纳了1000元保险费，履行了一定的义务，理所当然要享有一定的保障权利。保险公司应根据高某履行交纳保费义务的比例承担相应的保险赔偿责任。

7. 进口车按国产标准缴费赔偿纠纷案

1）案情介绍

某建筑公司以一奔驰轿车向江苏省盐城市郊区某保险代办处投保机动车辆保险。承保时，保险代理人误将该车按国产车计收保费，少收保费482元。保险公司发现这一情况后，遂通知投保人补缴保费，但遭拒绝。无奈下，保险公司单方面向投保人出具了保险批单，批注："如果出险，我公司按比例赔偿。"合同有效期内，该车不幸出险，投保人向保险公司申请全额赔偿。此案应如何赔偿？

2）案例分析

如果本着保险价格与保险责任相一致的精神，此案宜按比例赔偿，但依法而论，本案只能按全额赔偿。理由如下：

（1）最大诚信原则使然。保险合同是最大诚信合同。如实告知、弃权、禁止反言是保险最大诚信原则的内容。本案投保人以奔驰轿车为标的投保是履行如实告知义务。保险合同是劳务合同，即一方的权利为另一方的义务。在投保人履行合同义务后，保险公司依法必须使其权利得以实现，即依合同规定金额赔偿保险金。保险代理人误按国产车收取保费的责任不在投保人，代理人的行为在法律上应推定为放弃以进口车标准收费的权利即弃权。保险公司单方出具批单的反悔行为是违反禁止反言的，违背了最大诚信原则，不具备法律效力。

（2）保险公司单方出具保险批单不影响合同的履行。法律上，生效合同只有双方在其中重要问题上均犯有同样错误才影响其法律效力。一方的错误即单方错误不属于合同的错误，不影响合同效力。本案中，保险代理人错用费率是单方错误，不影响合同效力。保险公司出具批单是变更合同行为。保险合同是经济合同，一经订立即发生法律效力，双方当事人必须自觉遵守合同条款，严格履行合同义务。除法定原则外，任何一方不得随意变更，否则其行为视为违约。

(3) 该合同自始至终具有法律约束力。保险合同依法成立可概括为要约和承诺。本案投保方已向保险方要约,保险方就投保方的要约也做了承诺,该合同依法成立。按《合同法》规定,合同依法成立,即具有法律约束力。因此,本案保险合同自成立起即具有法律约束力。

(4) 保险公司不得因代理人承保错误推卸赔偿责任。《民法通则》第六十三条规定:"代理人在代理权限内,以被代理人的名义实施民事法律行为,被代理人对代理人的行为承担民事责任。"《保险法》第一百二十七条规定:"保险代理人根据保险人的授权代为办理保险业务的行为,由保险人承担责任。"据此,本案应全额赔偿。

3) 案例结论

保险费率是保险代理人在业务操作中所必须准确掌握的,保险代理人具有准确用费率的义务。法律上,保险公司少收保费的损失应当由负有过错的保险代理人承担,不能因投保人少交保费而按比例赔偿。保险公司在收取补偿保费无结果的情况下,只能按照奔驰进口车的全额给付,而不是按比例赔付。否则,有违民事法律过错责任原则,使责任主体与损失承担主体错位。

8. 保险赔款可否按出资比例分配案例

二人共同拥有的财产投保后,一方未被列为被保险人,一旦风险发生时,还能享有保险赔偿金的请求权吗?共有人对共有财产的保险利益应该如何认定呢?

1) 案情介绍

孙某与朋友王某于某年某月共同出资购得东风牌大卡车一辆,其中孙某出资3万元,王某出资5万元。两人约定,孙某负责卡车驾驶而王某负责联系业务,所得利润按双方出资比例分配。赵某(某保险公司的业务员)在得知孙某购车跑运输后,即多次上门推销车辆保险,并表示可以先帮孙某垫付第一年的保险费。在赵某多次劝说下,孙某碍于情面,表示同意投保车损险和第三者责任险,但保险费先由赵某垫付。随后,赵某为孙某填写了投保单并垫付了保险费,某保险公司也向孙某签发了保险单,保险单中孙某被列为投保人和被保险人。2011年10月,孙某驾驶的卡车与他人的车辆发生碰撞,卡车全部毁损,孙某也当场死亡。王某在事故发生后,从赵某处了解到孙某曾向保险公司投保,于是与孙某的家人一起向某保险公司提出索赔。保险公司认为,根据保单记载,孙某是投保人与被保险人,保险公司只能向孙某进行赔付,王某并非保险合同当事人,无权要求保险公司赔偿。并且,因投保车辆属孙某与王某共有,孙某仅对其应得的份额部分有保险利益,所以保险公司不能全额赔付,而只能赔偿孙某应得份额部分价值。王某与孙某的家人均表示不能接受,于是向人民法院起诉。法院经审理认为,由于孙某负责投保车辆的驾驶及实际运营,因此可以认定孙某对投保车辆具有完全的保险利益,保险公司部分赔付的主张不能成立。同时,投保车辆属孙某与王某共有,孙某仅对投保车辆享有部分所有权,因此孙某不能获得全部赔款,而应将保险赔款按出资比例进行分配。

2) 案例分析

本案的焦点问题有三个:一是共有人王某未在保单中列明为被保险人,可否享有保险赔偿金请求权?二是共有人对共有财产的保险利益如何认定?三是共有财产受损,共有人如何分配保险赔款?根据我国《保险法》第十二条的规定,"被保险人是指其财产或者人身受保险合同保障,享有保险金请求权的人"。并且,按照《保险法》第十八条的规定,保险合同应当包括被保险人的名称、住所。未载明为被保险人的任何人,不得享有保险金请求权。因此,本案中,王某虽是投保车辆的共有人,但因未在保单中载明为被保险人,不能享有保险金请求权,王某不能成为本案的共同原告,法院应当裁定驳回王某的起诉。应注意的是,在国外的若干保单中,有所谓"额外被保险人"的说法,即除保单中列明的被保险人外,还包括其他在保险财产上有保险利益的人,或其损失也包括于承保范围内的人。例如在火灾保险中,除保单列明的被保险人外,如有抵押权人条款,则被保险财产的抵押权人,可为额外被保险人。但在我国的保险实践中,则不存在所谓"额外被保险人"的做法,只有保单中列明的被保险人,才可享有保险金请求权。我国《保险法》第十二条还规定,被保险人对保险标的应当具有保险利益。

9. 事故两天后报案是否为肇事逃逸

1) 案情介绍

保险车辆行驶途中因躲避其他车辆,侧滑后与路中隔离墩相撞,致使车辆受损。事故发生后,驾驶员离开现场,于两天后去交警队报案。

2) 案例分析

驾驶员在没有其他原因的情况下,弃车离开现场的行为是否可以认为"肇事逃逸"?对于该案,保险人应主动予以调查,掌握是否因诸如酒后驾车、肇事时是否可能他人无证驾驶等原因才弃车离开现场的证据。如无道德风险方面的证据,仅根据条款解释,肇事逃逸是为了"逃避法律法规制裁",那么该案驾驶员于肇事后第三天主动去车管所报案,难以视其为"肇事逃逸"。

《保险法》规定,事故发生后,在未依法采取措施的情况下驾驶被保险机动车或者遗弃被保险机动车离开事故现场,保险公司不予以赔偿。因此本案不赔偿。

10. 车辆损失险中有关台风造成损失赔偿案例

1) 案情介绍

某海边地区台风登陆,将停车场内停放的大量摩托车刮倒。张某的两轮摩托车因被刮倒,导致油箱破漏。张某为修复油箱花费数百元。该车已在保险公司投保了车辆损失险,张某就油箱的修复费用向保险公司提出索赔。保险公司以条款规定"两轮及轻便摩托车停放期间翻倒的损失"属责任免除为由表示拒赔。张某不服,认为自己车辆损失的原因是遭遇到台风。双方争执不下,张某遂将该争议诉至法院。

2) 案例分析

本案争议的焦点是保险车辆的损失是属于保险责任"台风",还是属于责任免除"两轮及轻便摩托车停放期间翻倒的损失"。保险条款将"两轮及轻便摩托车停放期间翻倒的损失"列为责任免除的本意,是由于此类车辆停放的稳定性较差,在没有明显的外力作用的情况下较易翻倒,被保险人以此为损失原因索赔时,含有道德风险的可能性较大,且难以查证。但是,不能将该责任免除绝对化地适用于任何情况,而应视具体情况进行分析。"台风"可能会造成保险车辆各种各样的损失,而摩托车的翻倒只不过是台风造成的一种轻微损失形式。因此,应当根据近因原则认定该损失是由于"台风"这一保险事故造成的,属于保险合同列明的保险责任,保险人应当按照保险合同的规定予以赔偿。

3）案例结论

损失原因的分析应当遵循近因原则，寻找导致损失的根本原因。如果造成损失的原因属于列明保险责任，保险人就应该给予赔偿；如果造成损失的原因属于未保风险和除外责任，保险人则有充足的理由予以拒赔。故本案保险公司只能按实际损失在保险金额内予以赔偿。

11．熟人窃车的理赔

1）案情介绍

某年某月某日，某公司经理文先生购买了一辆奥迪轿车，随即向当地某保险公司投保了机动车辆损失险及附加盗窃险，保险金额为 45 万元。保险合同生效后的一天晚上，文先生因招待几位客户少量饮酒后欲驾车回家，客户之一的赵某主动提出他有驾驶证，可以为文先生驾车护送其回家。赵某驾驶奥迪轿车送文先生到其住处，不料文先生刚一下车，赵某趁其不备将车开走，文先生猛然醒悟，拦截一辆出租汽车追赶，但没能追上。当天晚上文先生就向当地派出所报了案。派出所立案审查后，对赵某作出收审决定，并先后两次派警员前往赵某居住地逮捕赵某，但赵某已潜逃外地，收审无法进行。3 个月后，公安机关正式出具了机动车丢失证明，证明文先生的奥迪轿车已于 3 个月前在其住所附近被人抢夺，至今尚未侦破结案。

文先生拿着保险公司的保险单和公安机关出具的丢车证明，要求保险公司赔偿。保险公司作出了拒赔决定，文先生随即向法院起诉要求保险公司赔偿。

2）案例分析

保险公司作出了拒赔决定的理由是根据当时适用的《机动车辆保险条款》，文先生的车并未全车失窃。全车失窃是指保险车辆在停放过程中被他人偷走或在行驶过程中被盗匪抢走。本案中，被保险人车主文先生是亲自将车钥匙交给赵某后由其开走的，不符合全车失窃规定的要件，因此拒绝赔付。文先生向法院起诉要求保险公司赔偿的理由是车主作为投保人和被保险人已履行了应尽的义务，公安机关已排除了与抢夺人共同故意行为的可能性，被抢夺的车辆属于保险责任范围内。未经车主本人同意而抢夺车辆也是盗窃的一种方式，也应赔付。

3）案例结论

法院经一审判决裁定：原告文先生投保的车辆被他人非法占有，车辆已脱离原告控制，应视为车辆全车失窃，判令保险公司赔偿原告全额保险金 45 万元。保险公司不服，上诉到二审法院，二审法院维持原判。

思考题

1．汽车保险的概念是什么？
2．汽车保险的基本特征有哪些？
3．汽车保险的作用有哪些？
4．商业汽车保险有哪些？
5．汽车保险承保的主要流程有哪些？
6．车辆定损步骤有哪些，应注意哪些问题？
7．车辆风险的控制措施主要有哪些方面？

第五章 汽车租赁

第一节 汽车租赁概述

一、汽车租赁基本概念

1. 汽车租赁的三大类别

虽然汽车租赁具有"租赁物为汽车"这一共性,但如同租赁是一个多种行业的集合体一样,汽车租赁是由汽车租赁服务、汽车融资租赁、带驾驶员汽车租赁三个类别组成。这三个类别分别属于服务行业、金融行业、道路运输行业,它们在行业特征、行业监管、经营方式等方面有比较大的差别。需要特别强调的是,虽然汽车租赁是一个由三个差异较大的行业聚合在一起的集合体,但从具体业务操作方面来看,这三者并无显著区别,比如信用审核、成本核算、业务流程等。特别是汽车租赁服务与汽车融资租赁,它们的主要差别在于财务的记账原则,这一差别几乎对业务操作没有任何影响。因此在本书的后面几章,我们不再将汽车租赁分为汽车租赁服务、汽车融资租赁和带驾驶员汽车租赁三个部分单独描述,而使用汽车租赁这个统一的名词。

2. 汽车租赁的功能

1) 运输服务功能

从交通运输业来讲,汽车最终作为交通运输工具来使用,是汽车租赁最本质的特点。为此,汽车租赁首先具备提供客、货运输的服务功能。其服务特性主要表现在以下三个层面:一是可以满足城市客运特殊出行需求,如企业及个人的个性化用车需求,即企、事业单位的商务用车、公务用车及旅游用车、私人用车等;二是对客货运输及社会需求车辆提供汽车资产管理服务,主要表现在可以高效率地解决客、货运输企业车辆的集中采购、专业管理方面,同时还可使全社会的运力资源配置得以优化;三是带驾驶员汽车租赁是客运和货运服务的补充形式,丰富现有的包车客运、货物零担运输业务。

2) 融资功能

由于汽车租赁兼具租赁业的功能,而租赁最突出的功能就是融资功能,这种融资功能主要表现在对中小企业及个人消费者提供融资服务方面。特别是对于资本短缺的中小企业来说,利用租赁汽车的方式,可以节省固定资本投资,增加流动资本,不但可以改善企业的现金流,扩大生产经营规模,还可以增强企业再生产能力和占有市场的能力。对于个人消费者则可以借助租赁方式增强汽车购买能力,提前将潜在的汽车消费需求转换为现实需求。

3) 渠道功能

在整个汽车产业链条中,汽车租赁是联系上游汽车制造厂商与下游二手车交易市场与各类消费群体的节点,属于汽车服务贸易范畴,是一种将汽车所有权和使用权分离的贸易形式,这种形式早已成为国外各大汽车厂商扩大销售、激发潜在需求向现实需求转化的重要手段。即汽车租赁在其上、下游之间促动汽车所有权、使用权的转移和货币资本的循环流动。这样,汽车制造厂商不但开辟了一条重要的销售渠道,扩大了产品的宣传,同时还能够及时获取消费市场信息,提高产品的竞争力,在刺激投资需求、推动信用消费等方面扮演着重要角色,使汽车制造厂商能够更多地拓展潜在客户,并快速回笼货款。而且随着汽车业营销模式的转变,厂商通过租赁进行销售的方式使得供需直接见面,减少了中间流通环节,有利于降低投资与消费成本,使投资品、消费品加速进入投资领域和消费领域,从而形成投资和最终消费,进而拉动经济增长。显著的渠道功能,能够强有力地推动汽车制造业的快速发展。世界上主要的汽车租赁企业都开展二手车的销售业务,甚至建立独立的汽车销售公司。表5-1是2007年美国500强中汽车销售和服务企业的排序,可以看出汽车租赁企业在汽车销售渠道中的重要地位。

《财富》杂志2007年美国500强中汽车零售和服务企业的排序　　　　表5-1

排　序	公司名称	美国财富500强排序	年营业额(亿美元)
1	全美汽车租赁(Auto Nation)	122	193.14
2	联合汽车集团(United Auto Group)	205	121.10
3	声波汽车(Sonic Automotive)	285	87.06
4	赫兹全球控股(Hertz Global Holdings)	301	80.58
5	安飞士巴基特集团(Avis Budget Group)	405	56.89

4) 资源配置功能

汽车租赁公司作为一个租赁交易平台,可以使汽车设备需求企业通过租赁方式吸收各方资本形成最终的汽车设备投资。这种投资是通过租赁公司在货币市场与资本市场采取借贷、拆借、发债、上市等融资手段来实现的。从另外一个角度讲,实际是在全社会进行了资本资源的自动配置,特别是融资租赁还可为投资人提供新的投资领域和手段,投资人通过投资租赁基金、购买租赁证券等方式,在不参与租赁经营条件下进入融资租赁市场,同时获得融资租赁和金融创新所带来的回报。

特别是对于银行来说,通过租赁公司可以减少银行直接对企业的固定资产贷款,有利于改变银行的资产信贷结构,增加银行资产的流动性;并将银行的信贷风险由直接对贷款客户转变为对租赁公司,可使风险达到相对集中的控制,最终减少银行的信贷风险。这样,既有利于拉动银行的信贷规模,加大投资力度,又可以更加合理地控制信用风险。同时,对于银行来说,还多了一条稳定的资金配置渠道。

由于资本资源的配置效应,同时带来的是对其他资源如生产资料资源、人力资源等资源的潜在配置作用。

3. 汽车租赁的特征

由于汽车租赁是涉及出租人、承租人、汽车生产厂商、金融服务商等多个相关方的一种交易行为,特别是其所有权与使用权的分离,使其主要具备与其他交易不同的一些特征:

1) 服务性

服务性是汽车租赁具备的首要基本特性,即汽车租赁经营者通过服务在汽车上获得增值利润的特征。从广义的范围来看,汽车租赁企业能够为全社会提供"车辆资产的管理服务"。这种服务包括车辆的购置、出租、维修、车辆救援、车辆保险、车队管理等内容。而从满足需求角度来看,汽车租赁业可满足道路运输业、汽车制造业、中小企业以及个人消费者的租车需求。

2) 契约性

汽车租赁的契约性是指交易双方通过签订合同的形式进行交易,即通过将汽车作为一种商品或资产以使用权与用益物权转移的形式进入企业的生产活动中或进入个人消费者的生活中,其本质是一种新型的商品消费形式和流通形式,而不是像出租汽车一样只是一种公共运输方式。因此,这种交易形式一般需要签订相应的租赁合同,将汽车租赁经营者、承租人和租赁标的物"汽车"的使用权及用益物权有机地联系起来,明确租赁双方的权利和义务,以及违约责任和特别约定等条款,从而保证双方的责任与权利有据可依、按法行事。

3) 高风险性

汽车租赁业是一个信用消费特征比较明显的行业,加上汽车本身是高价值的消费品,使得汽车租赁业成为一个高风险的资本密集型行业。这种风险主要表现在以下几个方面:

(1) 信用风险。以融资租赁为例,由于融资租赁是一种将融资与融物相结合的租赁方式,在承租人选择厂商并确定租赁标的物后,由出租人提供资金购买资产提供给承租人。出租人则面临承租人欠租的信用风险,这种风险涉及承租人的信用等级。因此,对于承租人的公司结构、经营信息、债务信用等相关信息的判别则至关重要。

(2) 宏观政策环境风险。宏观政策环境风险主要是指一个国家的宏观政策走向带来的风险,包括经济发展目标的变化带来的影响,行业的政策倾斜带来的影响,以及对外开放政策、企业制度改革政策、财政与货币政策、监管体系的变化等一些不确定因素带来的风险。仍然以融资租赁为例,我们来看一下其存在的风险因素。由于融资租赁一般使用固定利率,由于租金固定,租金除包括租赁标的货价外,主要是融资利率,但市场利率是变化的,使租赁企业面临利率风险,如果在租赁期内利率发生不利变动,租赁公司的融资成本就会增加,原定收益就会下降,这样就会给租赁经营者带来相应的收益风险。

(3) 残值价格波动风险。对于租赁来说,由于在租赁期满后,承租人一般会将租赁物退还给出租人,而出租人的经营利润一般体现在资产的残值上。出租人既面临信用风险,同时由于资产的残值取决于当时的市场公允价值,还受到市场供给的影响及物价水平变化波动带来的影响,因此,同时还面临资产残值低于预期的风险。

(4) 交通事故风险。由于租赁车辆最根本的用途是实现其作为交通运输工具的本质属性,而任何车辆在道路运行时,都存在潜在的发生交通事故的风险。汽车租赁公司由于拥有车辆数量较多,出于降低运营成本的考虑,一般只投保国家规定缴纳的车损险、盗抢险和责任险等险种,还有一些险种是采取自保的形式,这样,就存在发生超出租赁押金数额或保险金额的交通事故的高损失风险。

4) 规模经济性

对于汽车租赁业而言,规模经济性是指通过成批大量投入运营租赁汽车从而实现单位成本降低的一种状况,其规模经济性体现在出租人通过规模化采购汽车,从而降低整体运营成本并向消费者提供有竞争力的价格与服务。而由于汽车是一种高价值消费品,因此,汽车租赁业务的运营起步要求较高,需要投入一定数量规模的汽车实物,同时还需要运营站点的网络化与快速反应的信息系统做支撑,其中,固定成本在总成本中占有很大的比例,"成本最小化"的效能较弱,"规模经济"更多地通过"利润最大化"的效能体现出来,而支持利润最大化的条件主要是集中采购功能、合理的业务流程安排、服务增值等。因此,一般汽车租赁公司的车辆只有达到一定规模的数量后,方可达到最低盈亏平衡点,这种状况决定了只有随着租赁车辆规模的扩大,租赁产品的成本才会呈现下降的趋势。从市场竞争的要求来看,也只有形成一定的规模,才能确保市场价格大于其平均成本,才可能盈利。因而,一定的规模是企业生存的必要条件。

4.汽车租赁的业务类型

1)按照汽车租赁类别划分

按照汽车租赁的类别划分,汽车租赁的业务类型有租赁服务、融资租赁、带驾驶员租赁三种。

2)按照车型划分

由于中外汽车车型划分标准不同,因此按照车型划分汽车租赁的标准也不同。美国将汽车租赁分为客车、货车、通用挂车、休闲用车租赁四类。

我国汽车租赁行业按照车型划分汽车租赁业务的习惯标准是小客车(≤5座)租赁、旅行车(≥5座,且≤9座)租赁、大客车(>9座)租赁、货车租赁。

3)按照车辆等级划分

按照车辆等级划分,汽车租赁划分为低档车、中档车、高档车租赁。

4)按照租期划分

按租期长短划分,汽车租赁可分为长期租赁和短期租赁。虽然相对而言,汽车租赁服务业是短期租赁,汽车融资租赁是长期租赁,但此处所说的长、短期租赁是指对汽车租赁服务的划分标准。

(1)长期租赁。长期租赁是指出租人与承租人签订长期(一般以年为单位计算)租赁合同,按照长期租赁期间发生的费用(通常包括车辆价格、维修费、各种税费开支、保险费及利息等)扣除预计剩余价值后,按照合同月数平均收取租赁费用,并提供汽车功能、税费、保险、维修及配件等综合服务的租赁形式。租赁时间较长,一般超过1年,属中长期租赁。此类承租人一般为企业,租赁车辆一般用于企业商务活动,有部分承租人为个人,主要是个人生活、工作自用。

(2)短期租赁。短期租赁是指出租人根据承租人要求签订短期(一般以小时、日、月为单位计算)租赁合同,按照租赁期间发生的费用收取租赁费用,以解决承租人在短期租赁期间的各项服务要求的租赁形式。短期租赁一般以个人零散租赁为主,主要用来满足个人休闲旅游需求,还有部分承租人为企、事业单位会议、商务接待等提供临时用车。在实际运营中,一般不超过半年,又进一步细分为短期(15天以内)、中期(15～90天)及长期(90天以上)。

5)按照承租人的使用目的划分

按照承租人的使用目的划分,汽车租赁分商务租赁与私人租赁。商务租赁是指单位租赁车辆用来满足商务用车需求,而私人租赁一般指个人租赁车辆用来满足个人工作、生活、旅游用车需求为主。

6）按照是否提供租赁车辆的驾驶员划分

如果上述任何一类汽车租赁业务同时也提供操作人员即驾驶员,则属于客运包车业务,应按照有关客运管理规章办理包车客运手续。但如果承租人雇佣驾驶员驾驶租赁车辆,则仍属于汽车租赁范畴。

二、汽车租赁服务

目前我国对汽车租赁的定义,准确地讲是汽车租赁服务的定义。如我国国内贸易部1997年出台的《汽车租赁试点工作暂行管理办法》(已废止)称"汽车租赁"为实物租赁,是以取得汽车产品使用权为目的,由出租方提供租赁期内包括汽车功能、税费、保险、维修及配件等服务的租赁形式。其中对"实物租赁",国内贸易部《实物性租赁业务试点工作管理试行办法》的解释是:"实物性租赁,是区别于融资性租赁,以取得设备(包括汽车)、工具和耐用消费品等使用权为目的的租赁形式。"可以看出,实物租赁就是《合同法》中的"租赁",而不包括融资租赁。中华人民共和国交通部和中华人民共和国国家发展计划委员会1998年发布的《汽车租赁业管理暂行规定》(已废止)对汽车租赁的定义是:"汽车租赁是指在约定时间内租赁经营人将租赁汽车交付承租人使用,收取租赁费用,不提供驾驶劳务的经营方式。"应当说这个定义包含了租赁最基本的概念,也说明了汽车租赁服务与客运的区别。《上海市出租汽车管理条例》(2006年修订)比较明确地提出了汽车租赁服务的概念,不过该条例将汽车租赁服务称为"车辆租赁服务",而且认为"车辆租赁服务"是出租汽车经营活动。

1. 行业属性

汽车租赁服务主要解决客户交通方面的一时之需,属于服务行业,目前多数地区不需要行业审批,只需在工商管理部门登记注册后即可营业。汽车租赁按照服务行业纳税,营业税是营业额的5%,使用服务行业发票。车辆承租人的租金支出只能记入费用项目,不能列入资产项目。

2. 经营特点

多数在商业区、居民区、交通枢纽设立门店,实行柜台式营业和异地租还车的连锁服务;租赁车辆陈设在营业场所供客户挑选;租期较短,租期单位一般为天、月。出租人为客户提供车辆维修、救援、保险理赔服务,但不承担车辆使用过程中发生的费用;需要签订租赁合同,租赁费用预付,租赁双方当面交接租赁车辆。

3. 盈利模式

汽车租赁企业根据经验设定某车辆经营周期内的出租率,根据成本、出租率、经营周期计算出一个保证租金收入与成本基本持平的租金标准,按此标准收取租金。经营周期结束时销售租赁车辆的收入即为该租赁车辆在经营周期内的盈利。由于实际出租率和二手车销售价格的不可预测性,汽车租赁企业承担汽车租赁的经营风险。

4. 经营主体

我国最早的汽车租赁服务企业无一例外都是从出租企业派生出来的。这主要是由于汽车租赁服务行业早期的业务特点和服务概念与出租比较接近,而且当时正赶上出租行业的不景气时期,部分停驶出租汽车需要寻求出路,出租汽车企业非常迫切地要将租不出去的出租汽车(承租人为出租汽车驾驶员)租出去,这样出租汽车行业较容易实现汽车租赁的业务转型。近年来,由于看重汽车租赁将成为重要的交通方式和汽车销售渠道并对我国行业发展充满信心,一些具有风险投资和汽车行业背景的资本以及国外汽车租赁企业开始进入这个行业。国内代表性企业有:首汽租赁有限责任公司、安吉汽车租赁有限公司(使用安飞士品牌)、深圳市至尊汽车租赁股份有限公司、神州租车(中国)有限公司,其中后两家企业侧重汽车短期租赁;国际代表性企业有:赫兹全球控股(Hertz Global Holdings)、安飞士巴基特集团(Avis Budget Group)、欧洲汽车(Europcar)、美元繁荣汽车(Dollar Thrifty Automotive)。

5. 行业监管

由于汽车租赁与出租汽车的这种渊源,我国汽车租赁行业发展的初期,汽车租赁被作为出租汽车行业进行监管,必须获得行政许可后才能办理工商登记。1998年交通部和国家计委发布的《汽车租赁业管理暂行规定》规定各级道路运输管理部门负责汽车租赁的行业监管及汽车租赁开业的行政许可。2004年《汽车租赁业管理暂行规定》废止后,道路运输管理部门对汽车租赁行业的监管力度大幅削弱。除上海外,包括北京、天津、广州等在内的多数地方放弃了汽车租赁的行政许可并探索其他行业监管模式,比如北京市颁布汽车租赁经营服务的地方标准,实行备案管理,部分省市将汽车租赁作为道路运输辅助服务进行管理。在对汽车租赁的数量控制上,多数城市采取放开政策,上海实行严格的规模控制政策。

三、汽车融资租赁

汽车融资租赁是指出租人根据与承租人签订的汽车融资租赁合同,向承租人指定的汽车供应方购买合同规定的车辆并交付承租人使用,并以承租人支付租金为条件,在合同结束时将该车辆的物权转让给承租人。与其他融资租赁相比,汽车融资租赁的销售特征更明显,有统计资料显示,在国外汽车销售中全额付款、分期付款和融资租赁的比例分别为30%、54.6%、15.4%,汽车融资租赁已成为汽车销售比较重要的渠道。

汽车融资租赁是一种买卖与租赁相结合的汽车融资方式。一般而言,汽车融资租赁须具备一定的条件,否则不属于汽车融资的范畴,而只是汽车租赁服务。这些条件包括:

(1)如果消费者支付的费用(包括租金及相应赋税)已经相当于或者超过汽车本身的价值,依照汽车租赁合同,消费者有权获得该汽车的所有权。

(2)如果消费者(承租人)在租期届满时所付租金总额尚未超过汽车价值,消费者(承租人)此时享有选择权,对租期届满后的汽车可以按下列任何一种方式处理:

①在补足租赁合同中事先约定的相应余额后成为汽车的所有权人;

②如果汽车现值高于约定的余额,消费者可以出卖所租汽车,向零售商偿还该余额,保留差价,从中获利;

③将该汽车返还给出租人;

④在租赁期间届满时,消费者欲购买所租汽车,其不必以一次性付款的方式付清。

1. 行业属性

汽车融资租赁属于金融行业。汽车的流通可分为全额付款、分期付款和融资租赁三种方式,第一种属于销售行业,后两种也被称作汽车金融,属于金融行业。汽车融资租赁企业的设立需获得行业许可。汽车融资租赁的营业税与汽车租赁服务不同,汽车融资的税基是租金收入与租赁物成本(包括资本成本)的差额,而汽车租赁服务的税基是租金收入。承租人可将支付的租金计入应付资本账户,待合同终止时转入资本账户。

2. 经营特点

与汽车租赁服务相比,设立门店、陈设租赁车辆并不是汽车融资租赁业务的必备条件。通常都是由承租人选定车型甚至供应商后,由出租人购买并办理完车辆所有手续后交付给承租人。除融资租赁的共同特点外,汽车融资租赁的特点是一般由汽车销售商为承租人提供维修、救援、保险理赔等服务。汽车融资租赁的租期较长,一般在 2 年以上。由于出租人是在首先确定了承租人并签订租赁合同后才开展经营活动,所以汽车融资租赁的出租人不承担投资风险,出租人承担的只是承租人是否履行租赁合同的信用风险。

融资租赁相对于分期付款,有如下特点:一是虽然以非全额付款方式获得汽车的所有权,但财务上没有负债,资产状况优于分期付款;二是在租期结束时可以选择留购、退租、续租多种方式。由于这些优势,汽车融资租赁在汽车销售中所占比例正逐步上升。汽车融资租赁由于可以附加更多的服务内容,与分期付款相比更为灵活和发展空间更广阔,目前已发展出更为丰富的融资租赁业务品种。

1) 合同雇用

就事先确定的期限和里程决定一个租赁价格,通常包括车辆维护和其他由用户选择的服务。出租人拥有车辆的所有权,并承担车辆运营和车辆残余价值的风险。

2) 合同购买

类似于合同雇用,但这是基于一个雇用购买或有条件销售协议的交易。出租人根据上述协议买回所提供的租赁车辆,因此也承担车辆残余价值的风险。

3) 车队管理

由出租人提供有关车队的管理和成本控制服务,对服务收取一定的费用。用户所选择服务的内容可能包括:车辆购买、报废处理以及所有与车辆运营有关的其他各个方面。

3. 盈利模式

与金融行业相同,汽车融资租赁的盈利模式也是通过资本交易挣取利差。若抛开租赁的形式,将出租人出资购买租赁车辆、承租人支付租金并最终获得租赁车辆的物权的过程看作贷款的话,其实汽车融资租赁的盈利模式就是获得资本交易的利差,即出租人收取承租人支付的租金与购买租赁车辆的支出的差额,这个差额包括利润、经营成本、资本成本。

4. 经营主体

开展汽车融资租赁的经营主体有四类:

(1) 专业汽车融资租赁公司。这类公司属于只从事汽车业务的融资租赁公司,一般都具有汽车销售公司的背景,它们和汽车金融公司的区别是所租的汽车没有特定品牌。根据审批依据不同,这类公司分内资的融资租赁试点企业和外商投资融资租赁企业。代表型企业有联通租赁集团股份有限公司、长行汽车租赁有限公司、浙江元通汽车租赁有限公司、法兴(上海)融资租赁有限公司。国外知名的汽车融资租赁企业有 ALD Automotive、租赁方案公司(LeasePlan)等。

(2) 汽车金融公司。这类公司由汽车制造企业出资设立,为本企业产品的销售服务,主要业务也是分期付款,但同时也从事融资租赁业务。代表企业是各大品牌汽车的汽车金融公司,如大众汽车(中国)金融有限公司。

(3)汽车零售企业。目前国内的汽车零售企业尚未开展汽车融资租赁业务,但在国外非常普遍,如美国的全美汽车租赁公司(AutoNation)。

(4)汽车租赁服务企业。一些规模较大的汽车租赁服务企业兼营汽车融资租赁业务,如国内的首汽租赁有限责任公司、安吉租赁有限公司,国外的安飞士等。

5.行业监管

目前我国的专业汽车融资租赁企业都是依照《关于从事融资租赁业务有关问题的通知》的规定由原来汽车租赁服务企业获得融资租赁经营许可后发展起来的,这些企业都由商务部负责监管。外商投资的汽车融资租赁公司依照《外商投资租赁业管理办法》由商务部监管。汽车金融公司按照《汽车金融公司管理办法》开展经营活动并由中国银监会及其派出机构负责监管。

在国外,如果汽车融资租赁公司不以吸收公众储蓄的方式筹措资金,则政府不对其经营活动进行监管。

四、带驾驶员汽车租赁

湿租——带操作人员的租赁与租赁的历史同样悠久,《汉谟拉比法典》第237条规定,在承租人租用船及其驾驶者,并向驾驶者提供食物、衣服等必要保障的情况下,如果由于驾驶者疏忽导致船及货物损坏,驾驶者应负责赔偿。到了现代,很多大型机械设备的操作需要专业技术人员,带操作人员的租赁业务更为普遍,常见的有交通运输工具的带驾驶人员租赁,比如飞机、船舶的湿租。汽车租赁也同样如此,带驾驶员汽车租赁是一种常见的业务。

1.行业属性

联合国、欧盟和北美的行业划分标准中,都明确规定带驾驶员汽车租赁属于运输行业。比如联合国的《中央产品分类》(Central Product Classification,CPC)是联合国制定的用于统一国际经济活动统计标准的产品及服务目录,它包含国内外贸易中所有可流通和储存的产品和服务。2002年公布的《中央产品分类》第1.1版即将带驾驶员短期汽车租赁划入道路运输服务(图5-1),其中带驾驶员客车租赁与出租汽车一样,被视为非班线旅客运输。

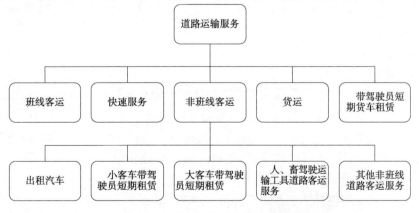

图5-1 《中央产品分类》对带驾驶员汽车租赁的行业划分

在我国,带驾驶员租赁处于非常尴尬的地位:在《国民经济分类》(GB/T 4754—2002)中租赁业(L73)不包括带操作人员的汽车租赁,在道路运输业(F51)中也不包括带驾驶员的汽车租赁。

2. 经营特点

国内外的带驾驶员汽车租赁多数是汽车租赁服务的辅助业务,一般没有专门从事带驾驶员汽车租赁业务的企业。带驾驶员汽车租赁以机场接送服务、礼仪用车服务及短期的包车服务为主。在经营服务方面,与旅客运输中的包车业务相同,出租人为承租人提供规定时间内的交通服务并负责车辆使用过程中发生的费用。

3. 盈利模式

与客运相同,主要通过提供服务获得利润。收取承租人的费用包括利润、车辆折旧、运营费用和车辆使用过程中发生的费用。

4. 经营主体

主要是汽车租赁服务企业。

5. 行业监管

由于带驾驶员汽车租赁属于道路运输行业,既是包车客运的一种业务,又具有租赁特性,因此多数国家对带驾驶员汽车租赁的管理有别于汽车租赁服务而倾向于客运行业的监管模式,比如伦敦、纽约规定承租人必须经过获得批准的经营商的预约,才能租用带驾驶员的车辆,而且纽约规定带驾驶员车辆的载客不得超过20人,承租方不得在街旁搭乘带驾驶员的租赁车。

我国各级道路运输管理部门明确禁止带驾驶员汽车租赁,不承认其为包车客运业务,拒绝按照包车客运程序接受汽车租赁服务企业的客运经营申请;或者经营申请审批的手续繁琐,根本无法适应带驾驶员汽车租赁的需要。因此长期以来带驾驶员汽车租赁一直处于非法经营状况,屡屡与现行行业监管模式发生冲突。对此,部分地方已开始调整带驾驶员汽车租赁的管理政策,如2008年1月深圳市交通局宣布接受汽车租赁企业开展包车客运经营的申请,但仅限于深圳市内的大客车包车业务。

五、汽车租赁与其他产业的关系

汽车租赁是一个涉及多个行业的边缘性行业,与汽车租赁业密切相关的行业比较多,主要包括汽车业、租赁业、金融业、交通运输业、旅游业等。

1. 汽车租赁与金融业

1)汽车融资租赁与金融业

金融业对应于汽车工业,是在汽车服务贸易体系中为汽车销售领域和消费市场提供融资、租赁、保险等业务的服务行业,一般称之为汽车金融业。汽车金融服务主要包括三个层面的服务内容:一是为汽车生产厂商服务;二是为汽车销售商服务;三是为汽车消费者服务。发达国家的经验表明,一个国家汽车工业的发展,良好的消费环境和完善的销售体系固然重要,但也需要比较完善的汽车金融服务体系提供较强劲的支持。汽车金融服务能够有效刺激消费,调剂社会消费资金,充分调整现实消费需求和潜在消费需求的结构性矛盾,不仅在各交易主体之间实现了新的权责利平衡,更主要的是为客户提供了新的融资方法。作为汽车金融的一个具体业务类别,汽车融资租赁成为汽车消费需求者解决企业运营资金不足的便捷、高效率的融资手段,不但能够疏通汽车产业的下游"管道"、避免产品的积压和库存、缩短周转时间、提高资金使用效率和利润水平,同时还可使汽车产业的高价值转移性得以顺利实现。

2) 汽车租赁服务与金融业

汽车租赁服务是一个资本密集型行业,在汽车租赁经营中,需要投入大量资金购置车辆和建立运营网络,为解决汽车租赁经营者资金不足的问题,必须有各种形式的金融支持。一方面汽车租赁服务业务以其多种多样的市场功能,可以为各交易主体提供新的投资市场,成为设备厂商配置设备资源、银行和投资机构配置信贷资金和社会投资资金的新渠道。另一方面各种投资解决了汽车租赁服务行业由于没有金融机构背景造成的融资能力不足的问题。

2. 汽车租赁与汽车业

1) 汽车租赁是汽车服务贸易体系的组成部分

就汽车工业而言,汽车租赁可分为生产、销售及售后服务市场三个环节。国际上通常将汽车出厂后的相关环节统称为汽车售后服务贸易体系,服务贸易体系所涵盖的范围非常广泛,包括国内贸易、进出口、销售、信贷、保险、租赁、物流、售后服务和信息咨询等领域的相关内容。汽车租赁以两种方式参与汽车服务贸易体系:

(1) 汽车融资租赁。汽车融资租赁的特殊功能使得其既是促进汽车销售的一个重要渠道,又是汽车金融服务必须依赖的一个重要环节。在发达国家,这种形式早已成为国外各大汽车厂商扩大销售、激发潜在需求向现实需求转化的重要手段。如美国的主要汽车生产企业用租赁方式营销的汽车占总产量的30%以上,在德国甚至达到70%。即使现在已经是非常成熟的市场,近几年汽车融资租赁规模仍以年均8%的速度递增。

(2) 汽车租赁服务。租赁服务虽然不直接销售汽车,但在整个汽车产业链条中,汽车租赁的上游是汽车制造厂商,下游是二手车交易市场与各类消费群体,汽车租赁的功能是在其上、下游之间促动汽车所有权、使用权的转移和货币资本的循环流动,通过建立汽车租赁服务、二手车产业链,可以均衡各环节利润,降低二手车的价格,促进汽车流通,进而促进交易量的大幅提升,是一条重要的间接汽车销售渠道。此外,汽车租赁服务能够及时将消费市场信息传递给生产厂商,从而使生产厂商提高产品的竞争力。

2) 汽车租赁与汽车业的密切关系

汽车租赁与汽车制造是一种相互服务的关系:汽车制造通过汽车租赁的展示和渠道作用,为其新产品的推广和销售服务;汽车租赁企业依靠与汽车制造企业的合作减少资金压力,获得租赁车辆供应支持。发达国家很多大型汽车租赁公司的背后都有知名的汽车生产厂商在支持,像全球经营规模最大的汽车租赁企业赫兹国际控股,2002年成为福特汽车公司的全资子公司,安飞士汽车租赁公司的背后是通用汽车公司,而全球第三大汽车租赁公司——欧洲汽车是德国大众全资控股的子公司,隶属于日本丰田汽车公司的丰田汽车租赁公司是日本第一大汽车租赁公司。在具体业务上,汽车制造企业和汽车租赁企业有非常成功的合作,如2007年赫兹国际控股公司的31万辆小客车是以汽车制造企业定期回购或者定价回购的方式从福特、通用汽车制造企业购买的,这样可以大大降低赫兹国际控股公司因车辆残值波动所承担的经营风险,福特汽车公司甚至为赫兹国际控股公司负担部分广告费,因为赫兹国际控股公司大量使用福特汽车公司的车辆,为福特汽车公司作了良好的广告宣传。

3. 汽车租赁与旅游业

在欧美汽车租赁业比较发达的国家,汽车租赁已成为旅游业中非常重要的环节,汽车租赁业与旅游业及航空运输业密切相关,很多机场、码头和火车站都有汽车租赁站点,并且在预订酒店、机票、车票等各方面实现资源共享。为提高服务水平、吸引游客,很多知名的旅游企业都直接投资汽车租赁行业或者在业务上与汽车租赁企业进行车辆预订、积分优惠互换等方面的广泛合作。一些饭店、宾馆也与汽车租赁企业广泛开展合作,旅游者可以通过饭店、宾馆租赁汽车,并享受一定的优惠。

随着旅游消费档次的提高,使用小型交通工具、自主设计旅游线路的需求不断扩大。近年来,我国为旅客提供用于旅游观光的车辆甚至包括驾驶员的市场需求很大。汽车租赁近年来越来越受到自助旅游者的青睐。同样,汽车租赁既能满足自助旅游者对车辆的要求,也能够满足游客在旅游中对车型的多样化需求,通过高品质、多样式、个性化的汽车租赁服务,促进旅游业的发展。但在我国,旅游运输行业基本是客运的一个业务类别,车型相对单一,无法满足个性化旅游交通的需要。在很多旅游城市,越来越多的自主旅行都依靠汽车租赁服务企业提供交通工具和服务,比如在海南省,当地汽车租赁行业比较发达,主要为旅游者提供租赁车辆或者带驾驶员汽车租赁服务。可以预见,汽车租赁将作为一种旅游交通方式随着我国旅游行业的发展而发展。

第二节 汽车租赁行业现状

一、汽车租赁业在交通运输服务业和经济发展中的地位和作用

汽车租赁能为人民群众提供个性化的出行方式,为重大社会活动提供交通保证,能够有效配置车辆资源,并与铁路、航空、水路等运输方式充分衔接,丰富了道路运输服务的内容,是综合运输体系的重要组成部分。同时,汽车租赁是一种新型的消费方式,对于促进汽车销售,带动汽车产业、旅游业和金融保险业的发展具有重要作用。

1. 汽车租赁业在交通运输服务业中的地位和作用

1)汽车租赁业在交通运输服务业中的地位

一般,按照不同的运输方式,交通运输服务业可分为道路运输服务业、铁路运输服务业、水路运输服务业、航空运输服务业和管道运输服务业。道路运输服务业又可分为道路旅客运输、道路货物运输和道路运输相关业务。道路旅客运输包括公共汽电车运输、班线客运、包车客运、旅游客运和出租汽车客运。道路货物运输包括道路普通货物运输、道路货物专用运输、道路大型物件运输和道路危险货物运输。道路运输相关业务包括机动车维修、机动车驾驶员培训、运输站场和汽车租赁。汽车租赁业在交通运输服务业中的地位如图5-2所示。

(1)衔接其他交通运输方式。

汽车租赁属于交通运输服务业里道路运输服务业中的道路运输相关业务,是一种新型

交通运输服务业态。汽车租赁具有道路运输机动灵活的特点,同时,汽车租赁门店普遍设在机场、火车站、水运码头等交通枢纽节点,实现与航空、铁路、水路运输等其他运输方式的有效衔接,是综合交通运输服务体系中的重要组成部分。在发达国家,汽车租赁企业在机场设置汽车租赁门店,是汽车租赁业的显著特点。据统计,美国50%以上的短期汽车租赁业务发生在机场。美国汽车租赁公司把争抢机场场地及开设汽车租赁门店作为重要发展战略,多在机场开设汽车租赁门店,并十分集中。在纽约约瓦克机场,无人驾驶列车连接着3个航站楼和4个停车场,聚集了安飞士、赫兹、国家汽车租赁等多家汽车租赁公司的门店,每个停车场可以停放数千辆租赁汽车。

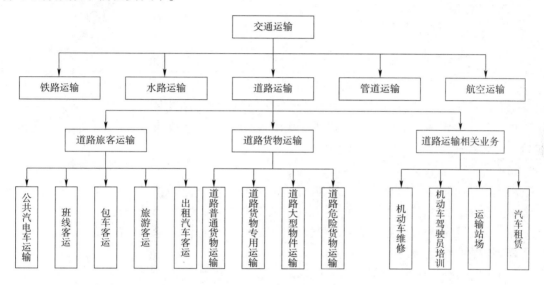

图 5-2　汽车租赁业在交通运输服务业中的地位

（2）丰富道路运输服务内容。

在现有的道路运输服务形式中,汽车租赁与出租汽车客运、包车客运等所起到的作用是相互补充的。汽车租赁业的发展,丰富了道路运输业的服务内容。

汽车租赁与出租汽车相比,有很大的不同。从性质上看,汽车租赁仅通过提供车辆满足社会公众个性化出行需求,不提供驾驶服务;而出租汽车是为社会公众提供"门到门"便捷运输服务,出租汽车驾驶员参与运输服务全过程。从功能上看,汽车租赁具有出行服务功能、融资功能、车辆资产管理功能、促销功能等;而出租汽车主要集中在客运服务功能上。从服务对象上看,汽车租赁的服务对象很多,包括企事业单位、汽车生产厂商和汽车销售商、个人消费者等;而出租汽车主要针对的是个人消费,汽车租赁主要通过合同按日、月、年等时间计费,出租汽车主要是按照行驶里程计费。汽车租赁与出租汽车的比较见表5-2。

汽车租赁与出租汽车的比较　　　　　　　　　　　　表5-2

对比内容	汽车租赁	出租汽车
性质	仅通过提供车辆满足社会公众个性化出行需求,不提供驾驶服务	为社会公众提供"门到门"便捷运输服务,出租汽车驾驶员参与运输服务全过程

续上表

对比内容	汽车租赁	出租汽车
功能	出行服务功能、融资功能、车辆资产管理功能、促销功能等	客运服务功能
服务对象	企事业单位、汽车生产厂商和汽车销售商、个人消费者等	个人消费者
服务方式	自驾、融资、车辆资产管理、车队管等服务方式	"门到门"运输服务
合同形式	一般签订书面合同	一般不签书面合同,以口头约定为主,运输简单,服务结束后完成合同
计费方式	按照日、月、年等时间计费	按照行驶里程计费

汽车租赁与包车客运相比也有很大的不同。包车客运的车辆一般都是大客车,特别是旅游包车一般由运输公司与旅行社合作,而汽车租赁主要满足消费者对小型客车的出行需求。从事包车客运的运输公司很少提供小型客车的包车运输服务,可以说汽车租赁是包车客运的有效补充。

2) 汽车租赁业在交通运输服务业中的作用

汽车作为交通运输工具使用是汽车租赁最重要的特点,其使用价值始终是在交通运输过程中实现的,因此,汽车租赁由于其所具备的如融资、促销、资产管理等功能,在整个交通运输业中的作用越来越受到重视。从汽车租赁的功能与特性来讲,其在交通运输业中的作用主要表现在以下4个方面:

(1) 丰富道路运输服务内容。

汽车租赁具备道路运输业中其他所有客货运输方式的服务功能。从客运角度上讲,汽车租赁可以满足城市客运市场商务及私人个性化出行方式的需求,如企事业单位及个人的多样化用车需求;如企事业单位的商务用车、公务用车及旅游用车、私人用车等。与其他客运方式如公共汽电车、地铁、出租汽车等的运输服务作用相同,但对于企事业单位的自用车又多了一条服务内涵丰富的车源渠道。从货运角度上讲,汽车租赁同样可以为货运需求提供车辆服务,满足企业临时性货物运输需求或不同类型货运车辆的需求。

(2) 为道路运输企业规模化、集约化发展提供支持。

融资难是我国道路运输企业发展的瓶颈。在交通运输业中,城市公交业、城际快运、物流业在我国具有良好的发展前景,对车辆有着大量的和持续的需求,是融资租赁服务于交通运输业的一条非常好的出路,已有杭州、西宁等城市在政府财政无法满足城市公交扩容、更新的情况下利用融资租赁的方式满足城市公交发展的需要的成功范例。部分货运、物流企业也在尝试利用融资租赁方式扩大运力。

(3) 在组织运营模式方面提高道路运输功效。

除通过车辆科技手段提高道路运输的资源利用功效外,汽车租赁可通过专业化的服务使道路运输行业实现资源的有效整合。汽车租赁的组织运营模式可以高效率地解决客、货运输企业的购车融资问题及其车辆的集中采购、专业管理问题,促使客、货运输企业的运输成本降低并提高运输效率与经济效益。同时具备对运力资源进行有效配置的独特作用,不但能够提高对社会闲散运力资源的利用率,还可促进道路运输的专业化程度,降低车辆空驶率,提高车辆的里程利用率和设备利用率。

(4)改善城市交通结构。

①汽车租赁在宏观上合理调整城市交通结构。在宏观层面,城市交通可分为使用公共交通工具和使用自备交通工具两大类。由于两种交通模式的交通资源利用率不同,从缓解城市交通拥挤的角度考虑,鼓励使用公共交通工具。

在汽车租赁被抑制的情况下,城市交通需求向使用公共交通工具的低端和使用自备交通工具的高端分化。当汽车租赁业的服务比较完善时,由于出现了更多需求选择空间,中端需求的人们可以不必因部分的高端需求而购买车辆,而购买车辆是造成车辆滥用的主要原因。

因此,发展汽车租赁客观上可以减少交通拥挤。

②汽车租赁在微观上合理调整公共交通结构。我国城市公共交通结构存在的一个比较突出的问题是出租汽车运力过剩。汽车租赁的服务功能部分与出租汽车相重合。通过对在4h、行驶120km的条件下,使用出租汽车和租赁汽车两种交通方式所需费用进行比较,可以看出汽车租赁的优势,具体内容见表5-3。

使用出租汽车与租赁汽车所需费用比较表(元)　　表5-3

类　别	车程费	租　金	燃料费	等候费	总费用
租赁汽车	0	100	86	0	206
出租汽车	360	0	0	100	460

从表5-3可以看出,在某些条件下,若以货币成本计算,使用租赁汽车作为交通工具,比出租汽车更经济。租赁汽车还具有随意性强、体面等出租汽车不具备的优点。

2.汽车租赁业在经济发展中的地位和作用

汽车租赁业是一个涉及多个行业的复合型行业,与汽车产业、金融业、旅游业等关系密切,如图5-3所示。汽车租赁业的发展,能有力地推动这些行业的发展,从而推动社会经济发展。

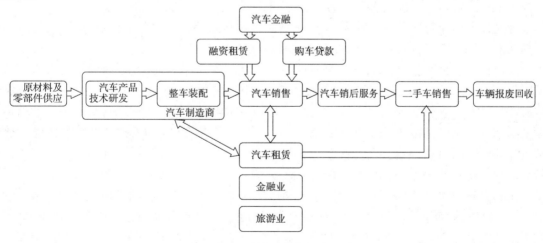

图5-3　汽车租赁与相关产业关系示意图

在现代社会经济中,汽车租赁跨越租赁业、交通运输行业、汽车业三个行业,因此,其在社会经济中的功能非常独特,它兼具交通运输业的道路运输功能与租赁业的租赁功能于一体,还是一个国家汽车产业链条中的一个重要环节,在汽车服务贸易中占据着重要的地位。其具备的功能主要有客、货运输的服务功能、融资功能、渠道功能、资源配置功能。

汽车租赁公司作为一个租赁交易平台,可以使汽车设备需求企业通过租赁方式吸收各方资本形成最终的汽车设备投资,从另外一个角度讲,实际是在全社会进行了资本资源的自动配置,特别是融资租赁还可为投资人提供新的投资领域和手段,投资人通过投资于租赁基金、购买租赁证券等方式,在不参与租赁经营条件下进入融资租赁市场,同时获得融资租赁和金融创新所带来的回报。由于资本资源的配置效应,同时带来的是对其他资源如生产资料资源、人力资源等资源的潜在配置作用。

随着我国社会经济的快速发展和经济结构战略性调整,道路运输需求量将进一步增长,人们对运输模式的选择发生了很大的变化,方便、快捷、舒适、安全、自主等价值取向明显趋强。客运方面,休闲性交通出行和假日旅游交通需求比例进一步提高。货运方面,批量多、数量小、价值高、随机性强、分散度高的货运需求进一步增加。道路运输全行业提高集约化、规模化经营水平和组织化程度,通过市场机制实现资源的优化配置,充分发挥道路运输的经营优势,切实提高竞争能力和运输效率,实现产业结构的优化和产品结构的升级,提升企业运营效率与效益等方面的需求日趋迫切。

另外,随着石油能源的日趋紧张及环境的承受能力负担过重,特别是在大城市中,道路资源与汽车保有量之间增长速度的矛盾,也使得改善城市交通中的各类车辆的协调比例关系,有效降低全社会的车辆保有量,从而降低能源的消耗总量及对环境的排放污染方面的需求也越来越强。

目前,城市公交业、城际快运、物流业在我国具有良好的发展前景,由于运输工具在这些行业中的资产中属于核心资产,对车辆有着大量的和持续的需求,但由于各方面的原因,从事这些客货业运输的企业融资渠道单一,车辆更新的后续资金存在不同程度的缺口,并且随着时间的推移,这种更新需求和资金缺口的矛盾日益显现。解决车辆更新与增添问题,目前已成为道路运输行业发展的关键。为此,道路运输企业融资需求也越来越大。

针对以上道路运输业的种种需求,作为道路运输行业的辅助服务子行业,汽车租赁业的各项功能如果能够得到有效发挥,可以有效满足这些需求。

通过租赁企业创建的平台,汽车租赁对客车营运企业、货物运输企业、物流企业形成有效的服务与支持,如融资服务、车辆资产管理支持、集中采购服务、车辆信息和交换服务、汽车维修、救援、销售二手车等,不但可以解决客货运输企业的购车融资难题,还可降低运输企业的运营成本,更可以使企业将车队管理的内容转出去,能够更加集中精力发挥企业根本的竞争优势,在市场竞争中不断增强自己的核心竞争力。如果从更大的范围来看,一个有效的车辆资产管理平台,可以在全社会范围内配置资金资源、人力资源、车辆资源等,并向相关需求企业提供多元化的服务,为加盟的公司提供全国销售和市场营销支持并满足全国各地客户的运输管理需要,可以使运输企业快速在全国范围内展开业务,使客货运输企业的运力资源利用率、里程利用率及实载率得以提高,同时还可解决企业为扩大经营规模而存在的购车融资难题,以及运力资源退出运营市场的难题等,提高了资金使用效率,推动了社会经济发展。

二、汽车租赁业现状与存在的问题

1. 汽车租赁业现状

我国汽车租赁业近年来发展迅速,但是,我国汽车租赁业起步于20世纪80年代末,总体上仍处在起步阶段,同时面临着巨大的国际竞争压力。

(1)市场集中度低、不具备产品差别化。企业规模小是主要原因之一。我国汽车租赁业起步晚,绝大部分规模很小,抵御市场风险能力差。从目前市场发展态势来看,基本上形成了北京、上海、深圳、广州四足鼎立的稳定局势,这4个城市的汽车租赁市场规模之和占全国市场的59%,但从行业整合程度来看,前10名的汽车租赁企业所占的市场份额不过11%,前5家汽车租赁企业的市场份额只占8%。我国最大的汽车租赁企业首汽公司,市场占有率也不到3%,远远小于其他国家的整合程度。再者,汽车租赁公司的服务不具备产品差别化,使得产品的可替代性较大,交叉弹性变大,进一步影响了市场集中度,不易形成规模经济。

(2)缺乏完善的诚信体系。在国外只凭驾驶证就可以租车,而在我国还需要身份证,若是机构租赁,企业还得出示营业执照,这种繁琐的租车手续给消费者带来了极大的不便。汽车租赁业属于朝阳产业,初期需要巨大的资金投入,因而具有很大的经营风险,诚信体系的缺乏会给汽车租赁公司带来很大的经济损失,极大阻碍了它们的发展。

(3)网络化不足,品牌化不高。全国汽车租赁的服务网络尚未形成,异地租车、还车业务还未得到有效开展,异地汽车修理也存在问题,因为某些地区根本不存在一些高档车辆的4S店,不能充分发挥汽车租赁的便利性。汽车租赁企业普遍不重视企业自身品牌建设,服务理念落后,业务相对单一,同质化竞争严重,大品牌的汽车租赁公司少之又少。这些都使汽车租赁的优势和作用不能充分发挥,影响了服务质量的提升,制约了汽车租赁业健康发展。

(4)面临巨大的国际竞争。国外汽车租赁市场起步早,运营和盈利模式已非常成熟。美国、德国、日本等发达国家的汽车租赁已形成网络化、规模化经营。美国1918年创立了首家汽车租赁公司,当时只有23辆汽车。截至2010年,美国汽车租赁企业的车辆已达160多万辆,收入规模为200多亿美元,从业人数超过12万人。日本汽车租赁起步于20世纪60年代,伴随日本汽车产业的成长而发展。截至2010年,日本汽车租赁企业的车辆已达300多万辆,占新车销售比例的12.5%、汽车保有量的3.84%。国际汽车租赁公司在其经营业务不断迅猛扩展的同时,也形成了自身发展的特点和极为明显的竞争优势。

①经营的车辆以经济型车和小型车为主。34%的租赁汽车属于经济型车,40%属于小型车,只有9%为豪华型车和特种车辆。

②国际汽车租赁公司与汽车生产厂商合作紧密,通过汽车生产厂商提供的服务,汽车租赁公司的庞大车队实现了车辆的快速更新。资料显示,在美国汽车批销量结构中,30%的汽车销售给了租赁公司;福特汽车公司汽车的批销量占到了该公司总销量的23%,其中50%的汽车是卖给租赁公司。

③救援保险等基本保障体系完备。国外汽车租赁公司与专业救援机构组成了完善的救援保障体系,开通救援专线为租赁车辆提供及时救援服务。在汽车租赁保险方面,除了具有一般车辆的险种外,国外汽车租赁公司还开展了针对租赁车辆的专门险种,提高了抗风险能力,保障了消费者权益。

④具备良好的外部配套条件。以高速公路为纽带的道路交通基础设施完善,具有高效的全球信息网络及卫星导航高新技术。

⑤建立了完善的个人信用评估、社会信用保障体系,并具有良好的社会道德水平。

⑥汽车租赁业得到了国外政府政策的支持,在机场、地铁站和政府部门都会专门规划出给汽车租赁公司停车的停车场,作为租赁公司最大的一个配套设施。

2. 我国汽车租赁业发展中存在的问题

(1) 汽车租赁法律、政策有待进一步完善。

①汽车租赁管理法律法规有待进一步完善。2004年国务院颁布实施的《道路运输条例》中道路运输管理范畴并没有包括汽车租赁业,使汽车租赁业失去了政策保障,致使自身存在的一些问题的解决无法得到管理部门的支持。2004年《行政许可法》的颁布和实施,使得汽车租赁企业设立的行政许可制度缺乏法律和行政法规依据。2007年年底《汽车租赁业管理暂行规定》被废除,汽车租赁业缺少了行政主管部门和法律规章的支持。虽然2009年国务院办公厅《关于印发交通运输部主要职责内设机构和人员编制规定的通知》(国办发〔2009〕18号)中规定,交通运输部内设机构——道路运输司(出租汽车行业指导办公室)承担公共汽车、城市地铁和轨道交通运营、出租汽车、汽车租赁等的指导工作,2011年交通运输部又下发了《关于促进汽车租赁业健康发展的通知》(交运发〔2011〕147号),要求"各地要结合实际,加快研究制定汽车租赁地方性法规、规章,并纳入道路运输法规体系,建立健全市场准入、退出机制,推动汽车租赁业规范健康发展"。但是,目前国家和地方均未出台对汽车租赁实施管理的相关法律法规。汽车租赁管理法律法规有待进一步完善。

②行业管理有待加强。长期以来,汽车租赁业重视事前审批,忽略事后监督,重视事前把关,忽略事后引导,汽车租赁市场不规范,市场监督体制不完善。

(2) 我国汽车租赁企业规模小,自身局限性大。

①企业经营规模小,管理水平低。许多汽车租赁公司还停留在小作坊式经营阶段;汽车租赁规模小,档次低,管理手段低,租赁车辆多数是挂靠的私家车和社会闲散车辆,基本以本地市场服务为主,未在火车站、汽车站、飞机场、高档宾馆等人员集散地设立汽车租赁企业网点;规模偏小造成运营成本过高,导致恶性竞争;企业利润少、抗风险能力差、缺乏龙头企业。

②经营方式单一。许多汽车租赁企业依然采用传统的经营方式,坐等"鱼儿上钩"。没有主动培育市场意识。这种经营方式无形之中就缩小了企业服务范围,不能有效吸引更大范围的需求客户,仅仅将服务群体局限在企业周围的人群之中。

③网络化建设滞后。目前,我国的汽车租赁企业大都处于孤军奋战的格局,各企业之间缺乏联系。较大的汽车租赁企业在全国各地的服务站点建设还不完善,跨地区租车、还车、维修等服务还有待加强。

(3) 我国汽车租赁市场成熟度低。

①承租人租车手续繁琐。由于没有统一规定的租赁车辆提供的相关证明材料,造成汽车租赁企业在汽车租赁业务中为避免风险,要求租赁人提供担保、巨额押金以及相关身份证明等资料,办理手续非常繁琐,人为阻碍了汽车租赁业务的进一步发展。

②合同不规范,权利义务不清。由于没有统一规范的租赁合同,租赁公司与租赁人签订的租车合同往往都是不平等条约,在发生交通事故时产生的纠纷较多,损害了消费者的权

益。另外,部分租赁企业将没有安全保障的挂靠私家车和社会闲散车出租,不向用户说明情况,一旦发生意外,挂靠私家车车主和租赁公司一般都会相互推卸责任,从而无法保障汽车租赁用户的合法权益。

③汽车租赁价格不透明,随意定价。由于没有相关部门管理,一些汽车租赁公司在客源不足时,采取竞相压价的手段争夺客源,而在汽车租赁高峰时段,又随意抬高价格,造成租车价格混乱,侵害消费者利益。

④社会信用体系建设不完善。部分汽车租赁公司将挂靠车辆用于抵押、融资,一旦出现汽车承租人骗租(骗取车辆等资产),将导致汽车租赁公司与私家车挂靠车主、租赁人三者之间利益受到损害,进而产生矛盾,严重影响汽车租赁业的经营秩序。

⑤少数租赁车辆技术状况差,安全隐患大。

⑥汽车承租人伪造证件骗租、骗盗租赁车辆等违法行为时有发生,影响了汽车租赁业的发展。

第三节 汽车租赁业务流程

整个汽车租赁业务由若干个业务程序构成,业务流程确定业务程序的顺序。这些业务程序大致可分为租车业务、租后服务、业务管理三部分。

一、租车业务

1. 预订

预订是提高出租率及收益的重要手段,是为汽车租赁企业所鼓励的。现代科技的发展也为预订提供了便利条件,预订正逐步成为汽车租赁流程的第一步骤。

客户可通过网站、手机或其他移动终端、电话、传真及门店现场预订,业务人员依照相应规程审核并接受预订,向客户发出预定确认单。

2. 接待客户

业务人员按照汽车租赁企业规定的操作规程接待客户,首先询问客户是否需要预订。如已预定,可直接进入下一程序。如未预订且有可租车辆,向其介绍服务项目、租车费用及客户须知,主动引导客户与汽车租赁企业提供的服务达成一致意向,并确定客户租赁需求。

客户接待分现场接待和电话接待两种情况。现场接待是指业务人员在门店与客户面对面的接待工作;电话接待是指预订中心和门店业务人员通过电话与客户沟通,并确定租车事宜。

3. 核实承租人身份

业务人员对承租人提供的证件、资料进行核查、比对、验证其真伪。承租人的身份核实方式和内容因承租人的身份、结算方法的不同而不同。

(1)承租人为自然人的,查验其居民身份证、机动车驾驶证、信用卡等有效证件(适用于一个人自驾租车)。目前全国大型连锁汽车租赁企业基本已不接受现金交易,承租人提车时只能通过信用卡进行消费。承租人是法人的,查验其营业执照、组织机构代码证书以及机动车驾驶人员的机动车驾驶证、经办人员的居民身份证、授权经办书(适用于企业长包租车)。

（2）银行在发放信用卡时进行了比较严格的信用审核，其信用审核的标准完全满足汽车租赁信用的要求，仅须核查身份证、驾驶证、信用卡即可。承租人如果没有信用卡，则需要较为严格的信用审核，必要时需要提供担保。

承租人身份经查验核实后，企业应当及时进行登记，要完整保存承租人、担保人的有关信息、资料，积累和备份承租人信息、租用信息以及其他信息。企业对承租人的有关信息负有保密义务，不得将提供服务过程中获得的公民个人信息出售或者非法提供给他人。承租人身份核实无误后进入下一程序。

4. 签订租赁合同

租赁合同是租赁双方就租车、用车、收费以及相应权利、义务签订的合同。双方租赁意愿和约定事项必须通过签订租赁合同予以确认。告知是合同的组成部分，是指企业向客户交付车辆时以书面和口头形式说明承租人的车辆正确使用方法、安全驾驶和检测、维护救援等租后服务事项，以及需要特别声明的其他问题。此环节是汽车租赁企业必须履行的程序和义务。

业务人员与客户共同确认合同内容后，双方签字、盖章。签字人应为承租人或持有承租人授权书的代理人。合同各要素应符合《合同法》要求，以确保承租人、出租人签订的合同合法、有效。

5. 计价收费

签订合同后，汽车租赁企业向承租人收取当期租金、保证金、交通违章保证金。

租金是承租人为获得租赁车辆使用权及相关服务而向汽车租赁经营者所支付的费用，通常包括车辆使用费、折旧费、保险费、维护费以及非承租人责任导致的维修费、替换费、救援费和合同约定的其他服务项目的服务费等。租金收取一般为预收，即承租人在获得租赁车辆使用权时即支付当期租金，如果租金为多次支付，业务人员应于合同规定的付款日或之前向承租人催收下期租金。

保证金也称为押金，是为了保证租赁双方履约、守约而向承租人预先收取的一定金额的担保费用，保证金不能挪作他用，不得在租赁合同正常执行期内冲抵租金，在车辆归还以及合同约定时间执行完毕后，保证金应当退还承租人。

交通违章保证金是指当租赁车辆违章而承租人不接受交管部门处罚的违约金，在汽车租赁合同结束时向承租人收取，如租赁汽车没有交通违约或承租人按照规定接受处罚，则交通违章保证金退还承租人。

6. 发车交接

发车交接是租赁双方现场交车、试车和清点行车牌证和随车物件的重要程序，是租前阶段的最后一个环节。租赁双方在验车后没有异议的情况下，双方需要在发车交接单上签字确认。

7. 期间业务

发车交接完成时汽车租赁合同开始履行，其间承租人获得车辆的用益物权，即车辆的使用权、车辆的使用功能等。汽车租赁企业保有车辆所有权并获得租余收益，同时为承租人提供确保车辆使用功能的各种服务，如车辆救援、故障修理、保险理赔等。租赁期间的业务工作有：

(1)租金收取。部分租期较长的业务的租金按期支付,一般每期金额相等,每期间隔以月或季为单位。业务人员应根据合同的付款条款规定,按时收取期间租金。收取租金日前3~5天,业务人员以适当方式预先通知承租人交付租金。

(2)续租。合同履行完毕后承租人继续按照合同条款租用车辆称为续租。对于续租业务,可重新签订合同,也可在原合同中补充续租时间等内容。续租业务各企业操作规程不尽相同,但必须保证租赁合同、业务过程的连续性和可查性。

(3)掌握承租人动态。合同期间业务人员应利用收取租金环节随时掌握承租人动态信息,比如支付过程是否顺畅、住址、工作单位、联系方式、经济状况是否变化等,如有异常,应及时通知风险管控部门处理。

8.收车交接

收车交接是指在租赁车辆归还时,双方对照发车时的交接单,对车辆完好状况和随车附件进行检验,检验无误的,在车辆交接单上注明,双方签字确认。收车交接时,如果双方发现车辆异常损坏或部件缺失,应当及时界定责任,并依照租赁合同确定相应的赔偿或补偿责任;无法及时界定责任或者租赁合同没有事先约定的,双方应当本着公平、公正、诚信的原则,协商处理,协商不成的,可以依法履行调解、仲裁或诉讼程序。租赁车辆归还后,企业要及时将车辆租用期的情况记入单车管理档案,同时将有关数据信息录入计算机管理系统。

9.结算

租赁车辆归还后,租赁双方应及时依照合同及收费标准进行费用结算,各项结算单据应当完整保存,企业应当通过计算机系统进行月度、季度、年度经营核算,实行信息化管理,并依照规定向运输管理部门报送有关数据信息。

10.合同终止

结算后一个月内随时查询交通违章记录,如无违章记录,一个月后退还承租人交通违章保证金;如有违章记录,则通知承租人接受交通违章处理后退还交通违章保证金;如承租人不接受违章处理,扣除相应罚金后退还剩余交通违章保证金。租赁合同办理终止手续后归档保存。

租车业务流程如图5-4所示。

二、租后服务

租后服务包括救援服务、保险服务、替换服务、双方确定的其他服务等。当租赁车辆发生故障、事故或承租人提出其他服务要求时,相关业务部门应保证及时获得承租人的有关信息,并依照《汽车租赁服务规范》(见该规范附录A)或企业有关规定实施租后服务。

1.救援服务

救援服务是指承租人在车辆使用过程中,发生事故、出现故障无法正常行驶又不能自行处置时,由企业人员或协作单位赶赴现场对车辆实施排障、维修或替换,以保证租车服务能够延续。

2.保险服务

发生属于保险理赔范围的事故,出租人办理车辆出险报案、保险理赔及协助承租人处理与保险理赔有关的事宜。

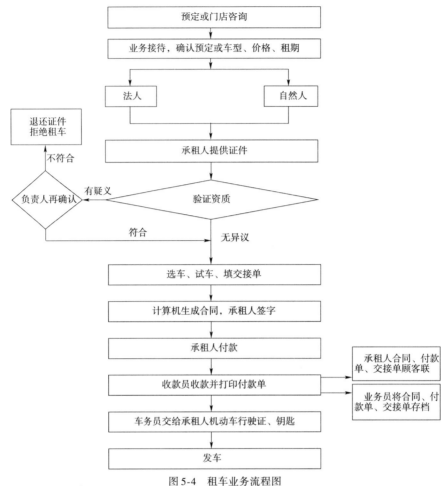

图 5-4　租车业务流程图

（1）业务人员协助承租人从交管部门获得保险索赔所需的必要文件。

（2）业务人员安排事故车辆到指定修理厂修理并与保险公司办理索赔手续。索赔完毕后将损失情况报相关部门，根据合同条款按收费管理程序向承租人收取费用。

3. 替换服务

合同期间因故障、交通事故、承租人要求等原因需要用其他租赁车辆替换在租车的服务为替换服务。

（1）业务人员确定承租人的车辆替换是否符合合同条款，如需缴纳费用，通知相关业务部门收费。

（2）按发车程序交接替换车辆并将车辆变化情况通知相关业务部门。

4. 车辆维护整备

依照车辆技术要求定期对车辆进行维护，随时对车辆的一般故障或缺陷进行修理维护，恢复车辆正常状况。对退租车辆进行检修和清洁，使其达到相关规定标准，进入待租状态，以备下次租赁业务使用。

5. 在租车辆召回

在租车辆是指已经交付承租人使用的车辆，在租车辆到达规定的里程或时限需要维护时,汽车租赁企业应当及时召回车辆进行维护,或者委托承租人到指定的维修企业进行维护,维护费用由汽车租赁企业承担。在租车辆需要依法进行安全技术检测时,汽车租赁企业应当及时召回送检并承担检验费用。车辆租出后,发现安全隐患的,无论是出厂存在的安全隐患,还是使用过程中出现的安全隐患,汽车租赁企业应立即告知承租人停驶,并及时采取上门维修或送修等处置措施。在租车辆因维护、检验、停驶而影响承租人正常使用的,汽车租赁企业应当提供替换车辆服务。

6. 服务质量监督改进

服务质量监督改进是一项重要的综合性基础工作,贯穿汽车租赁服务的全过程,是汽车租赁企业随时获取服务信息、不断改进服务质量的措施。

(1)投诉处理。汽车租赁企业应当在随车的服务监督卡上,公示服务监督投诉电话号码或互联网址,随时接受承租人的意见和投诉,汽车租赁企业对承租人的意见和投诉应当做详细记录,认真查证,妥善处理,并在一周内予以回复。

(2)征询意见。汽车租赁企业应定期征询承租人对汽车租赁服务的意见,租赁车辆归还时,应当征求承租人对服务的书面意见,并将有关信息反馈给相关部门记录并协调有关部门处理承租人投诉,必要时对汽车租赁服务进行必要调整。

三、业务管理

1. 合同管理

(1)记录承租人信息、租赁车辆、租期、租金等主要合同条款并建立数据库,将其作为收费管理、客户管理、车辆管理的基础。

(2)根据合同记录信息建立业务情况数据库,通过对这些数据的汇总、分析,准确反映企业经营状况,为企业发展的正确决策提供科学依据。

(3)根据业务需要,按照《合同法》有关条款终止合同、续签合同、变更合同并修改相应记录。

(4)根据合同记录指导收费管理、客户管理、车辆管理等业务。

2. 会员管理(客户管理)

(1)按照会员管理有关规则对客户进行营销、信息等方面的管理。

(2)按签订合同程序收集承租人档案,并按一定标准编号保存。

(3)根据承租人租赁期间信息变化情况,相应补充、修改承租人档案。

(4)对通过承租人资格审核、承租人档案管理程序及其他途径收集的承租人信息进行分析,建立承租人信用信息系统,确保企业利益。

(5)定期与客户沟通,掌握客户基本信息变化情况,及时补充客户信用信息;了解客户对服务产品的需求,及时掌握市场动态,为新服务产品设计提供基础资料。

从上述内容可以看出,会员管理的(1)项和(5)项工作可以划归到定价和市场营销;(2)项和(3)项可以划归到合同管理;(4)项可以划归到风险控制和信用审核。

3. 收费管理

(1)根据租赁合同签发各类收、付款通知,并完成收、付款工作。

(2)根据租赁合同建立租金、保证金、其他费用的收付台账。

(3)交付台账应包括收付缘由、收付对象、收付金额、收付时间等足以清楚记录资金收付情况的项目。

(4) 及时记录每笔收费情况,编制有关报表。

4. 车务管理

车务管理是除租赁业务中的车辆调度管理外与车辆有关的工作,包括车辆购置和登记、车辆维修维护、车辆年检和证照管理、车辆档案管理、退出租赁运营车辆的销售等。

5. 统计及单位文件管理

汽车租赁主要业务过程都涉及各种统计报表及合同、车辆交接单、收付款通知等重要单据。不同的业务过程要通过不同的统计报表和单据处理程序加以管理。

(1) 统计报表管理。统计报表分基础管理统计、租赁业务管理统计、综合分析3个层次,分别由若干个不同的报表组成。业务人员根据统计制度的要求,在规定时间将统计报表呈报给相应部门或人员。

上述3个层次的不同报表及统计逻辑关系如图5-5所示。

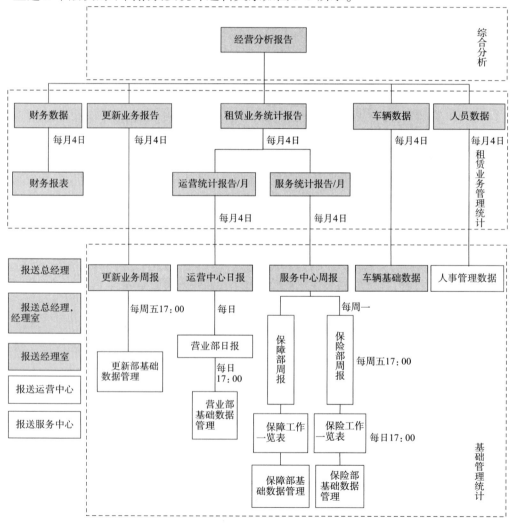

图5-5 统计报表管理框图

(2)单据管理。单据是记录每一项汽车租赁业务各个操作程序情况的凭证,以便各部门、各岗位之间的衔接。单据记录的内容有租金、车辆、合同等,按照单据及其与业务操作的关系,可以回溯每一项业务各环节的情况。表5-4是业务操作与业务单据关系表。

业务操作与业务单据关系表　　　　　　　　表5-4

业务阶段	业务事项	业务细分		单据操作
1.办理租车	完成租赁手续	直接发车		签合同、出收付款单、填交接单
		调换车辆		终止原合同、收付款单、原交接单 重新签合同、出收付款单、填交接单
		延期付款		签合同、填交接单
2.租赁期间	变更租赁约定	换车		保留原合同、签补充协议、填交接单
		延期		保留原合同、签补充协议、出收付款单
		调整租金		保留原合同、签补充协议、出收付款单
		押金变动		保留原合同、签补充协议、出收付款单
		提前换车		终止原合同、出首付款单
	临时替换车辆	收费		保留原合同、签新合同、出收付款单、填交接单
		不收费		保留原合同、签新合同、出收付款单、填交接单
	期间收费	收延期付款		保留原合同、出收付款单
		收取车损和其他费用		保留原合同、出收付款单
3.租金到期	续租/续费	付款周期等于合同期		保留原合同、签补充协议、出收付款单
		付款周期短于合同期		保留原合同、出收付款单
		到期换车、续交租金		保留原合同、签补充协议、出收付款单、填交接单
	还车	清洁费用	车辆不需修理	终止原合同、出收付款单
			车辆需要修理	终止原合同、出收付款单
		费用待结	车辆不需修理	终止原合同
			车辆需要修理	终止原合同
4.还车后	补交欠费	—		出收付款单

6.风险管理

风险管理是指汽车租赁企业防范租金拖欠、逃废,防止车辆被盗、被骗风险的工作,其主要内容如下:

(1)确保租赁资格审核的可靠性。

(2)与收费人员沟通,及时掌握租金缴纳异常情况。

(3)掌握识别过期、伪造、修改等不合格证件的方法。

(4)核实承租人所留电话是否属实。

(5)通过互联网、电话等核实企业、个人的工商注册、身份证信息是否属实。

(6)通过其他途径核实承租人的情况。

(7)建立可靠的预警系统,利用承租人信用档案定期对承租人信用程度进行评估,当承租人出现恶意拖欠租金或诈骗迹象时,能够及时察觉,采取预防措施。

(8)GPS等车辆监控管理。

第四节 汽车租赁风险控制

任何行业都有风险,但汽车租赁是所有行业中经营风险较大的行业之一。对此,在长期经营过程中业内人士摸索出比较成熟和完善的应对风险策略,通过前期的信用审核、贯穿整个业务过程中的风险控制、运用法律手段的善后处理等措施,较好地规避了租赁车辆失控等风险。

一、汽车租赁信用审核

汽车租赁是信用消费,信用是能够履行诺言而取得的信任,但凡合同规定的双方权利和义务不是当时交割的,存在时滞,就存在信用。就汽车租赁而言,信用是其存在的基础,信用审核事关重大。

1. 信用审核的原则和目的
1)信用审核的基本原则
(1)严格执行程序。汽车租赁作为大众化的服务,其审核信用的手段和时间受到一定限制,多数情况下只能现场对承租人提供的相关证件进行审核,其审核的可靠性,完全依赖于信用审核程序和制度,因此业务人员必须严格执行信用审核程序并掌握相关的业务技能。

(2)广泛收集信息。完善的信用审核和管理是建立在对承租人大量的信息调查基础上的,对于融资租赁业务、租用高档车的业务、租用车辆数量多的业务或者会员的信用审核,需要有广泛、可靠的信用信息支持和多渠道信用信息核查。

2)信用审核和管理的主要目的
信用审核和管理的主要目的包括:确定承租人信用信息的真实及长期稳定性;确定承租人具有履行合同的能力;确认承租人不能履行合同时,代为履行合同义务的担保方资料的真实性和履约能力;监控承租人信用能力的变化。

2. 信用审核的主要程序
1)收集承租人的信用资料
(1)收集信用信息的方式。

多数情况下,承租人根据汽车租赁企业的信用信息调查表要求的内容提供信用信息,汽车租赁企业信用信息调查表是一份综合性表格,用于收集承租人的信用资质的信息,并由信用分析人员对表中列示的情况作出调查。这些信息被看作是信用调查的一部分,是一种未经证实的事实陈述。某些事实可以不经证实便被接受;其他事实则可以通过进一步的调查得以证实。通过填写资格审查表从申请者那里得到线索,如有必要证实,通过进一步的调查来证实这些线索将是更加经济有效的做法。

如果汽车租赁企业认为承租人提供的信用信息不够全面,或不足以反映承租人的信用情况,汽车租赁企业可以通过其他信用渠道收集承租人的信用信息。这些渠道包括工商登记信息系统,如在"全国企业信用信息公示系统"(http://gsxt.saic.gov.cn/)选择查询对象所在省份,填写其名称后即可获得注册地址、注册资金、违法记录等基本信息。通常,汽车租赁企业在获得承租人授权后,可以向与承租人有信贷关系、资金往来关系的金融机构如银行,与承租人有车辆分期付款、房屋分期付款业务关系的房地产企业、汽车销售企业,专业的信用管理公司(北京、上海等大城市已有专门提供信用信息服务的这类公司)等提出获得承租人信用信息服务的要求,在向上述机构支付一定费用后获得有关信息。

(2)收集信用信息的内容。

信用信息资料一般包括以下三方面内容:

①基本信息。主要是承租人的基本资料信息,包括姓名、年龄、职业、贷款历史、居住地址、收入、婚姻情况、联系方式等方面的个人信息或法人工商注册及实际经营的信息,如单位名称、经营地点、法人代表名称、联系方式等。

②既往信用信息。主要是承租人的银行信用信息,包括各商业银行提供的个人信用记录、信用卡使用情况,尤其是未偿还的债务情况、信用卡透支情况以及法人单位的经营状况、银行账目情况、银行贷款证等信息;承租人的社会信用和特别记录,包括曾经发生的金融诈骗等不良记录、司法、纳税等方面的信息,恶意透支、赊账不还、偷逃税或者受到公安、工商、税务、行业管理机关处罚等不良行为等。

③合同期间信用情况。主要是承租人在当前汽车租赁合同期间的信用情况,如是否按时缴纳租金、有无变更并隐瞒基本信息情况等。

2)信息核实

首先核实各类证件的信息与持有人是否一致;其次核实证件的真伪和有效性。对于户口簿、身份证、营业执照、房产证等证件类资料的核实,一般通过对关键标志的鉴别进行,也可通过互联网的一些查询服务,如身份证网、红盾网等进行。身份证、信用卡的核实也可以通过身份证识别仪、POS机等完成;对于收入证明、银行资产证明、经营或居住地址等的核实,应采取实地核实或向相应机构电话核实的办法,信息的核实最好以多种方式进行。

3)信用评估

承租人信用评估是指通过使用科学严谨的分析方法,综合考察影响其信用状况的主客观因素,并对其履行债务的意愿和能力进行全面的判断和评估。

承租人信用评估的内容主要包括三个方面:

(1)对承租人信用的综合性、全方位的考察,不但有反映其外在客观经济环境的指标,如个人的资产状况、收入水平、社会职务与地位以及该人所生活的经济环境的宏观经济状况等,还包括能反映其内在道德诚信水平的指标,如历史的信用行为记录、信用透支、发生不良信用时所受处罚与诉讼情况、犯罪记录等。

(2)承租人信用评估应使用科学的分析方法,得到定量化的评估结果。

(3)承租人信用评估应包括对该人履行各种经济承诺的评价,对不同的征信机构分别给出相应的评估结果。汽车租赁企业应当建立完善的承租人信用评估管理信息系统,全面和集中掌握承租人的资信水平、经营财务状况、偿债能力等信息,以风险量化评估的方法和模型为基础,开发和运用统一的承租人信用评价体系,将其作为承租人选择的依据,并为承租人信用风险识别、监测以及制定差别化的授信政策提供基础。

金融信贷机构信用评估系统的评估方法分为三类:定性评估法、定量评估法和综合评估法。对于汽车租赁行业,一般使用定性评估法,该方法是指评估人员根据其自身的知识、经验和综合分析判断能力,在对评价对象进行深入调查、了解的基础上,对照评价参考标准,对各项评价指标的内容进行分析判断,形成定性评价结论。这种方法的评估结果依赖于评估人员的经验和能力,主观性较强,结果的客观、公正性难以保证。

定性评估可以使用信用分级表格或规范的核对程序更好地构建判断,以全面考虑信用申请者的各个方面。信用分级表格是一种预先准备的表格,用以记录业务人员对信用申请中各种信用资质作出评估。业务人员完成了信用调查并分析了申请中的项目后,列出的信用资质会逐个地评价为优秀、良好、一般或差四个等级之一,这四个等级的具体划分定义是:

优秀:上等、资质很高或很好;

良好:一般以上,有较满意的资质,仅次于上等;

一般:资质一般,不好也不坏;

差:总的来说不满意,一般以下或资质有问题。

4)信用信息管理

信用评估主要是为风险控制服务,即风险控制根据信用评估结果,对信用等级一般的加强风险监控,对于信用等级差的及时采取收回租赁车辆、进入司法程序、向公安部门报案等措施。

信用信息的收集、评估都是一个动态过程,业务人员应及时补充承租人在租赁期间的信用信息,并进行信用等级分析。

3. 证件审核的具体技能和注意事项

对各类证件的核实,首先确认是否在有效期内,其次核对证件照片、姓名(拼音)、号码是否与本人或其他证明相符。

1)身份证

身份证长85.6mm、宽54mm、厚1mm,在性别位置有定向光变色的"长城"图案,在相片下有光变存储的"中国 CHINA"字样,用放大镜可以看到在彩虹印刷的底纹中有缩微字符串"JMSFZ",如果将证件正面放在紫外线灯光下,可以发现荧光印刷的"长城"图案。身份证号码由18位数字组成,有些第18位可能是字母"X",前6位为地址码,第7~14位为出生日期码,第15~17位为顺序码,表示在同一地址码所标识的区域范围内,对同年、同月、同日出生的人编定的顺序号,顺序码的奇数分配给男性,偶数分配给女性。第18位为校验码。其他验证方法如下:

(1)使用身份证阅读机具所读取的存储在证件芯片内的机读信息,应与证件反面登记的视读信息相一致。

(2)登录全国居民身份证号码查询服务中心网站,系统核查结果为"一致"且有照片显小,则通过身份审核,如图5-6所示。

有时会出现系统信息与客户本人、证件对比一致,但无照片的情况,视为通过身份审核。系统核查结果为"库中无此号"或"不一致",视为未通过身份审核,如图5-7所示。

其他身份证网站也可提供身份证核查服务。

2)营业执照副本

要审查客户的营业执照副本的原件,查对单位名称、性质、注册资金,是否在有效期内(营业执照上当年年检的防伪标志),发证机关(国家市场监督管理总局或地方工商行政管理局)印章是否清晰,必要时打电话问其单位法人姓名及被委托人姓名及职务。登录中华人民共和国国家市场监督管理总局及各地方工商行政管理局网站、各类信用信息网站,也可查询到企业在工商部门登记的基本信息。

图 5-6 通过网站身份审核

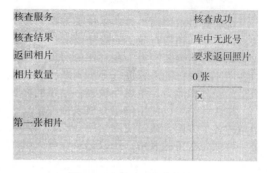

图 5-7 未通过网站身份审核

3)非大陆居民身份证件

(1)非大陆居民身份证件是指护照、外国人居留许可证、港澳居民来往内地通行证(回乡证)、台湾居民来往大陆通行证(台胞证)。

港澳居民来往内地通行证(回乡证)图样如图 5-8 所示。台湾居民来往大陆通行证(台胞证)图样如图 5-9 所示。外国人护照图样如图 5-10 所示。外国人居留许可证图样如图 5-11 所示,居留许可证签证页如图 5-12 所示。

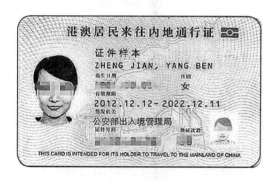

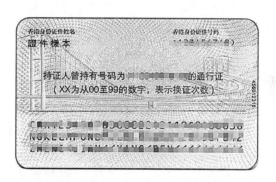

图 5-8 港澳居民来往内地通行证(回乡证)图样

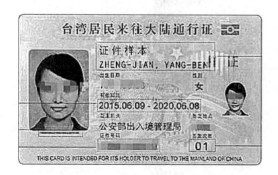

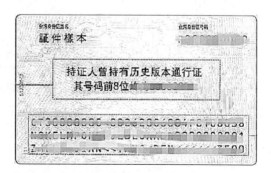

图 5-9 台湾居民来往大陆通行证(台胞证)图样

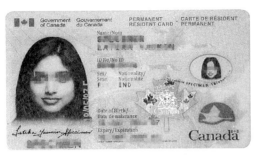

图 5-10　外国人护照图样

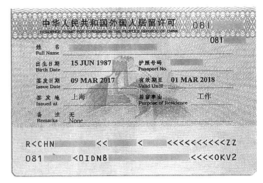

图 5-11　外国人居留许可证图样

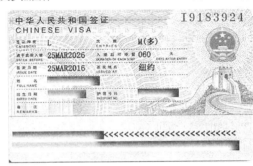

图 5-12　外国人居留许可证签证页

(2)非大陆居民身份证件的验证需要通过专门渠道,客户可能要等待一定时间。证件有效期应当超过当次租期2个月。

4)驾驶证

(1)有效驾驶证件指的是经管理部门考试合格,核发许可驾驶某类机动车的法律凭证,军人驾驶证、外籍驾驶证无效。

(2)驾驶证号码必须与身份证号码一致、有附页,驾驶证距离有效期不少于1个月。

(3)注意不同规格驾驶证持有人驾驶车辆的资格。

(4)由于驾驶证A、B本不是每年年检,无法从附页中查看年检信息,因此除查验驾驶证的有效期及与身份证明的吻合性外,可要求客户携带有效的"身体条件证明"回执(用来验证驾驶证已经通过当年年审)。

5)信用卡、借记卡

对于信用卡、借记卡,首先要识别其真伪,检查持卡人姓名是否与客户的其他证件一致,其次要检查卡面有效期和卡片的完整性。

(1)信用卡和借记卡的区分。

借记卡用于信用担保时有更加严格的限制,相比押金退款信用卡预授权更为方便并且抗风险系数高,业务人员应当建议客户优先使用信用卡。区分信用卡和借记卡的方法如下:

①卡号。除运通卡、运通联名信用卡、个别竖版信用卡为15位卡号外,横版信用卡一般为16位凸印卡号,而借记卡不一定凸印。

②有效期。信用卡有有效期(月份在前,年份在后),而借记卡不一定有有效期。

③激光防伪。信用卡有"银联""VISA""MasterCard"等标志及激光防伪标志,而借记卡

不一定有激光防伪标。

④持卡人姓名。信用卡卡面有持卡人名字,而借记卡不一定有。如不能区分,可致电银行卡背面发卡银行确认。信用卡、借记卡图样如图5-13所示。

a) 信用卡

b) 借记卡

图5-13 信用卡、借记卡图样

(2) 信用卡真伪识别。

一般情况下,可以通过以下方法简单判断信用卡是否是伪造卡:

①检查卡面凸印卡号的前四位数字与上方或下方平面印刷的微型四位数字是否一致,若不一致,则可判断为假卡或伪造卡。

②使用POS机刷卡,检查POS屏幕显示的卡号与卡面凸印的卡号是否一致,若不一致,则可判断为假卡或伪造卡。

③致电收单行,并将卡片BIN号(卡号的前六位数字)报给授权人员,请其尽快查询该BIN号所属的发卡银行是否与卡面显示的发卡银行一致,若不一致则可判断为假卡或伪造卡。

④其他信用卡查验要点如下:

卡片完好性检查:卡片正反面完整无缺且无涂改或无刮伤,也没有减角、损毁现象,卡面凸印卡号无涂改痕迹。

卡背签名栏:信用卡无涂改痕迹,也无样卡、测试卡或VOID(无效卡)字样。

信用卡持有人与签名检查:卡片背面有签名,并与卡面凸印的持卡人汉语拼音名相符,与身份证件姓名一致。

卡面有效期的检查:检查卡面有效期。过期的或背面有"VOID"标志的,均为失效卡,应拒绝受理,有效期在当次租期结束后不足一个月的,也不能受理。

(3) 其他注意事项。

①客户使用借记卡刷取租车押金时,借记卡可以不是承租人本人的。

②大陆客户不可以使用外卡租车,只能持国内有效卡租车。

③外卡不能作为担保卡使用。

④港澳台、外籍客户的外卡必须有磁条。

通常支票真伪的核实由财务负责,业务人员可通过拨打114电话号码查到付款方开户银行的电话,然后报上付款方名称和支票号,以此方式初步确定支票的真伪。

4. 必须时刻提高警惕的问题

(1) 有疑问时要与其他同事讨论商定,必要时请安保部门审核手续后再定夺。

(2)单独一人在工作现场出现疑问,而身边无人可以商量时,要积极与客户交谈,察言观色,要等待其他业务人员到场,切忌过于自信,切忌心急。

(3)要尽可能多地收集租车人信息,一般应让租车人留下2~3人的姓名及联系电话并当场核对,留下租车人的证件、固定电话号码,要注意电话号码与其住所、公司的区号是否相符,必要时要进行电话查询。

(4)对租车人产生怀疑时(符合租车条件的情况下),门店有权拒绝客户的租车要求,在拒绝时应向客户说明理由,注意言辞,不要激化矛盾。

(5)通过网络、市场营销部预订车辆的非会员客户来提车时,当对其租车条件产生怀疑时,门店有权拒绝客户的租车要求,但应说明原因,书面报市场营销部备查。

(6)对于在网上已经被列入黑名单的客户,门店有权拒绝其租车要求。

(7)通过摄像头拍摄承租人照片并存放于计算机中。

二、汽车租赁风险控制

任何行业都会有经营风险,但可以说汽车租赁是一个经营风险相当高的行业,其风险主要是车辆失控和租金流失。尽管如此,仍可通过前端的信用审核、贯穿全过程的风险控制、最后的法律事务善后,尽最大可能降低汽车租赁的经营风险。

1. 风险控制工作的重要性和策略性

汽车租赁行业有如下两个特点:一是所有权与使用权分离;二是租赁物具有高移动性和变现性。这两大特性决定了汽车租赁是一个高风险行业。在正常情况下,汽车租赁企业通过坏账准备、向保险机构投保等措施分散经营风险,可以保证企业经营的正常进行。但当这种风险无法预测和制约时,汽车租赁企业的经营将陷于困境。据统计,全国汽车租赁行业最终没有被追回的被骗车辆约占车辆总数的1%左右。汽车租赁企业为各类经营风险承担了巨大的经济损失,并消耗了大量精力,严重影响了汽车租赁企业的健康发展。

汽车租赁,特别是长期租赁的风险控制工作具有很强的策略性和决断性,比如一方面承租人可能因为非主观原因而偶尔拖欠租金,另一方面承租人可能因为财务问题从偶尔拖欠租金演变成长期拖欠租金甚至人车失控,那么需要相当丰富的经验和高超的技巧,对这两种情况进行正确判断,即不因贸然采取措施丢失客户,也不因犹豫不决而错失良机造成资产损失。

2. 形成汽车租赁风险的主要原因

1)维护出租人权益的法律环境不健全

在我国,虽然各项法规对机动车辆产权的转移、抵押等都有相关规定,但关于租赁企业的租赁物的权益,没有专项规定,执法机构普遍对所谓"善意取得"过于宽松,在执法过程中,对于一些明显的买赃行为,不严格依法处理,未能有效维护受害方的利益,客观纵容了骗车销赃的行为,形成了汽车租赁高风险的氛围。

在欧美国家,出租人可通过简易法律程序,向法官提供租赁合同、承租人3个月以上不交租金的证明,法庭当即可颁布执行令,相关部门有责任协助收回租赁物。在普通法系国家,如美国、英国、加拿大,法律上允许租赁企业在承租人违反合同时,以非暴力和合法手段自助取回租赁物。

2) 信用体系缺失

目前我国的信用体系还很不完善，控制汽车租赁风险最有效的信用体系还没有。由中国人民银行组织各商业银行组建的全国统一的企业和个人信用信息基础数据库已实行全国联网，该系统是一个全国统一的企业和个人的信用信息的基础数据库。在个人数据方面，该数据库的信息包括借款人和信用卡持有人的基本信息和信贷信息，此外还将采集公安部门、社会保障部门、公积金管理部门的相关信息。但该系统有非常严格的使用限制，在相当一段时期内汽车租赁企业无法利用其信息资源作为风险防范的手段。目前汽车租赁企业对客户的信用审核，只能依靠审核客户提供的户口簿、身份证、营业执照等最基本的手段，风险防范的漏洞很多。

美国有许多专门从事征信、信用评级、商账追收、信用管理等业务的信用中介服务机构，如全美有1000多家当地或地区的信用局(Credit Bureau)，这些信用局构成覆盖全国的信用服务体系和数据库，甚至任何一笔消费及信用卡信息都通过刷卡系统联网自动进入信用系统的信息库。美国的信用系统周密而有效，就连轻微的违法行为，如乘车逃票都有可能被记录到信用信息库中，并且影响其包括退休金在内个人生活。在这样的信用体系下，车辆被骗的风险自然较低。

3. 汽车租赁风险种类

汽车租赁的主要风险有车辆在租赁中失控、车辆被盗、拖欠租金。

1) 车辆在租赁中失控

车辆在租赁中失控是汽车租赁经营过程中给企业造成损失最大的风险，也是最难以防范的风险，主要有两种情况：

(1) 承租人使用真实身份租车，由于经营情况或个人经济情况恶化或有赌博、吸毒恶习，将车辆抵押或转租给第三方，或者因与第三方发生纠纷，车辆被第三方扣留。还有一种情况，就是承租人拖欠租金，租赁企业未能及时收回车辆，终止合同，造成承租人应付租金数额巨大，导致承租人一躲了之，租赁车辆仍在承租人手中。

(2) 承租人恶意租车的目的就是骗取租赁车辆后非法倒卖、抵押牟利。这些犯罪分子有时使用虚假、伪造的身份证明。随着红盾网等身份核实手段的完善和汽车租赁业务人员对证件识别能力的提高，犯罪分子开始利用真的营业执照等法人身份证明，但这些企业或法人单位实际已不存在。随着人户分离情况的增多，按户口簿地址寻找承租人的困难越来越大，加上以真实身份租车给诈骗定罪增加相当大的难度，导致以个人真实身份租车进行诈骗的现象有上升的趋势。

2) 车辆被盗

所租赁的车辆在承租人租用期间由于疏于管理(多数情况下无法获得相关证据)，车辆在使用或停放时丢失。有时也存在承租人监守自盗的情况，如某租赁公司对承租人交回的丢失车辆车钥匙进行痕迹鉴定，发现该车钥匙有被复制过的痕迹，但这一证据无法给承租人定罪。虽然如此，对汽车租赁企业而言，这是可以规避的经营风险，方法就是投保车辆盗抢险或安装车辆防盗装置。目前租赁车辆盗抢险保险费率为车辆价值的1%，对于桑塔纳等易盗车型，保险公司可能会提高保费或拒绝承保。除机械式防盗锁外，GPS、GSM等电子防盗装置的防盗功能已很强大，其安装和使用费用与盗抢险费用相当。

3）拖欠租金

当承租人出现拖欠租金的频率越来越多、拖欠时间越来越长的趋势时，立即终止合同、收回车辆。一般而言，承租人拖欠租金超过2个月将十分危险，如不采取措施，可能会由拖欠租金转为车辆失控。

4. 汽车风险防范措施

1）签订合同前的风险防范措施

（1）会员管理。签订合同前的风险防范措施就是预先在以下几个方面对客户进行信用审核和评估：

①客户租赁车辆的目的是否合理，是否有能力支付租金。

②客户是否有稳固的社会和经济地位，一般从客户的职业、供职的单位、居住条件、年龄及婚育状况进行判断。

③客户是否可提供信用破产时的担保，如财产担保或第三方担保等。

审核的方法主要是对客户提供的各类资料进行审核以及对资料真实性进行复核，包括上门核实。对一些信用特征比较清晰的客户，如知名人士，在政府、大型金融机构、公检法机关供职的人员可以适当精简审核过程和手续。

汽车租赁企业一般设立专门部门，以发展会员的方式对客户进行信用审核。这样可以避免在签订合同时进行信用审核容易造成疏漏、增加客户办理租赁手续时间等弊端。通过信用审核的客户填写会员信息、双方在会员服务方面的权利义务条款等内容的"会员申请表"，并签字后获得会员资格卡，会员租车时凭会员卡就可以免除信用审核的程序。会员的有效期为一年，到期后应对会员资格进行重新审核，但对会员信用状况的期间复核也很重要，定期组织会员活动是复核会员信用状况的很好手段。

会员管理除了是一种有效的风险控制手段外，还是汽车租赁企业营销手段，在提高汽车租赁利润的"收益管理"理论中，会员制是建立"价格藩篱"的措施之一。

（2）利用相对完善的信用体系。汽车租赁企业的信用体系毕竟有很多局限性，随着我国信用体系的发展、完善，利用社会信用体系、银行信用体系，可以降低汽车租赁企业信用管理成本，提高信用管理的功效。现阶段，汽车租赁企业与银行进行联名卡形式的合作，能够较好解决信用管理问题。民航、宾馆行业在营销中建立了庞大的会员体系，其会员的信用标准和消费领域与汽车租赁行业有很大的重叠性，与这两个行业合作，共享其信用等级比较高的会员，有很大的可操作性和发展空间。

2）签订合同时的风险防范措施

签订合同时的风险防范措施比较薄弱，主要依据客户提供的有关证件等有限资料，在有限的时间内按照业务程序对客户的信用情况进行审核，其判断的准确性常依赖负责客户资格审核的业务人员的工作能力。业务人员应加强对证件识别能力的训练。在与客户接触时，尽可能与客户交谈以获得对方更多的信息，通过对这些信息的综合分析，对客户信用情况及其资料的真伪作出判断，因此，业务人员有较丰富的社会知识和宽阔的知识视野是十分重要的。

（1）业务人员应严格、细致地审核客户提供的资料。住址，包括注册地、经营地址、经办人的居住地址等是核实的重点。对资料之间的相互比对是检查其真实性的重要办法。例如，某犯罪分子使用真实的营业执照，但签订合同所用公章的名称与营业执照的名称有一字之差:公章中为"冷"字,营业执照为"拎"字,业务人员在办理租赁手续时未能发现这一疏漏,使其得逞。而营业执照的单位也以这一字之差否认是租车合同的合法主体。

(2)应婉拒个人同时租用多辆车或长租,业务人员应注意观察同来租车人相互之间的关系。通常个人用户基本只在节假日租车,如在其他时间或同时、先后租用多辆汽车或长期租用汽车,违背一般规律,应特别注意。有时犯罪分子以招收驾驶员为名,让受害人到租赁公司租车,然后人车消失,租车人既拿不到工资,又要承担赔偿责任。多数情况下受害人经济状况不佳,无法履行赔偿义务,最终还是汽车租赁企业受害。

(3)对于注册资金少于100万元的公司应加强审核和监控。这类企业多从事装修、广告、科技、咨询、餐饮等行业,竞争激烈、淘汰率高,对具有这些特点的承租人,一定要谨慎。如某装饰有限责任公司,注册资金为50万元,主要从事装修业务,起初租金缴纳情况尚可,半年后拖欠租金并失去联系,到公司注册、营业地址查找无结果,到其法人代表身份证地址查找也无所获,后经了解该公司经营失败已经倒闭。在签订合同时对客户信用情况进行审核,参考以上所列规律,对提高信用审核的有效性有一定帮助。

(4)长期租赁业务,如果承租人的信用评估等级较低,可采用提高首付款比例,委托代理商采购、维护、管理、回购租赁车辆,使用网银支付租金、首付款,租赁车辆保险受益人为汽车租赁企业,采取将租赁车辆进行抵押登记和公证等措施控制风险。针对汽车租赁企业的信用审核规律和措施,诈骗分子采取了反审核措施并且越来越专业化。例如,某诈骗团伙利用租赁企业周六、周日工作人员少、业务繁忙,容易产生疏漏,租赁企业对有固定场所的客户审核容易麻痹的情况,租用办公室,然后通知租赁公司送车上门,结果两天内数家租赁公司上当,近10辆租赁车被骗。但一家租赁公司没有上当,因为他们发现犯罪分子租用的宾馆位置根本不适宜从事营业执照上的业务。虽然营业执照是真的,但只是注册资金为50万元的咨询公司,而且犯罪分子的言谈举止有很多做戏的成分。后来查明,犯罪分子从工商注册代理机构买来的营业执照。因此,在进行信用审核时,不能仅仅机械地执行业务程序,查看证件、地址、电话,而是要察言观色,尽可能多地获得客户信息,对这些信息进行综合分析,作出正确判断。

3)合同履行中

车辆失控、车辆被盗、拖欠租金等风险多是在车辆租赁过程中发生的,采取如下措施,可以减少风险:

(1)定期与承租方接触。对于长租客户,除定期收取租金外,应设法采取各种方式定期与承租人接触,如上门服务、征求意见等,形成汽车租赁企业随时重视和关注承租人的印象。反之,承租人可能觉得汽车租赁企业对车辆疏于管理,继而对租赁车辆产生不良企图。特别是对于将租赁车辆开往外地的承租人,应严格审核,避免租赁车辆长期在外地,处于无法控制的状况。如租赁车辆必须长期在外地行驶,可委托当地汽车租赁企业代为管理,降低风险。

(2)定期检查和更换防盗装置。租赁车辆的防盗装置应定期检查或更换,GPS等电子防盗装置应保持运行可靠,对突然失去踪迹的车辆及怀疑车辆应注意发生时间、地点和规律。

(3)随时注意交款情况。随时注意承租人的交款情况,如多次出现迟交租金的情况,应考虑终止合同,以免损失扩大。当出现交款异常时,应采取恰当方式,到承租人处了解情况,及时掌握对方行踪。在催收应付租金时,应向承租人下发书面通知书,作为日后起诉承租人违约的证据之一;收取支票时,应注意是否有证签模糊等违反银行票证管理规定的地方,防止承租人借机拖延支付。

一般的汽车租赁合同都在承租人违约责任中有这类规定:"承租人有下列行为的,出租人有权解除合同并收回租赁车辆:提供虚假信息;租赁车辆被转卖、抵押、质押、转借、转租或确有证据证明存在上述危险;拖欠租金或其他费用。"这为汽车租赁企业在面临风险时,采取相应措施、保护自身利益提供了法律依据。在采取措施之前,应首先向承租人发出合同终止通知书。

如果承租人合同期满后仍未退还车辆,汽车租赁企业应向承租人发出合同终止通知书,以防止承租人利用《合同法》第二百三十六条规定"租赁期间届满,承租人继续使用租赁物,出租人没有提出异议的,原租赁合同继续有效,但租赁期限为不定期",推脱违法责任。

4)善后处理

(1)车辆失控。确认车辆失控后应尽快寻找承租人及相关人员和车辆的下落,整理、收集租赁合同、收款通知书等证据。如汽车租赁企业自行收回车辆和欠款失败,承租人行为属于刑事犯罪的,可向公安机关报案,寻求协助;不属于刑事案件的,可向法院起诉。除合同规定的租金外,可追加车辆失控期间租金的赔偿。

(2)车辆被盗。应立即协同承租人到当地派出所报案,汽车租赁企业同时通知保险公司。公安部门立案后进入侦察程序,如果3个月后未能破案,公安机关向汽车租赁企业发出《车辆被盗证明》,企业凭此证明向保险公司办理索赔手续。注意必须向承租人收回被盗车辆的车钥匙,交给保险公司。

(3)拖欠租金。通常情况下,汽车租赁企业应在合同履行期间根据承租人拖欠租金情况,随时终止合同,以及早收回租赁车辆为首要目标,降低由拖欠租金转为车辆失控的风险,避免遭受更大损失的风险。如承租人确有可执行的财产价值,可向法院起诉承租人支付拖欠租金和利息。如发现承租人有其他违法犯罪行为,应及时向公安部门报告。

5. 内部风险控制

内部风险是指个别业务员利用业务程序和管理制度的漏洞,在工作中谋取不法利益致使企业面临的风险。这类风险主要是侵吞营业款、私用租赁车辆,由于是业务员工所为,所以手段隐蔽,比较难察觉。

(1)常见的非法侵害企业利益的方式。

①现金交易中侵吞钱款。现金交易中侵吞钱款的机会比较多,常见的有3种情况:业务员给客户开具收款凭证后销毁记账联,然后私吞钱款;业务员不开收款凭证,直接收取客户钱款并私吞;业务员多收钱款而在收款凭证上少写,私吞差额。

②信用卡交易中侵吞钱款。虽然信用卡业务中不接触现金,但业务员仍有机会侵吞钱款。主要有两种方法:在客户信用卡上多加数额,然后把刷卡单据的入账联的金额涂改为应收租金的数额,并从现金库中将多收部分的现金拿走;重复刷卡,即趁客户不备,重复刷信用卡,然后从现金库中拿走重复刷卡金额的现金,并用信用卡凭证抵账。

③租车不入账。与客户勾结,将不是待租状况的车辆低价出租,因为车辆没有进入待租业务程序,系统对该车不计价收费,业务员可将租金装入自己腰包而不被察觉。

④私自使用租赁车辆。业务员解除车辆的监控,私自使用租赁车辆。

(2)主要防范措施。

①管理制度。制定严格、完善的管理制度,特别是现金收付、登记等财务管理制度,如营

业结束后应当2人以上共同清点现金、对账。

②结算方式。尽量使用信用卡结算,不接受现金支付租车费用,减少现金流通环节。

③审核异常情况。出现现金不符、调整账务等问题,很可能是员工舞弊的征兆或机会,因此应加强对异常情况的审核。对于现金与记账不符的情况,无论是短缺或溢出,都应找出现金与记账不符的原因;尽可能减少调账,避免因客户原因或企业原因取消订单而退还已付租金产生的调账,更应杜绝因业务员错误造成的调账。

④严格执行车辆监控制度。多数汽车租赁业务软件具有租赁车辆状态与GPS绑定的功能,即待租车辆被锁定,如果移动范围超出所属营业门店,GPS监控则会发出位置异常报警。对于报警车辆,相关人员应核实是否被非法出租或业务员私用。

第五节 案例分析

一、汽车租赁预订业务

1. 确定租车条件

一般的汽车租赁公司都要求客户在办理汽车租赁业务时,持本人有效身份证件(国内租车人的第二代身份证、港澳居民来往内地通行证、台湾居民来往大陆通行证、国际护照)、国内有效驾驶执照、有效期内的国内/国际信用卡等证件。

对于不符合租车要求的,工作人员可向客户说明这是公司的规定,是为了更好地保护客户的权益,希望其理解。现列举几份汽车租赁公司的租车条件细则,仅供读者参考。

> **案例范本**:××汽车租赁有限公司租车条件细则
> 预订及租车前,请确认您满足以下条件,并持有下述相关证件。
> (1)年龄:年满20周岁。
> (2)本人有效的身份证件。
> ①大陆居民:第二代身份证。
> ②港澳居民:港澳居民来往内地通行证(简称"回乡证/卡")。
> ③台湾居民:台湾居民来往大陆通行证(简称"台胞证/卡")。
> ④其他国家居民:居住国家护照。
> (3)本人有效的驾驶证件:中华人民共和国机动车驾驶证,要求距初次领证时间必须超过6个月(含)。
> 说明:
> ①对于持A照、B照的租车人,除出示正、副本外,还必须出示当年的体检证明。
> ②对于港澳台或其他国家的租车人,若新申领地方驾驶证的初次领证时间不满6个月的,必须同时出示原户籍驾驶证。
> (4)本人(或结算担保人)有效的支付证件。
> ①首次租车:
> a.租车人本人的国内信用卡或国际信用卡。

b.结算担保人的国内信用卡。
②再次租车:
a.租车人本人的国内信用卡、国际信用卡或国内借记卡。
b.结算担保人的国内信用卡或国内借记卡。
说明:
可受理的国际卡品牌有:维萨卡(VISA)、万事达卡(MASTER)。
(5)其他说明。
①租车人若使用结算担保人的支付证件办理租车及结算,结算担保人必须持有本人的第二代身份证原件陪同租车人一起到达门店办理业务。
②大陆居民不受理其使用国际信用卡办理业务。
③上述证件的有效期至少超过当次租车的预计还车时间30天以上。

2.明确服务时间

汽车租赁公司要明确汽车租赁服务时间,以便客户知晓服务时间。

案例范本:××汽车租赁有限公司服务时间规定

(1)客服中心:7×24小时服务。

(2)门店服务:

机场店/市区24小时店7×24小时服务;

市区非24小时店08:00—21:00;

便捷店09:00—19:00。

(3)服务点:

火车站/高铁站服务点08:00—21:00;

其他服务点08:00—20:00。

(4)送车上门/上门取车:08:00—20:00。

注:节假日期间,标准的服务时间可能略有调整,请以预订时网站允许的时间为准。

3.服务预订细则

汽车租赁公司要制定服务预订的相关细则,以便在客户咨询时向客户解释。在此,提供几份汽车公司的服务预订操作细则,仅供参考。

案例范本:××汽车租赁有限公司服务预订细则

××汽车租赁有限公司服务预订细则

(一)预订方式

(1)网站预订:登录本公司网站,按网页提示进行预订。

(2)电话预订:致电××租车24小时客户服务中心××××××××,由客服人员协助预订。

(3)门店预订:光临××租车门店,由门店人员协助预订或直接选租车辆。

(4)手机客户端预订:下载××租车客户端,根据首页提示进行预订。

（二）预订类型

客户在预订时可以选择"级别订车"和"车型订车"

（1）级别订车，是指预订时指定车型级别（不指定到具体车型），取车时接受该级别内任意车型的预订方式。在此情况下，客户可享受一定幅度的价格优惠。

（2）车型订车，是指预订时一次性预订到指定车型。在此情况下，客户享受正常的租车价格。

（三）预订说明

（1）订单成功提交后，××租车将为客户预留所订车辆。

（2）客户取车。

①提前取车：客户在预订取车时间前取车，租期将按实际的取车时间计算。

②延时取车：客户超过预订取车时间半小时未取车的，订单将自动取消；如需延时取车，请您务必在预订取车时间前致电××租车，我们将为您保留车辆，租期将自您的原订单时间起算。

（3）因特殊原因（如车辆未还回等）无法向您提供已成功预订的车型时：

①××租车将为您调整同级别车辆或免费升级车辆；

②确定无车提供的，××租车将补偿您订单首日日租金金额的××。

（四）订单修改说明

1. 取车前修改订单

订单提交后，"普通产品"和"周租/月租"等产品类型将不能修改。

为确保您的用车能够顺利提供，调整订单其他内容，请在取车时间前6小时致电×××××××修改；调整取车方式或涉及取车方式的订单，请务必提前24小时致电×××××××修改。感谢您的配合！

订单一旦修改，原订单的车辆租金价格将重新计算，请您慎重考虑。

2. 取车后修改订单

（1）修改还车时间。

①延时还车：请在原租期届满前6小时致电×××××××提出续租申请，其中，续租后未付租金（即：续租后预计总租金－已付租金）超过预授权金额的80%（含80%）时，请您前往门店办理续租。

②提前还车：请在预计还车前6小时致电×××××××，其中周租/月租产品等特价产品，提前还车将按预订租期结算。

详见延时还车、提前还车说明。

（2）变更还车门店。

请在预计还车前6小时告知×××××××；为保障能够调配人员为您服务，变更还车方式或修改此类订单，请务必在预计还车时间前24小时致电×××××××。

（五）订单取消说明

如需取消订单，请您在预订取车时间前6小时致电×××××××或网上取消订单，以便我们为其他客户安排用车。

（六）预付租金及相关说明

(1) 对节假日用车、顺风车等需要预付的紧缺或特价产品,需在预订后1小时内预付全部租金,逾时未预付的,订单将自动取消。

(2) 预付成功后,视为预订成功。

(3) 由于车辆稀缺,已预付订单的修改或取消,可能影响到您的预付租金,请在预订或变更订单时慎重考虑。

① 订单取消。

a. 因客户原因取消订单的,预付款中的基本保险、手续费及增值服务费等将退还客户,但车辆租金恕无法退还。

b. 因××租车原因导致订单取消的,××租车除退还客户已付金额外,还将补偿客户双倍已预付金额的现金。

② 订单修改。

请在预订取车或还车时间前6小时致电×××××××修改订单,以下情况恕无法为您修改:

a. 涉及取车时间、租期、取车门店、车型的,不能修改;

b. 订单支付时间距离预订取车时间不足6小时的,不能修改。

4. 规范租车流程

汽车租赁公司要制定规范的租车流程,以此来实现规范性的操作。在此,提供几份汽车租赁公司的租车流程,仅供参考。

案例范本：××汽车租赁有限公司租车流程(图5-14)

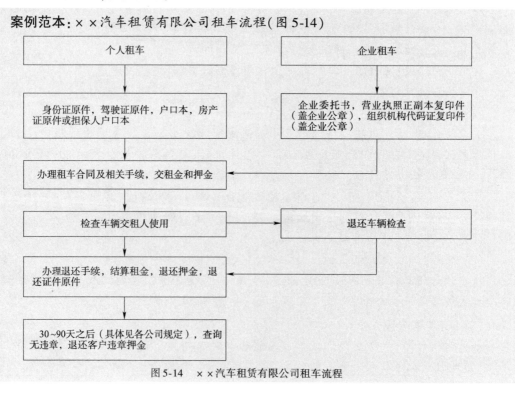

图5-14　××汽车租赁有限公司租车流程

5.规范还车流程

汽车租赁公司要制定规范的还车流程,以此来实现规范性的操作。在此,提供几份汽车租赁公司的还车流程,仅供参考。

案例范本:××汽车租赁有限公司还车流程(图5-15)

图5-15 ××汽车租赁有限公司还车流程

二、紧急事务处理

1.明确保险责任

案例范本:××汽车租赁有限公司保险责任(表5-5)

××汽车租赁有限公司保险责任　　　　　　　　　　表5-5

保险项目	保　额	承租方责任(%)	保险公司、×××租车公司责任(%)	备　注
车辆损失险	新车原价	20	80	由于发生自然灾害(地震除外)、意外事故、其他保险事故导致的车辆本身的损失
第三者责任险	100万元	0	100	保险车辆发生意外事故,导致驾驶员人身伤亡
车上人员责任险	驾驶员:10万元;其他人员:2万元	0	100	保险车辆发生意外事故,导致驾驶员人身伤亡
全车盗抢险	新车原价	30	70	全车被盗窃、被抢劫或被抢夺而造成的损失,免责部分条款如下:(1)机动车行驶证、购置税证丢失,各扣除当时车辆折旧价的0.5%免赔责任;(2)车钥匙丢失,扣除当时车辆折旧价的5%免赔责任
自燃损失险	新车原价	0	100	保险车辆由于自身原因起火燃烧造成保险车辆的损失
保险公司认定拒赔或超出保险额度以外的部分		100	0	超过保险公司赔偿范围的部分由承租方自行承担

163

2. 明确理赔说明

案例范本：××汽车租赁有限公司理赔说明

1. 保险责任内的事故损失

(1) 如果还车时理赔资料齐全,客户不需垫付本车维修等保险公司应付费用,仅需:

①垫付第三方损失等保险公司应付费用,该费用将在保险公司完成理赔后返还客户;

②列明的保险责任内承租方需承担的损失;

③列明的保险责任额度外的所有责任和损失。

(2) 如果还车时理赔资料不齐全,客户需根据预估车辆损失程度刷取不低于1500元的材料缺失保证金(预授权)。

2. 保险责任外的事故损失

对于保险责任外的事故损失,客户需:

(1) 承担车辆维修费用;

(2) 承担事故造成的其他所有损失。

3. 租期内发生车辆盗抢或车辆报废

如在租期内发生车辆盗抢与报废,客户需支付车辆和租赁费用,直到公安部门立案或车辆管理部门出具报废证明之日。

3. 事故处理细则

案例范本：××汽车租赁有限公司事故处理细则

(1) 如果车辆被扣,该怎么处理?

签收扣车单前,先了解车辆被扣原因及执行部门,同时要求对方出示相关工作证件,然后按以下步骤处理:

①询问处理事故场所。向执行部门询问车辆扣放所在位置、执行人联系方式。

②报门店。第一时间告知门店,寻求门店协助解决事故。

③门店结算。客户到门店做还车结算并刷取事故预授权,交回扣车单。

④垫付费用。垫付车辆被扣时的罚款与拖车费用。

⑤承担责任。车辆不符合运营要求被扣,客户不承担责任及费用;车辆出现事故、客户驾驶车辆违反法律法规被扣,除作为当事人有义务协助门店取车外,客户还应承担车辆误工费、罚款、被扣停车费以及扣留期间产生的其他费用。

(2) 如果车内财物丢失,该如何处理?

如果是车锁被撬或盗抢未遂导致车内财物丢失或车辆受损,应做如下处理。

①报警。保护现场并拨打110报案。

②报门店。电话告知门店事故状态,联系车辆停放场所所在的物业管理部门,要求对方配合解决。

③车辆维修。定责后到指定维修厂进行车辆维修。

④还车结算。到门店做还车结算并刷取事故预授权。

(3) 如果车辆被盗,该如何处理?

处理方式有如下几种:

①报保险。保护现场并拨打车辆所投保的保险公司报险。
②报警。拨打110报案,同时联系车辆停放场所所在的物业管理部门。
③配合立案。警察、保险公司到达后,配合做好口供、笔录,并积极协助提供线索。
④报门店。告知门店并简单描述事故状态。
⑤还车结算。到门店还车结算并刷取事故预授权。
⑥费用承担。

(4) 如果两车相撞,该如何处理?

两车相撞后将车熄火,并将警示牌放到车辆周围。迅速记下对方车辆的车牌号码,以免对方驾车逃逸。根据不同的碰撞类型,参照相应处理方式。

①报保险。向车辆投保的保险公司报险(保险公司电话参见随车手册内保险卡),并提醒事故对方报对方保险公司。
②报交警。拨打122或110并协助事故责任认定,告知门店事故状态。
③报急救电话。事故中若有人伤,保护好第一现场,不随意移动现场遗落物,拨打120救助伤者。
④定损、定责。交警到达现场认定事故责任,保险公司达到现场定损。现场可确定双方责任并能够定损时,租车人需领取事故责任认定书和车辆定损单;现场无法确定双方责任、无法定损时,交警暂扣留车辆,待事故责任确定后,租车人前往交警指定地点领取事故责任认定书及事故车辆。
⑤车辆维修。联系出车门店按指引进行(不得擅自维修车辆)。
⑥还车结算。还车结算并刷取事故预授权。
⑦费用垫付。事故责任为全责、主责时,客户需垫付车辆救援费用、租用车辆维修费用、三者车辆维修费、救援费,同时需垫付因物损、人伤时产生的公共设施修复费及伤者医疗费。事故责任为次责、无责时,客户协调并要求事故对方垫付租用车辆的救援费用、车辆维修费用,有物损、人伤时所产生的公共设施修复费用及伤者医疗费。
⑧费用返还。××汽车租赁有限公司收到保险赔付后将理赔额度范围内的费用返还给客户。
⑨费用承担。

(5) 快速理赔需要注意哪些问题?

如事故中双方碰撞无人伤、无物损,事故责任明确且双方认同,同时事故车损较小(全部车损在2000元以下的),双方可选择快速理赔,流程如下:

①报保险。报双方投保的保险公司,双方填写《机动车交通事故快速处理协议书》并签名,完成后可离开事故现场。
②报门店。告知门店并简单描述事故状态。
③车辆定损。48小时内携带协议书并开车到保险公司指定快速处理点做车辆定损。
④车辆维修。联系出车门店按指引进行(不擅自维修车辆)。
⑤还车结算。还车结算并刷取事故预授权。
⑥费用垫付。客户事故责任为全责、主责时,客户需垫付车辆救援费用、租用车辆维修费用、三者车辆维修费、救援费四项费用;客户事故责任为次责、无责时,客户需要求事故对方垫付租用车辆的救援费用、车辆维修费用两项费用。

⑦费用返还。××汽车租赁有限公司在收到保险赔付后将理赔额度范围内的费用返还给客户。

⑧费用承担。

(6) 什么是自认全责？怎么处理这种情况？

自认全责是指在交通事故发生之后，违章者知道事故是因自己造成，并主动认定自己应承担事故的全部责任。发生自认全责的事故时，客户垫付车辆维修费用、救援费用，垫付人伤、物损导致的公共设施修复费用、医疗费用。自认全责的会员，安全驾驶指数减少20分，再次租车时可能支付双倍的综合服务费。其中安全驾驶指数是将驾驶人年龄、性别、性格、健康状态等对交通事故的发生存在影响的主观因素进行量化而形成的指标体系，目的在于约束和规范驾驶员的驾驶行为，以此来减少交通事故的发生。

(7) 如果选择了协商解决，要注意什么问题？

对于事故双方协商解决的事故，保险公司不予赔付，因协调解决导致客户需承担费用见"事故处理类型及费用承担标准"。同时，选择协商解决事故的客户安全驾驶指数减少20分，再次租车时支付双倍的综合服务费。

(8) 什么是单方交通事故？该怎么处理？

车辆在行驶过程中因撞到护栏、路墩或其他障碍物导致车辆受损，为单方交通事故。处理方法如下。

①报保险。保护现场，立即将车辆熄火，向承保公司报险（保险公司电话参见随车手册内保险卡），按接线员指引进行下一步操作。

②报交警。拨打122或110并协助事故责任认定。

③报门店。告知门店事故情况，按门店指引进行下一步操作。

④还车结算。还车结算并刷取事故预授权，详见"事故责任界定及预授权标准"。

⑤费用垫付。客户需垫付车辆救援费用、公共设施修复费用、车辆维修费用三项费用。

⑥费用返还。××汽车租赁有限公司在收到保险赔付后，将理赔额度范围内的费用返还给客户。

⑦费用承担。

(9) 用车期间需要车辆救援怎么办？

车辆租用期间不能正常安全行驶时，及时联系车辆投保的保险公司或向交警申请救援服务，并在第一时间告知门店寻求帮助。同时客户需垫付车辆救援及维修费用。

4. 道路救援服务

汽车租赁有限公司要及时为客户提供道路救援服务，让客户感受到公司细致周到的服务，从而赢得更多的回头客。在此，提供一份汽车租赁有限公司的道路救援规范，仅供参考。

案例范本：××汽车租赁有限公司道路救援规范

××汽车租赁有限公司向租车客户提供"24小时"的全国救援服务。客户遇到以下问题时，请立即致电24小时客户服务中心电话×××××××进行求救。

1. 由于车辆本身故障无法正常行驶时

(1) ××汽车租赁有限公司将委托救援商提供现场紧急修理服务，相关费用由××汽车租赁有限公司承担。

（2）若车辆故障无法现场修复，客户可将车交与××汽车租赁有限公司指定的救援商；若在××汽车租赁有限公司网点覆盖城市范围内，客户可到就近××汽车租赁有限公司门店更换车辆，××汽车租赁有限公司尽量为客户提供同级别或高级别车辆，租金按原车型计费；若在××汽车租赁有限公司网点覆盖城市范围之外，××汽车租赁有限公司将委托救援商为客户办理退租手续，不再提供备用车。后续部分由××汽车租赁有限公司和客户结算。××汽车租赁有限公司按1元/公里的标准，向客户赔偿自车辆停驶城市到原定还车城市的路费。

2．非车辆本身机械故障导致无法正常行驶时

非车辆本身机械故障导致无法正常行驶时（包含且不限于人为操作失误、保险事故等），客户可自行选择救援商，也可选择××汽车租赁有限公司提供的道路救援服务，相关费用由客户自行承担。

××汽车租赁有限公司道路救援服务内容见表5-6。

××汽车租赁有限公司道路救援服务内容　　　　表5-6

服务项目	服务描述
事故救援	租赁车辆出现事故、无法继续安全行驶时，提供拖车或现场小修服务
更换备胎	租赁车辆因轮胎损坏无法行驶时，提供更换备胎、送油服务
送油服务	租赁车辆因无燃料而无法启动或行驶时，提供送油服务
开锁服务	租赁车辆钥匙遗失或钥匙锁入车内，提供开锁服务
蓄电池搭电	租赁车辆因蓄电池缺电或发电机故障无法启动时，提供搭电服务

三、汽车租赁费用结算

1．价格说明细则

不同的服务项目，其价格肯定是不一样的，因此汽车租赁公司要规范各项服务的收费标准。在此，提供几份汽车租赁公司的价格说明细则，仅供参考。

案例范本：××汽车租赁有限公司价格说明细则

××汽车租赁有限公司价格说明细则

（一）标准服务

1．车辆租金

车辆租金是客户必购项目，是各车型在租赁中形成的费用，最小单位为天(24小时)，超过1天的租期中，非整日的部分：

（1）不足4小时(含)的，按超时费计费；

（2）4时以上的，按1天计费。

根据产品类型、租期、支付方式，车辆租金分为正常价和周租/月租价，见表5-7。

车辆租金内容 表5-7

适用说明	支付时间	租期限制	结算限制
正常价	根据预计总租金金额,还车时付全款或取车时先付全款	最短1天,最长30天	无,按实际租期结算,还车时多退少补
周租/月租价	取车时一次性先付全款	最短7天,最长30天	按订单租期结算,提前还车的(含续租后提前还车),已付租金不退

2. 基本保险费

基本保险费是客户必须购买的项目,是对车辆发生重大事故的保障。

(1)基本计费单位:1天(24小时),其中租期中非整日的部分规定如下:

①不足4小时(含)的,不计基本保险费;

②4小时以上的,按1天收取基本保险费。

(2)计价方式:按天计费,总额 = 单价 × 租期。

(3)计价说明:不同车型基本保险费价格不同。

基本保险费不计入停运损失费、超期违约金、提前还车违约金。

3. 手续费

手续费是为客户办理租车手续的人工费、场地费等,是租车必须购买的项目。

(1)基本计费单位:按订单计费。

(2)计价说明:

①不区分车型和会员级别;

②每个城市、每个门店收费标准不同;

③送车上门服务免收手续费。

4. 超时费

30分钟以内的超时,不收取超时费。租车使用的时间超过租期约定的归还时间30分钟以上的,或总租期内非整日部分中如有不满4小时的租期,按以下标准收取超时费。

(1)基本计费单位:小时。

(2)超时费用只计车辆租金,不含基本保险费等其他费用,计费方式如下:

①不足1小时的,按1小时收费;

②4小时(含)以内的,以"小时"为单位收费;

③4小时以上的,按1天(24小时)租期计费。

5. 超里程收费

超过限制里程的,需按实际产生的超里程数以及每公里单价支付超里程费。

(二)增值服务

车辆增值服务内容见表5-8。

车辆增值服务内容   表 5-8

项目(可选)	费用
不计免赔服务	50 元/天,超时 4 小时以下或租期 4 小时以上按 1 天计费,超时 4 小时内或租期不满 4 小时不另计费;周租/月租产品不论租期及是否超时,均按 7 天计算
GPS 导航仪	20 元/天,超时 4 小时以下或租期 4 小时以上按 1 天计费,超时 4 小时内或租期不满 4 小时不另计费;周租/月租产品不论租期及是否超时,均按 7 天计算
送车上门	100 元/次
上门取车	100 元/次
同城异店还车	50 元/次
异地还车	以预订实际报价为准
全国救援	对于车辆的自身故障免费救援;其他服务,按救援协商的报价由客户现场支付

(三)其他费用

1. 夜间服务费

××汽车租赁有限公司为夜间用车的客户提供 24 小时服务,客户在 21:00—8:00 之间有租车需求的,仅需支付 50 元/次夜间服务费后,即可享受取车或还车便利。

2. 强行续租违约金

为保障其他客户的公平用车权益,有后续订单的车辆恕不能为您提供续租,客户如未履行有效续租手续或未经××汽车租赁有限公司同意强行续租,需正常支付租金,并按超期部分租金的 300%支付违约金。

3. 加油服务费

为方便客户用车,××汽车租赁有限公司将尽量为客户提供满油车辆,请在满油出车后满油还车,您就不需支付油量差价以及 100 元加油服务费。

4. 违章罚款

车辆租赁期间产生的违章,需由客户自行负责,请遵守交通法规、安全驾驶。如有违章产生:

(1)××汽车租赁有限公司在查询或收到违章通知后,将以短信或电话提醒客户,客户在接到××汽车租赁有限公司提醒后,可致电××××××××详询违章处理方法;

(2)客户应在违章发生之日起 25 日内自行将违章处理完毕,并将处理凭证复印件发至××汽车租赁有公司违章处理专用邮箱;

(3)逾期未消除违章的客户,需承担 200 元/天的违约金。

5. 停运损失费

对因车辆事故、保险理赔导致车辆维修、影响租赁的,××汽车租赁有限公司免向客户收取停运损失费,仅在因客户违法违规用车或遗失证照而导致车辆被扣的情况下,按以下标准向客户收取停运损失费:

(1)计费方式:租期内车辆租金均价×停运天数。

(2)停运天数确认标准见表 5-9(因维修厂无件、排队等客观原因导致维修等待的,等待时间不计入停运时间)。

停运天数确认标准　　　　　　　　　表5-9

停运情形	停运天数(预计)
因证照遗失,导致不能合法上路	2天
因客户违法违规驾驶导致车辆被扣	按车辆实际被扣押天数收取

为保障您的人身财产安全,节省租车费用,请遵法守法、谨慎驾驶。

6.维修费

××汽车租赁有限公司不向客户收取因车辆维修产生的停运损失费、车辆贬值损失。对于保险公司赔付范围外的事故车辆维修费用,需由租车客户承担。

(1)维修费用收取标准与流程:维修费用参照"车辆外观损伤修复费用标准",由客户还车时预先支付,维修完成后按实际产生的费用多退少补。

(2)客户如对预付维修费用的内容或额度存有异议,经××汽车租赁有限公司门店审核方可商议决定。

(3)对于客户擅自维修或至非××汽车租赁有限公司指定的维修厂维修的,客户将承担维修费用。

7.随车物品损失费

随车物品不在保险理赔范围之内,如不慎遗失或损坏、需由客户参照"随车物品清单及价格表"或当地4S店价格进行赔偿。

为节省您的费用并与其他客户共享舒适、整洁的车况,请您爱惜车辆。

8.其他损失

由双方按合同及相关法规协商处理。

2.租期计算方式

不同的汽车租赁公司,其租期计算方式是不同的。因此,汽车租赁公司要根据本公司的实际情况,制定本公司的租期计算标准。在此,提供几份汽车租赁公司的租期计算方式,仅供读者参考。

案例范本:××汽车租赁有限公司租期计算方式说明细则

1.租期小于1天的

按1天收取车辆租金、基本保险费、增值服务费等费用。

2.租期超过1天的

(1)租期内整日的部分,按天收取车辆租金、基本保险费、增值服务费等费用。

(2)租期内非整日的部分:

①不足4小时(含4小时)的,按超时费标准计费,不再另计基本保险费、增值服务费;

②4小时以上但不足24小时的,计1天租期,按天收取车辆租金、基本保险费、增值服务费等费用。

注:周租/月租产品车辆租金为打包计费;不计免赔服务费、导航费用按7天计费;其他费用按普通产品计费标准计费。

3.规范结算流程

汽车租赁公司要规范租费的结算流程,保证每一个收费环节的规范化。在此,提供几份汽车租赁公司的结算细则,仅供参考。

案例范本:××汽车租赁有限公司租期结算细则

1.取车时

(1)刷取第一次预授权,冻结客户相应的信用额度或收取相应的租车押金。

(2)周租/月租产品或特别注明需要先支付的普通产品,客户取车时需先支付预计租金。

2.客户还车结算后

(1)消费在信用卡预授权中扣除时,担保信用卡第一次预授权内剩余的信用额度将在3天左右解冻,各银行解冻时间稍有不同。

(2)消费直接在首次押金中扣除时,扣除租金押金如有剩余,余额部分在15~20个工作日退还。

3.客户进行信用卡第二次预授权

还车结算后,客户进行信用卡第二次预授权(结算违章保证金及其他未结清的费用押金)。

(1)金额。

①租期1~15天:不低于1000元;

②租期16~30天:不低于2000元。

(2)第二次预授权/押金刷取方式。

①信用卡预授权;

②国内银行卡支付押金;

③首次押金转付;

④储值卡支付。

(3)解冻或退款时间。

①没有违章的情况下。

预授权:客户还车后30天左右自动解冻;

押金:在没有违章的情况下,××汽车租赁有限公司在客户还车后30天发起退款;

银行卡押金:由于银行流程,客户可能最长在还车后45天左右到账;

储值卡押金:次日退款到客户储值卡账户,最长不超过3个工作日到账。

②对产生违章并且未自行处理的客户。

预授权:××汽车租赁有限公司将采用银行托收的方式在预授权中直接扣除客户违章费用及违章违约金,剩余额度在发卡行银行规定的解冻期限内解冻。

押金:××汽车租赁有限公司将在押金中扣除相应费用,剩余押金退还客户。

银行卡押金:由于银行流程,客户最长在还车后45天左右收到退款。

储值卡押金:次日退款到客户储值卡账户,最长不超过3个工作日。

××汽车租赁有限公司退款须知见表5-10。

××汽车租赁有限公司退款须知 表5-10

客户付款方式		退款账户	退款到账周期	备注
门店刷卡		银行卡	5~7个工作日（特殊情况，以开卡银行规定为准。可拨打开卡银行电话咨询了解）	如使用非本人信用卡或借记卡刷卡租车的，会原渠道返还
网络支付	支付宝、微信	支付宝、微信	2~3个工作日	
	银联支付	银行卡	3~5个工作日	
	快钱	银行卡或快钱账户	5~10个工作日	
	财付通	银行卡或财付通账户		
	财付通小钱包	银行卡或财付通小钱包账户		
	财付通小钱包租车用	银行卡或财付通小钱包租车用账户		
电话支付	环迅	银行卡或环讯账户	15~25个工作日	
	呼叫中心银行POS	支付时使用的招行卡	5~7个工作日	

注：以上退款时间遇法定节假日顺延。

4. 消费储值卡细则

现在，许多大型的汽车租赁公司都会向客户出售公司的消费储蓄卡，客户可以在储值卡上充值消费，同时享有一定的优惠。在此，提供几份汽车租赁公司的储值卡规定细则，仅供读者参考。

案例范本：××汽车租赁有限公司储值卡细则

储值卡为××汽车租赁有限公司消费储值卡，购买储值卡可获得的优惠政策视当季促销政策而定。储值卡为实名储值卡，可在××汽车租赁有限公司全国任一门店出示消费。

1. 购卡说明

(1) 储值卡一经售出，恕不能退。

(2) 购卡时一次性开其发票，使用时不再重复开具发票。

2. 储值卡使用说明

(1) 储值卡支付范围。

① 支持预订时预付。

② 支持普通产品、周租/月租产品结算。

③ 支持支付预授权5000元(含)以下车型的租车押金。

④ 支持支付违章押金。

(2) 首次消费时的注意事项。

① 储值卡需输入密码，并进行关联。

② 关联人为储值卡所有人。

③ 关联后，储值卡所有人消费时可不必凭卡消费。

④首次消费后,储值卡返赠的××币将在结算后次日一次性关联到储值卡所有人名下,此后使用储值卡消费不再另返××币。

(3)储值卡管理。

①储值卡不计息、不兑换现金。

②储值卡不透支、不可充值,有效期为三年(自购卡之日起计算),过期余额不退。

③储值卡不允许转借。

④客户如需修改密码,可由关联人致电××××××××进行修改。

⑤储值卡如有丢失,可致电××××××××挂失。

思考题

1. 汽车租赁的特征有哪些?
2. 汽车租赁服务的盈利模式是什么?
3. 汽车租赁与汽车业的关系是什么?
4. 开展汽车融资租赁的经营主体有哪些类型?
5. 汽车融资租赁须具备的条件有哪些?
6. 汽车租赁信用审核的主要程序有哪些?
7. 形成汽车租赁风险的主要原因有哪些?汽车租赁风险种类有哪些?

第六章 汽车置换

第一节 汽车置换概述

一、汽车置换的定义

汽车置换有狭义和广义之分,从狭义上来说就是"以旧换新",目前在世界各国已成为流行的销售方式,经销商通过二手车的收购与新车的对等销售获取利益,即消费者用二手车的评估价值加上另行支付的车款,从品牌经销商处购买新车的业务。广义的汽车置换,则是指在以旧换新业务的基础上,同时还兼容二手车翻新、跟踪服务、二手车再销售乃至折抵分期付款等项目的一系列业务,从而使之成为一种有机而独立的汽车营销方式。

用来置换的二手车必须是证件齐全有效、非盗抢、非走私车辆,距报废年限一年以上、尾气排放符合要求、无机动车产权纠纷、允许转籍的在用汽车。通过"以旧换新"来开展二手车贸易,车辆更新程序简化,并使二手车市场和新车市场互相带动,共同发展。客户既可通过支付新车与二手车之间的差价来一次性完成车辆的更新,也可选择通过其原有二手车的再销售来抵扣新车车款的分期付款方式。

品牌专卖店可用"以旧换新"的方式促进新车的销售。汽车置换在国外很普遍,经营模式已相当成熟。以美国为例,很多汽车品牌专卖店都有经营二手车的业务。抽样调查显示,置换购车的比例已达到1/3。随着汽车普及率的提高及换车周期逐渐缩短,未来置换购车必将呈上升态势。

汽车置换,不同于以往的二手车市场内经纪公司单纯的买卖业务,而是消费者用二手车的残余价值折抵一部分新车的车款从品牌经销商处购买新车的业务,可以看作是新车交易的延伸。近几年来,国内众多新车品牌专卖店均延伸了这项服务。由于参加置换的厂商拥有良好的信誉和优质的服务,其品牌经销商也能够给参与置换业务的消费者带来信任感和更加透明、安全、便利的服务,所以现在越来越多想换新车的消费者希望尝试这一新兴的业务,业务发展势头良好。

二、汽车置换市场形成的必然性

(1)新车市场发展迅速。随着经济的发展,激发出人们被压抑的购车需求,出现了排队购车的热潮。销售量庞大的新车市场必然会导致二手车更新浪潮,这样就会形成庞大的二手车市场。在利益的驱动下,出现了众多的特许经销商从事二手车交易,使之演变为一个新兴产业。

(2)寻找新的利润空间。随着汽车生产能力的不断提高,经销商为了扩大销售,允许车主以二手车折价再购买新车,实施"卖新收旧""以旧换新""折价贴换"等销售策略。起初,销售商涉及的二手车并不在意于交易,只是为了促进新车的销售。然而,随着业务数量增加,二手车的处理就成为一个迫切需要解决的问题。到了20世纪30年代,经销商开始认识到二手车的再销售存在很大的潜在利润,于是一些独立的、非特许经营的二手车经销商经营起二手车交易业务。

(3)地域经济差异使不同地区商品消费水平不同。地域经济发展不平衡,人们对于车辆的认同存在差异,一辆在经济发达城市淘汰下来的二手车在经济欠发达地区可能成为炙手可热的抢手货。两地的消费水平不同导致同样商品在不同消费群当中具有不同的消费剩余,这种消费剩余的差异直接导致地区间供求关系的转化与价格差。

(4)汽车生产厂商鼓励扶持汽车置换业务。一些大汽车生产厂商为提高各自市场占有率,对汽车置换业务给予政策扶持。汽车置换业务在中国市场诞生的那一刻起,就是作为整车新车市场的一个辅助市场和竞争手段。从根本上讲,当前汽车置换的主要任务还是加快车辆更新周期,刺激新车消费。各大汽车厂商对此也比较支持,无论是车辆供应品种、资金配套、储运分流还是其他相关的广告宣传。除了公司的支持以外,汽车置换业务自身就有很大的盈利因素,且不论信息不均衡所产生的地区车价差,单就二手车交易与新车置换过程中收取的手续费、交易费等各种费用也会给从业者带来丰厚的利润,更何况随着业务的发展,汽车置换业务将不再满足于二手车收购后的简单再销售,而是着眼于车辆收购、整新、办证一条龙服务,不仅使新车的销售量大大增加,同时也为汽车维修、汽车服务、汽车零部件销售等增加了更多的机会。如此,随着汽车置换规模的形成,其所产生的利润将更为可观。

三、汽车置换的特点

汽车置换逐渐成为汽车厂商竞争的第二战场,多家品牌专卖店进军汽车置换市场,与传统二手车交易方式相比,汽车置换业务具有自己的特点。

(1)办理周期短。车主只需将二手车开到品牌专卖店,品牌评估师根据经验及车辆状况,现场就能对二手车评估出价格,车主选好心仪的新车后,只要缴纳中间的差价即可完成汽车置换手续,剩下的所有手续都由品牌专卖店代为办理,并且免代办费,大概1周左右就可以完成新车置换。

(2)品质有保证,风险小。品牌专卖店按照厂家要求收购顾客的二手车,收购对象涵盖所有汽车品牌及车型。对于消费者而言,品牌专卖店所提的车都是汽车生产厂商直供销售的,没有任何中间商,车况、车辆品质让消费者安心,消除了不懂车、不知道怎么挑车的顾虑。

(3)有利于净化市场,增强市场竞争力。消费者对品牌专卖店的信任,会让一大批违规操作的组织或个人在这个领域没有立足之地。以汽车生产厂商为主导的品牌二手车置换模式,将打破二手车市场"自由散漫"的传统,重新构建全国二手车交易新的规则。

(4)多重促销手段,车主受益。随着汽车国产化技术的成熟以及限购政策的制约,汽车生产厂商把二手车置换作为角逐的主战场,并配合国家出台的政策补贴,纷纷在提出降价的同时,又推出了"原价"置换、置换送高额补贴、再送礼品或免费活动等多重优惠活动,刺激众多车主作出换车的选择。

四、汽车置换的作用

汽车置换作为汽车贸易中必不可少的一部分,是汽车产业链的重要一环,它的开展、发展和完善,对于我国整体汽车贸易的发展非常重要。汽车置换主要有以下重要作用:

(1)促进汽车新车贸易发展。一方面,在我国,汽车新车和二手车的购买者是两个购买力水平不同的群体,因而,二手车贸易的发展并不会取代新车市场而影响新车市场的发展;另一方面,汽车二手车贸易由于能加快我国汽车的更新周期,因此能带动我国汽车新车市场的发展。

(2)增加汽车价值链的增值点。汽车置换的发展能带动汽车整修翻新、二手车残值鉴定、二手车评估、二手车修复等多个相关行业,增加汽车价值链的增值点,创造汽车流通领域的新价值。

(3)平衡我国各地汽车市场发展。我国汽车市场的地区发展不平衡,沿海地区与内地的发展不平衡。汽车置换的开展,可以促进我国各地区之间二手车的流动,推进我国整体范围内的二手车互通贸易,从而平衡我国各地汽车市场的发展。

(4)推动我国汽车行业发展。汽车置换是开展全方位、全过程汽车贸易的重要内容之一,同时,汽车二手车贸易的发展还是形成我国汽车流通体系、形成完整汽车产业链的关键因素之一。因此发展汽车置换是发展我国汽车行业的必经之路,是推动我国汽车行业整体发展的重要手段。

五、汽车置换业务的种类

(1)以旧换新。开展以旧换新业务的经销商主要针对目前有车而且想换新车的消费者,通过二手车置换新车这一方式,减少消费者处理二手车的时间、精力等方面的花费,可以在经销商处一站式完成二手车出售、新车买入两种行为。其最大优势就是节省了时间,但并不提供单纯的二手车回收服务。

(2)置换新车、二手车回收。开展该业务的经销商在提供置换新车业务的同时,也开展二手车回收业务,这样可以提供给出售二手车的客户一个新的交易平台。

(3)同品牌以旧换新。有些汽车厂家为了增强自身品牌在市场上的占有率,推出用本品牌的二手车置换新车优惠的策略,这种置换方式有助于增强本品牌汽车的市场的竞争力。比如,本田汽车有限公司对用本田二手车置换本田新车给予优惠,那么原有的本田二手车车主必然会选择继续购买本田的新车型。这种方式使得消费者购买新车更加便利。

(4)多品牌置换某一品牌新车。这种方式是二手车车主将手中所有品牌的二手车全部用来置换一种新的车型,对于二手车车主来说,可以一次性将二手车处理掉,避免了东奔西跑的麻烦;对于二手车经营者来说可以用一款新车获得了多种品牌的二手车,丰富了自身二手车的种类。

(5)以旧换旧。二手车置换二手车是二手车置换中的一种,就是拿自己的二手车直接置换二手车。采用二手车置换的一个最重要的优势是办理快速。随着二手车置换业务的不断发展壮大,不少人也开始二手车置换二手车,即用自己年份久的二手车换个较新的二手车,还有不少人喜欢体验不同车的感受,这种情况下,二手车置换二手车最划算。

六、我国二手车置换的现状及发展趋势

我国的二手车交易市场正处于由导入期向成长期过渡的关键时期。目前,全国共有二手车交易中心400多家。据预测,我国二手车市场的成长期至少需要20年时间,在成长阶段,二手车的交易递增速度会保持在每年15%以上。我国二手车市场流通的硬件条件已基本具备,足以支撑现行市场的运行及适应潜在市场扩张的需要。

从地域上来看,我国的二手车贸易相对集中于经济发达、汽车保有量大的一些中心城市;从二手车的流向来看,置换下来的二手车有60%是流向乡镇和农村;从发展趋势来看,二手车交易越来越活跃,前景十分广阔。

二手车市场是汽车市场中的一个重要的组成部分,它的培育和发展,直接影响着整个汽车市场的发展。二手车以低价位、经济实用的特点吸引了大批有购车欲望的消费者。二手车贸易的发展为大批有意更新二手车的人们打开了方便之门。

汽车品牌供应商向二手车市场进入的步伐正在加快。其优势是利用全国的销售渠道形成全国汽车置换网络体系;利用品牌专卖店"四位一体"的功能,对收进和售出的二手车进行产品质量认证,确保所售车辆的质量;在一定范围内对所售二手车进行售后服务承诺;利用金融优势从新车的消费信贷向二手车消费信贷延伸。

我国二手车市场的发展与国外发达国家相比还存在差距。国外发达国家二手车的交易量是新车的1.5倍左右,而我国二手车市场的交易量仅为新车销量的1/3。二手车市场交易量的增长速度,取决于新车市场的变化。在新车市场价格大幅度下降的趋势下,二手车市场的发展出现较快的增长是不现实的,特别是新车价格持续下降越快,持币待购的消费群体越大,必然从二手车市场分离出一部分欲购群体。

第二节 汽车置换业务流程

一、汽车置换程序

目前,国内众多汽车品牌经销商,如一汽大众、东风日产等均已开展汽车置换业务。相对于单一的新车销售,汽车置换流程比较复杂。一般的汽车置换流程如图6-1所示。

1. 二手车置换的步骤
(1)带好必备手续和工具。
①车辆配件:千斤顶、套筒及三脚架、备胎、备用钥匙。
②车主手续:个人用车需带车主本人身份证,公车需提供车辆所属公司机构代码证复印件(加盖公章)。
③车辆手续:本地牌照、无违章未处理信息,机动车登记证,新车购车票/二手车交易发票(购车过户发票)。
(2)开始二手车评估。
①外观检查。这里所说的外观,不单纯是车辆的外部,包括内饰、底盘等暴露在视线中的部位均属于外观。评估师会通过外观细节判断车辆是否出现过事故,如从漆面的新旧程

度、螺丝的使用程度可以判断车辆是否补过漆、钣金等。当然最重要的是发动机下方的大梁,如果大梁有过维修痕迹,那么说明车辆肯定出现过比较严重的事故,这种情况4S店是不会收的。

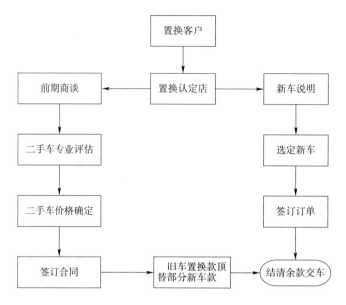

图6-1 汽车置换流程

②日常维护。这一方面的评判主要依据车主提供的维护单据,以此来证明车辆的确按时进行了各项维护,所以车主应当尽量详细地提供车辆维护的凭证,提供得越详细,这项的评分就会越高。同时建议有车的朋友平时尽量完整保留车辆维护的凭证,在日后需要做二手车置换的时候会有所帮助。另外,评估人员也会通过车内的清洁状况及一些细节方面来评判车主在日常使用中对车辆是否爱护,最后给出一个综合的评分。

③品牌知名度。根据准备置换的车辆在市场中的保有量、品牌的知名度等方面给出综合评价(一般分为进口、合资、自主品牌三种)。

④车辆用途。其主要分为家用、公用、运营三种。根据不同类型给出不同分值,一般家用车分值会稍高,公用和运营车辆使用的频率和强度会比较高,所以分值会稍低。

⑤车辆的使用环境。根据车辆使用的环境,如车辆作为上下班代步工具时,城市路况居多,或者经常跑长途高速路居多或国道等居多等,给出评分。

⑥试车检查。评估师会驾车体验,从车辆的各个方面的表现给出一个分值。

⑦最终出价。通过综合各个方面的表现,评估师会最终给出一个价格,评估环节就基本结束了。

(3)选购新车。

二手车评估解决了,就轮到置换新车了,消费者可以选择一款喜爱的新车,确定其价格。

(4)置换二手车的钱款直接抵冲新车车价。

$$新车需交钱款 = 新车价格 - 二手车评估价格$$

如果二手车贷款尚未还清,可由经销商垫付还清贷款,款项计入新车需交钱款。

(5)办理手续最后提车,完成二手车置换。

顾客补足新车差价后,办理提车手续。过户一定要留心车辆手续是否齐全,买车手续齐全,就会减少不必要的开支;当然再次置换车时手续齐全,价格也会相应高一些。双方签订二手车购销协议以及置换协议后,销售店办理二手车过户手续,顾客提供必要的协助和材料。

2. 二手车置换注意事项

(1) 二手车置换补贴只针对6年以上老旧机动车,不满足条件的车型不能享受此项政策补贴。

(2) 出售二手车前了解政府相关补贴,可以登录政府环境交易所以及有关网站,各大二手车市场也均有相关布告和服务窗口。

(3) 出售的二手车辆应在年检有效期内,且消除车辆违章,车辆必须在交易日之前不拖欠税费,且交强险有效。

(4) 车辆外观基本符合机动车行驶证照片,改装以及相关损伤部分按照车辆管理要求恢复正常状态。

(5) 目前可以在4S店内、二手车市场或者即时拍卖平台进行二手车出售,具体方式用户可根据自身的时间和价格要求而定。

(6) 二手车过户后可凭过户凭证到相关服务窗口领取补贴,办理汽车网络指标更新。

(7) 网络指标更新批准后凭打印单购买新车,办理相关牌照等业务。

(8) 购买新车时,应仔细询问厂家有关品牌补贴和优惠信息,确定哪一部分是补贴,哪一部分是优惠,有些品牌直接赠送汽车保险或汽车内饰,一定要事先询问好。

(9) 建议用户在进行汽车置换交易之前到相关服务网站和市场咨询,避免着急造成补贴或优惠"不到位"。

3. 领取置换补贴的流程

(1) 车主将老旧机动车转出本市或送到具有正规资质的解体厂进行报废,具体要求参照《报废机动车回收管理办法》;

(2) 车主到网上或办理网点填写并提交老旧机动车淘汰政府补助、企业奖励资金申请;

(3) 车主提交申请后,交易办理平台会对车主信息进行审核;

(4) 交易办理平台在车辆档案完成转出或注销后的3个工作日内完成审核,并向车主公示审核结果;

(5) 审核通过后,车主可通过平台信息系统打印企业奖励凭证,或到办理网点领取企业奖励凭证;

(6) 携带相关凭证到汽车销售单位购置新车;

(7) 汽车销售单位将车主所购新车的有关信息上传至交易办理平台;

(8) 交易办理平台会在3个工作日内完成审核并公示;

(9) 车主到业务办理网点提交老旧机动车淘汰及新车更换的有关材料,同时申请政府补助;

(10) 审核合格后,15个工作日内即可将政府补助划拨至车主银行账户。

二、汽车置换的业务环节

1. 二手车收购

(1) 二手车的定义。

《二手车流通管理办法》(商务部令2017年第3号)对二手车进行了定义,即二手车是指从办理完注册登记手续到达到国家强制报废标准之前进行交易并转移所有权的机动车。

(2)二手车收购网络。

要对二手车进行收购,首先要建立一个二手车的质量认证和价格评估体系。通过该体系,对每一辆欲收购的二手车进行统一的质量认证和价格评估,从而以统一的价格标准收购符合质量要求的二手车。

能否成功发挥二手车收购功能的关键在于是否能建立起一个二手车的收购网络。这个网络可以由散点的二手车社会回收站和固定的大批量二手车收购点两部分组成。前者主要针对私车用户待更新的二手车而设;后者则针对成批定期的二手车单位收购而设。据调查,上海的出租汽车公司平均2~3年对其出租汽车进行一次大更新。这些开了两年左右的出租汽车在性能等方面尚算良好,但行驶里程数很高,出租汽车每日的高行驶里程数使这些车的维修费用太高,私人用户则不存在24小时都开车问题,因而存在着出租汽车淘汰成二手私家车的可能性。由此可以随出租汽车公司的车辆更新置换周期,定期、大批量地对这些车加以收购。

(3)二手车收购流程。

整车厂商与品牌经销商的二手车收购工作都一套标准的工作程序,一般的二手车收购流程如图6-2所示。

2. 二手车整修翻新

通过对二手车的整修翻新,可以大大提升二手车的价值,同时也提升了二手车置换公司在客户中的影响力。目前,这项业务已在欧美国家广泛开展。德国的二手车置换公司在销售二手车的同时加上整修翻新业务,以提高收益率,创造公司整体形象。通常来说,开展二手车的整修翻新工作有以下几个途径:

(1)建立二手车整修翻新工厂,对所有收购来的二手车进行规模化的统一整修翻新。

(2)建立二手车整修翻新站,为需要对自己的二手车进行美容的二手车用户提供其所需的整修翻新服务。

中国一汽丰田公司在2008年年中全面启动"安心"二手车零售业务,还开发了对二手车商品实施严格的检测和与新车同等程度的彻底整备、高标准的清洁的"Smile(微笑)认证"二手车商品,将二手车置换推入深层次的服务竞争阶段。

3. 二手车配送

根据各地区二手车保有量、消费量的不同及不同的环境,在各地区间开展二手车的配送业务,平衡各地区的二手车供需关系,推动二手车贸易市场的发展,建立一个二手车配送网络,为开展二手车贸易建立基础。

配送功能的开展分为国内配送和国际配送两部分来进行。

(1)国内配送。一方面,根据保有量的不同,可以在我国经济发达地区(如上海、北京)和一些经济欠发达地区之间开展二手车的配送业务;另一方面,根据消费观念的不同,可以在我国经济发达地区和欠发达地区的一些消费观念较落后,二手车车源不足的地区之间开展二手车的配送业务。此外,由于一些城市(如上海、北京)的环保要求较高,对汽车排气量等指标要求都较严,而外地有些城市要求则相对低一点,故一些不符合某些城市环保要求的二手车也可以配送到外地,而不造成二手车资源的浪费。

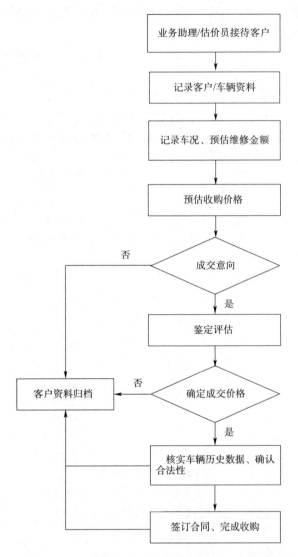

图 6-2 二手车收购流程

(2)国际配送。根据各国经济水平和汽车工业发展的不平衡特点,可以在各国之间开展二手车的配送业务,以平衡国际二手车的资源分配。同时也可为国内的二手车消费者积极引进国外的二手车,开拓国际二手车资源。

配送功能的实现要求建立二手车的物流系统,并与国内外的二手车资源进行统一配送。

4. 二手车销售

在开展二手车销售之前,首先要对二手车销售区域进行统一规划,在此基础上,以各个销售区域为单位进行二手车销售。二手车销售主要有以下几种销售方式:

(1)"二手车超市"销售。以某一汽车置换公司的总体品牌为出发点建立二手车超市,对各种不同品牌的二手车进行统一销售。

(2)特许经营销售。这需要建立二手车贸易特许经营体系,建立二手车销售网点,通过汽车置换公司的特许经销商对各种品牌的二手车进行统一销售。

(3) 与新车同地销售。即借用新车的车辆展示厅的一部分,用来展示与新车同一品牌的二手车,借新车的销售来促进二手车的销售。

(4) 互联网销售。在互联网上建立二手车贸易平台,通过互联网进行二手车销售。

5. 二手车拍卖

二手车拍卖业务一般有以下两种形式:

(1) 委托拍卖。二手车委托拍卖所需材料:①机动车行驶证、购置证、通行费缴费凭证、车船税证;②车辆所有人证件(私人提供身份证、户口本,企事业单位提供企业代码证)。二手车委托拍卖流程如图 6-3 所示。

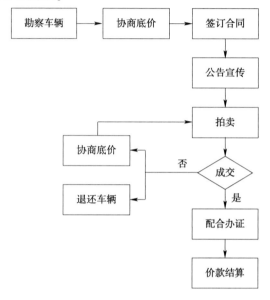

图 6-3　二手车委托拍卖流程

(2) 参加竞买。二手车参加竞买所需材料:①竞买人身份证明:私人提供身份证,企事业单位提供企业代码证书;②保证金:按每次拍卖会规定的标准交付。二手车竞买流程如图 6-4 所示。

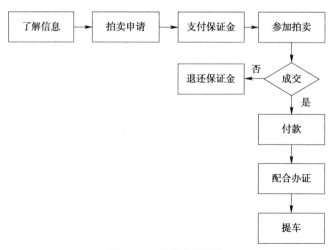

图 6-4　二手车竞买流程

根据商务部2006年3月24日颁布的《二手车交易规范》，从事二手车拍卖及相关中介服务活动，应按照《拍卖法》及《拍卖管理办法》的有关规定进行。委托拍卖时，委托人应提供身份证明、车辆所有权或处置权证明及其他相关材料。拍卖人接受委托的，应与委托人签订委托拍卖合同。委托人应提供车辆真实的技术状况，拍卖人应如实填写拍卖车辆信息。如对车辆的技术状况存有异议，拍卖委托双方经商定可委托二手车鉴定评估机构对车辆进行鉴定评估。

拍卖人应于拍卖日7日前发布拍卖公告。拍卖公告应通过报纸或者其他新闻媒体发布，并载明下列事项：①拍卖的时间、地点；②拍卖的车型及数量；③车辆的展示时间、地点；④参加拍卖会办理竞买的手续；⑤需要公告的其他事项。拍卖人应展示拍卖车辆，并在车辆显著位置张贴"拍卖车辆信息"。车辆的展示时间不得少于2天。

进行网上拍卖时，应在网上公布车辆的彩色照片和所拍卖的车辆信息，公布时间不得少于7天。网上拍卖是指二手车拍卖公司利用互联网发布拍卖信息，公布拍卖车辆技术参数和直观图片，通过网上竞价、网下交接，将二手车转让给超过保留价的最高应价者的经营活动。网上拍卖过程及手续应与现场拍卖相同。网上拍卖组织者应根据《拍卖法》及《拍卖管理办法》有关条款制定网上拍卖规则，竞买人则需要办理网上拍卖竞买手续。任何个人及未取得二手车拍卖人资质的企业不得开展二手车网上拍卖活动。

二手车交易网上拍卖体系的建立，可以起到规范二手车市场的功能，并且能使二手车交易进一步透明化、规范化，并能在不到二手车拍卖现场的情况下进行二手车的拍卖业务，从而大大节省二手车拍卖的工作时间，提高二手车交易的效率。为了方便二手车交易双方对二手车的查询、认证、评估和确定，大型专业网站都建立了二手车交易网上信息中心。该信息中心将收纳二手车置换公司所有二手车的详细资料，对其性能加以评估，并对用户提供二手车的网上身份确认服务，用规范化的语言描述各种二手车的性能，建设网上交易与认证系统，开展网上二手车定购和推介服务等。

拍卖成交后，买受人和拍卖人应签署"二手车拍卖成交确认书"。委托人、买受人可与拍卖人约定佣金比例。委托人、买受人与拍卖人对拍卖佣金比例未作约定的，依据《拍卖法》及《拍卖管理办法》有关规定收取佣金。拍卖未成交的，拍卖人可按委托拍卖合同的约定向委托人收取服务费用。拍卖人应在拍卖成交且买受人支付车辆全款后，将车辆、随车文件及法定证明、凭证交付给买受人，并向买受人开具二手车销售统一发票，如实填写拍卖成交价格。

6. 二手车特许经营

特许经营，也称为经营模式特许或特许连锁，在我国台湾又称为加盟经营。虽然称呼有所不同，但在国际上特许经营已经有了约定俗成的含义，欧洲特许经营联合会将其定义为：

特许经营是一种营销产品（或服务和技术）的体系，是在法律和财务上分离和独立的当事人（特许人和他的单个受许人）之间紧密而持续的合作基础之上的营销产品（或服务和技术）的体系。特许人授予其受许人权利，并附以义务，以特许人的概念进行经营。此项权利经由财务上的交流，给予受许人在双方一致同意而制定的书面特许合同的框架之内，使用特许人的商号（或商标和服务标记）、经营诀窍、商业和技术方法、保障体系及其他知识产权。这一表述在法律上非常成熟，在目前中国特许经营立法大大落后于实践的现状下是极具借鉴意义的。

图6-5 特许经营基本特征

在特许经营的运营中,至少涉及以下两方当事人:特许人和受许人。特许经营在本质上是一种连锁经营的市场销售分配方式。特许经营基本特征如图6-5所示。

建立二手车交易特许经营体系后,二手车置换公司可以在对特许经销商进行严格的审核之后为其提供统一回收、翻新后的二手车,授予统一的品牌和标志,实行统一规范的价格,确保统一的售后服务,并且提供一套完整的管理和营销制度,如店址选择、人员培训、技术指导、商务建设等,建立起"销售、整修、服务、信息"四位一体的二手车交易网络。

具体来说,二手车交易的特许经营体系实质上是扩大了二手车的销售规模,可以直接带来产品价格、服务质量的长期优势,通过利用网络技术和现代化管理手段,有效兼顾经营成本和市场需求。这是因为:

(1)特许经营过程中销售的二手车辆的调配是利用计算机信息系统充分调动总部、分销中心、特许经营商的库存,科学利用仓储流动资金,大范围操控的物流体系。

(2)特许经营网络能将各特许经营商的有限资金集合起来,形成巨大的促销资金,这种投资规模和资产规模足以使整个特许经营网络的总部集中最专业的市场策划人员负责营销策划工作,组织各种媒体参与广告宣传,发动专业机构进行市场人员培训,从而快速、有效地提升二手车置换公司的品牌知名度。

(3)统一的特许经销商硬件条件及服务标准将进一步增强二手车置换的品牌形象,为二手车置换公司进行各种二手车的成功销售和盈利提供坚实的市场基础。而所有特许经销商又因为二手车置换公司的全国性广告、公关活动而得到更大的利益,从而形成全方位品牌管理的规模优势。

品牌二手车的出现,为二手车市场增添了新的变化,输送了新的力量,丰富了二手车交易方式,使得买卖二手车不再仅通过二手车交易市场一个渠道来完成,同时很好地依靠和发挥了品牌的优势和强大的售后服务能力,能够提供与新车一样的质量担保,打消了消费者疑虑,激发了消费者的购买欲望。此外,品牌二手车通过执行生产企业严格的认证标准,明示车辆质量信息,明码标价,改变了长期以来二手车市场信息不透明的问题。通过新旧置换,也为二手车市场提供了丰富的经营资源。品牌二手车经销商置换业务的全面展开,品牌二手车的兴起与发展,为二手车交易市场快速发展又增添了强劲的引擎。

7. 二手车售后服务

在贸易领域,售后服务的地位越来越重要。在现代市场竞争中,售后服务问题已经越来越受到人们的关注,特别是汽车这种技术复杂的耐用消费品,售后服务更成为竞争的焦点。在现代汽车工业中,单纯靠生产制造所获得的利润已经降至10%以下,更多的利润来源于不断完善的服务。目前,汽车行业公认的最有效的汽车营销模式是整车销售(Sales)、零配件供应(Spare parts)、售后服务(Services)、信息调查反馈(Survey)"四位一体"的销售服务模式,而服务则是四位一体的核心。如果说,产品价格和质量是"第一次竞争"的话,那么,售后服务则是"第二次竞争",而且这场竞争层次更深,要求更高,更具有长远战略意义。因而,要成功开展二手车置换，就要充分发挥其售后服务功能。可以通过形成一个统一的二手车售后服务体系，来提高用户对该二手车贸易的信任度和满意程度。开展二手车的售后服务既可以由二手车置换公司独立开展，也可采取与各地维修商相联合的方式开展。

二手车售后服务网络主要由两部分组成：一是二手车置换公司和特许经销商；二是各品牌汽车生产商已有的特约维修站。其中，各贸易网点和特许经销商是二手车售后服务体系的主体，有责任对贸易网络中销售的二手车进行维护；各品牌的汽车维修站可以和二手车置换公司通过适当的形式达成协议，进行合作，使其对本品牌的二手车提供维修等服务。售后服务体系可以充分利用这些资源，合理规划，有效整合，建设布局合理、功能完善的售后服务体系，为顾客提供最大的方便。

二手车置换网点和特许经销商的功能之一就是提供完善的售后服务。本着"谁销售，谁负责"的原则，经销者要对自己销售的二手车做好售后服务工作。建立顾客档案，跟踪二手车的质量状况，了解顾客的使用情况。一旦所销售的车出现质量问题，应及时提供维修服务。这样，才能解除消费者购买时的疑虑，没有后顾之忧，消费者才能放心购买，二手车交易的潜力才能得到充分发挥。

各品牌汽车生产商已有的特约维修站也要纳入售后服务网络之中。这样，一方面有利于各个汽车生产商树立品牌形象，如果能对本品牌的二手车实行维修跟踪服务，消费者会感到该品牌很有保障，以后在选购新车时，自然会多加关注。这样，提高了消费者的忠诚度和满意度，形成良性循环。另一方面，利用设备、技术、人员等各方面条件都已较成熟的维修站，可以不用再另行投资，重新创建专门的二手车维修中心，如此大大节约了成本，充分利用了资源。在此基础上，对特许经销商、特约维修站进行规划整合、优化选址、合理布局、统一标准、顾客信息网络化，建立与二手车销售网络相配套的、覆盖全国的售后服务网络，保证二手车无论在何时何地发生问题，都可以得到及时、方便的维修。

二手车置换要综合上面提到的几大功能，以贸易网络为基础，开展全过程、全方位的二手车交易。

全过程：对于个人客户来说，二手车交易应渗入二手车售前、售中到售后服务全过程中；对于汽车厂商而言，二手车交易又应提供从零配件购入到整车出售的一条龙服务，可以说是要从二手车的收购到售后服务全过程开展二手车交易。

全方位：二手车置换公司的不同部门可以分工合作，同时开展多项二手车业务，即全方位开展二手车的收购、销售、整修翻新、置换、配送、租赁、售后服务等多项服务，使二手车交易的各大功能融合成为统一的有机系统。

三、二手车评估

随着我国机动车保有量的迅速上升，二手汽车交易、典当、置换屡创新高。中国汽车流通协会发布的 2017 年全年二手车交易量的最新数据显示，2017 年全年全国二手车累计交易 1240.09 万辆，累计同比增长 19.33%。交易额 8092.72 亿元，同比增长 34%。其中乘用车交易 931.57 万辆，同比增长 18.21%，商用车交易 244.9 万辆，同比增长 18.54%。2017 年全国二手车交易车型中，乘用车仍为主要流通车型，占比为 59.43%，其次为客车占 10.74%，货车占 9.01%，SUV 占 7%，MPV 占 5.83%。相比 2016 年，客车、SUV、MPV 较其他车占比都有所增加,这表明我国二手车市场已迈入新的历史阶段,而二手车评估是二手车交易规范的保证,为此,应熟悉并掌握二手车评估的基本原理和方法。

1. 二手车评估的定义

二手车评估是指依法设立,具有执业资质的二手车评估机构和二手车评估人员,接受国家机关和各类市场主体的委托,按照特定的目的,遵循法定的标准和程序,运用科学的方法,对经济和社会活动中涉及的二手车进行技术鉴定,并根据鉴定结果对二手车的价值进行评定估算的过程。

近几年二手车行业发展迅速,为了继续深化简政放权、放管结合、优化服务改革,2017年商务部对取消行政审批项目等事项涉及的规章进行了清理。删去《二手车流通管理办法》(商务部令2005年第2号)第九条、第十条、第十一条。删去的主要内容如下:

第九条 二手车鉴定评估机构应当具备下列条件:

一是独立的中介机构;二是有固定的经营场所和从事经营活动的必要设施;三是有3名以上从事二手车鉴定评估业务的专业人员;四是有规范的规章制度。

第十条 设立二手车鉴定评估机构,应当按下列程序办理:申请人向拟设立二手车鉴定评估机构所在地省级商务主管部门提出书面申请,并提交符合本办法第九条规定的相关材料;省级商务主管部门自收到全部申请材料之日起20个工作日内作出是否予以核准的决定,对予以核准的,颁发《二手车鉴定评估机构核准证书》;不予核准的,应当说明理由;申请人持《二手车鉴定评估机构核准证书》到工商行政管理部门办理登记手续。

第十一条 外商投资设立二手车交易市场、经销企业、经纪机构、鉴定评估机构的申请人,应当分别符合第八条、第九条规定和《外商投资商业领域管理办法》,有关外商投资法律规定的相关材料报省级商务主管部门。省级商务主管部门进行初审后,自收到全部申请材料之日起1个月内上报国务院商务主管部门。

2. 二手车评估的依据

二手车评估是科学与经验的结合,正确的二手车技术状况鉴定以及价格计算必须依赖于一套科学严谨的二手车评估理论和方法,同时因为二手车价格形成的因素复杂多变,还必须依赖于评估人员的经验。做好二手车评估工作,不但有利于维护法人和公民合法利益,有利于引导企业正确作出价格决策,有利于保障行政执法等活动的顺利进行,而且对维护正常的社会经济秩序、促进经济发展具有重要意义。

二手车鉴定估价实质上属于资产评估的范畴,因此其理论依据必然是资产评估学的有关理论和方法,在操作中应遵守我国有关资产评估和管理的有关政策法规,具体涉及二手车价格评估的主要法律法规有:《国有资产评估管理办法》《国有资产评估管理办法实施细则》《机动车强制报废标准规定》及其他有关的政策法规。另外,二手车价格评估中的价格依据主要有历史依据和现实依据。前者主要是二手车的账面原值、净值等资料,它具有一定的客观性,但不能作为估价的直接依据;后者在评估价值时都以评估基准日为准,即以现时价格、现时车辆功能状态等为准。

3. 二手车评估的原则

二手车评估工作的原则是对二手车鉴定评估行为的规范。为了保证鉴定估价结果的真实、准确,做到公平合理,被社会承认,二手车评估必须遵循一定的原则。

（1）公平性原则。评估人员必须不偏不倚、处于中立的立场上对车辆进行评估。这是鉴定估价人员应遵守的一项最基本的道德规范。目前在不规范的二手车交易市场中，时有鉴定估价人员和二手车经销经纪人员互相勾结损害消费者利益，或私卖公高估而公卖私则低估的现象，这是严重违反职业道德的行为。

（2）独立性原则。独立性原则要求二手车评估人员依据国家的有关法律和规章制度及可靠的资料数据对被评估的车辆独立作出评定。坚持独立性原则，是保证评定结果具有客观性的基础。要坚持独立性原则，首先评估机构必须具有独立性，评估机构不应从属于与交易结果有利益关系二手车市场，目前已不允许二手车市场建立自己的评估机构。

（3）客观性原则。客观性原则是指评估结果应以充分的事实为依据。评估工作应尊重客观实际，反映被评估车辆的真实情况，所收集的与被评估车辆相关的统计数据要准确；它要求车辆技术状况的鉴定结果必须翔实可靠，这样才能实现对被评估车辆现值的客观评估。

（4）科学性原则。科学性原则是指在二手车的评估过程中，必须依据评估的目的，选用合理的评估标准和方法，使评估结果准确合理。如拍卖、抵押等车辆适用清算价格标准计算，而一般的车辆则选用重置成本标准或现行市价标准计算。

（5）专业性原则。要求鉴定估价人员接受国家专门的职业培训，获得国家颁发的统一职业资格证书，如注册二手车鉴定估价师证、注册二手车高级鉴定估价师证，才能上岗。

（6）可行性原则。可行性原则也称为有效性原则，要求评估人员素质合格，有国家注册的评估师证；有可利用的汽车检测设备；能获得评估所需的数据资料，而且这些数据资料是真实可靠的；评估的程序和方法是合法的、科学的。

4. 二手车评估的流程

二手车评估作为一个重要的专业领域，情况复杂、作业量大。在进行二手车评估时应分步骤、分阶段地实施相应的工作。从专业评估角度而言，二手车评估大致要经历以下几个阶段，如图6-6所示。

（1）接待客户，明确评估业务基本事项。

接待客户具体工作内容包括以下4个方面：

①客户基本情况：包括车辆权属和权属性质。

②客户要求：客户要求的评估目的、期望的使用者和完成评估的时间。

③车辆使用性质：了解车辆是生产营运车辆还是生活消费车辆。

④车辆基本情况：包括车辆类别、名称、型号、生产厂家、初次登记日期、行驶里程数、所有权变动或流通次数、车辆户籍以及技术状态等。

（2）验明车辆合法性。

验明车辆合法性主要应该核查以下两方面内容。

①来历和处置的合法性：查看"机动车登记证"或产权证明。

②使用和行驶的合法性：检查车辆手续是否齐全、真实、有效；检查车辆是否年检；检查"机动车行驶证"登记的事项与行驶牌照和实物是否相符。

（3）签署二手车评估业务委托书。

"二手车评估业务委托书"是鉴定评估机构与委托方各自权利、责任和义务的约定，是一种经济合同性质的契约。

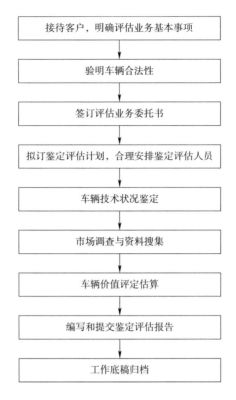

图 6-6 二手车评估流程

二手车评估业务委托书应写明:委托方和评估机构的名称、住所、工商登记注册号、上级单位、鉴定评估资格类型及证书编号,评估目的、评估范围,被评估车辆的类型和数量、评估工作起止时间、评估机构的其他具体工作任务;委托方须做好的基础工作和配合工作;评估收费方式和金额;反映评估业务委托方和评估机构各自的责任、权利、义务以及违约责任的其他具体内容。二手车评估业务委托书必须符合国家法律法规和二手车评估行业管理规定,并做到内容全面具体、含义清晰准确。涉及国有资产占有单位的二手车评估项目,应由委托方按规定办妥有关手续后再进行评估业务委托。

(4) 拟订评估计划。

二手车评估机构要根据评估项目的规模大小、复杂程度、评估目的作出评估计划。二手车评估人员执行评估业务时,应该按照鉴定评估机构编制的评估计划,以便对工作作出合理安排,保证在预计时间内完成评估项目。二手车评估人员应当重点考虑以下因素:

①被评估车辆和评估目的;

②评估风险、评估业务的规模和复杂程度;

③相关法律法规及宏观经济近期发展变化对评估对象的影响;

④被评估车辆的结构、类别、数量、分布;

⑤与评估有关资料的齐备情况及变现的难易程度;

⑥评估小组成员的业务能力、评估经验及其优化组合;

⑦对专家及其他评估人员的合理使用。

(5) 二手车的技术鉴定。

①技术鉴定要达到的基本目的：为车辆的价值估算提供科学的评估证据；为期望使用者提供车辆技术状况的质量公证；为车辆发生的经济行为提供法律依据。

②技术鉴定要达到的基本事项：识别伪造、拼装、组装、盗抢、走私车辆；鉴别手续牌证的真伪；鉴别由事故造成的严重损伤；鉴别由自然灾害（水淹、火烧）造成的严重损伤；鉴别车辆内部和外部技术状况。

③技术鉴定应检查的部位和检查的项目：静态检查、动态检查和仪器检查。静态检查包括识伪检查和外观检查，识伪检查主要对走私、拼装和盗抢车辆进行鉴别，外观检查主要鉴别事故车辆和对车辆的发动机舱、驾驶舱、行李舱和车身等进行检查；动态检查主要包括发动机工作检查、路试检查，自动变速器路试检查等；仪器检查主要通过仪器设备对二手车的发动机功率、汽缸密封性、排放污染物、制动性能、四轮定位和前照灯等进行检测。

(6) 市场调查与资料搜集。

进行市场调查与资料搜集的目的是确定被评估车辆的现行市场价格。进行市场询价时，应重点做好如下工作。

①确定被评估车辆基本情况（车辆类型、厂牌型号、生产厂家、主要技术参数等）。

②确定询价参照对象及询价单位（询价单位名称、询价单位地址、询价方式、联系电话或传真号码、询价单位接待人员姓名等），并将询价参照对象情况与被评估车辆基本情况进行比较，在两者一致的情况下，询到的市场价格才是可比的、可行的。

③确定询价结果。市场调查和询价资料经过整理，就可以编制成"车辆询价表"。"车辆询价表"也是二手车评估主要的工作底稿之一。

(7) 价值评定估算。

①确定估算方法。二手车评估人员应熟知、理解并正确运用市价法、收益法、成本法、清算价格法以及综合评估方法。对同一被评估车辆宜选用两种以上的评估方法进行评估。有条件选用市价法进行评估的，应以市价法作为主要的评估方法，营运车辆的评估在评估资料可查并齐全的情况下，可选用收益法为其中的一种评估方法，二手车评估一般适宜采用市价法和成本法进行评估。

②评价评估结果。对不同评估方法估算出的结果，应进行比较分析。当结果差异较大时，应寻找并排除差异较大的原因。对不同评估方法估算出的结果应做下列检查：计算过程是否有误；基础数据是否准确；参数选择是否合理；是否符合评估原则；公式选用是否恰当；选用的评估方法是否适宜评估对象和评估目的。在确认所选用的评估方法估算出的结果无误之后，应根据具体情况计算求出一个综合结果。在计算求出一个综合结果的基础上，应考虑一些不可量化的价格影响因素，对结果进行适当调整。当有调整时，应在评估报告中明确阐述理由。

(8) 编写和提交二手车评估报告。

①编写二手车评估报告。编写二手车评估报告可分为如下两个步骤：

步骤一，在完成二手车评估数据的分析和讨论上，对有关数据进行调整。由具体参加评估的二手车评估人员草拟出二手车评估报告。

步骤二，将鉴定评估的基本情况和评估报告书初稿的初步结论与委托方交换意见，听取委托方的反馈意见后,在坚持独立、客观、公正的前提下,认真分析委托方提出的问题和建议,考虑是否应该修改评估报告。对报告书中存在的疏忽、遗漏和错误之处进行修正,待修改完毕即可撰写出正式的二手车评估报告。

②提交二手车评估报告。二手车评估机构撰写正式的评估报告以后,经过审核无误,按以下程序进行签名盖章:先由负责该项目的二手车评估人员签章,再送复核人审核签章,最后送评估机构负责人审定签章并加盖机构公章。二手车评估报告签发盖章后即可连同作业表等送交委托方。

第三节 二手车鉴定估价

一、二手车鉴定估价的目的

通过二手车鉴定估价正确评估汽车的价值,为将要发生的经济行为提供公平的价格尺度,其目的具体体现在以下几个方面。

(1)确定汽车交易的评估价格。在汽车交易过程中,鉴定估价机构和鉴定估价人员按照交易的目的,选择鉴定估价方法,对汽车价格进行评估,以此作为买卖双方成交的参考价格。

(2)汽车所有权的变动。涉及企业或个人的产权变动,需进行汽车鉴定与估价,以此作为转让汽车所有权的财产依据。

(3)抵押贷款。银行为了降低风险,确保贷款安全,要求贷款人以汽车作为贷款抵押物,从而给贷款人以与汽车价格相适合的贷款,因此要求专业评估人员对汽车的价格进行估算。

(4)诉讼咨询服务。当涉及车辆的诉讼时,需要委托专业评估人员对车辆进行鉴定估价,评估结果有助于把握事实真相,同时为法院判决提供现时价值依据。

(5)汽车拍卖。企业破产清算的车辆、执法机关的罚没车辆、抵押车辆、抵债车辆、公务车辆和海关抵税车辆等,都需要对其进行鉴定估价,为车辆拍卖提供参考底价。

(6)汽车置换业务。狭义的汽车置换就是以旧换新,汽车经销商通过二手车的收购与其二手车或新车的对等销售获取利益。二手车收购过程中需要对车辆进行鉴定估价。

二、二手车鉴定估价的业务类型

按照鉴定估价服务对象或鉴定估价的目的不同,二手车鉴定估价业务类型一般分为:交易类业务和咨询服务类业务。

(1)交易类业务:是指服务于汽车交易市场内部的交易业务,是按照国家有关规定,以汽车成交额为基础,收取交易管理费的一部分,是有偿服务。

(2)咨询服务类业务:是指服务于汽车交易市场外部的非交易业务,它是按照各地方政府物价管理部门对汽车鉴定估价制定的有关规定实行有偿咨询服务。如融资业务的抵押贷款估价,为法院提供的咨询服务等。

二手车鉴定估价方法和其他资产评估方法一样,按照《国有资产评估管理办法》的规定,常采用重置成本法、现行市价法、收益现值法和清算价格法等四种方法。同一辆汽车采用不同的估价方法会产生不同的价格。这些评估价格分别从不同的角度,反映了汽车的价值特征。

三、重置成本法

重置成本法是指在现时条件下重新购置一辆全新状态的被评估车辆所需的全部成本(称为完全重置成本,简称重置全价),减去被评估车辆的各种因素引起的贬值,以其差额来确定被评估车辆现时价格的一种评估方法。该方法适用于以保险、资产保全为目的的汽车鉴定估价。

重置成本法的理论依据是任何一位理性的消费者,在购买某项资产时,他所愿意支付的金钱,绝对不会超过具有同等效用的全新资产的最低成本。因此,重置成本法的基本原理是替代原理,即被评估汽车的评估价格不能高于重新购置的具有相同功能的被评估汽车的成本。

1. 基本计算公式

1) 直接计算法

一般应用重置成本法进行汽车价值估算时,被评估汽车的评估值大小应是重置成本扣除被评估汽车因各种内部或外部因素带来的贬值或损耗价值,包括实体性贬值(实体性损耗)、功能性贬值(功能性损耗)、经济性贬值(经济性损耗)。其计算公式为:

$$汽车评估值 = 重置成本 - 实体性贬值 - 功能性贬值 - 经济性贬值 \qquad (6-1)$$

(1) 重置成本:是指购买一辆全新的与被评估车辆相同的车辆所支付的最低金额。根据重置方式不同,重置成本可分为:复原重置成本和更新重置成本。复原重置成本是指用与被评估车辆相同的材料、制造标准、设计结构和技术条件等,以现时价格购置与被评估车辆完全相同的全新车辆所需的全部成本。更新重置成本是指利用新型材料、新技术标准、新设计等,以现时价格购置与被评估车辆具有相同或相似功能的全新车辆所支付的全部成本。

(2) 实体性贬值:是指汽车在存放和使用的过程中,由于物理和化学原因带来的磨损或自然损耗而导致的车辆实体发生的价值损耗,即由于自然力的作用而发生的有形损耗。

(3) 功能性贬值:是指由于科学技术的发展导致二手车技术相对落后、性能明显降低引起的贬值,即无形损耗。

(4) 经济性贬值:是指外部经济环境发生变化而引起的贬值。包括宏观经济政策、市场需求、通货膨胀及环境保护等因素。

2) 成新率法

采用重置成本法进行汽车价值评估时,可以综合各种损耗或贬值确定被评估汽车的成新率。通过计算重置成本与成新率的乘积来确定被评估车辆的价值。其计算公式为:

$$汽车评估值 = 重置成本 \times 成新率 \qquad (6-2)$$

式中,成新率是指被评估汽车的现值与全新状态下的重置价值的比值。

在实际进行汽车价值评估过程中,会在式(6-2)的基础上再减去一定的折扣,从而估算出被评估汽车的价值。其计算公式为:

$$汽车评估值 = 重置成本 \times 成新率 \times (1 - 折扣率) \qquad (6-3)$$

对比分析三个汽车估价计算公式,式(6-1)中不仅扣除了有形损耗,还扣除了功能性损耗和经济性损耗,从理论上讲更科学。但应用该公式计算时,除了要准确了解二手车的更新重置成本和实体性贬值外,还必须计算其功能性贬值和经济性贬值,而这二者贬值因素要求估价人员对未来影响二手车的运营成本、收益乃至经济寿命有较为准确的把握,否则难以正确评估其市场价值。因此,该公式可操作性较差,使用困难。式(6-2)中成新率综合了各种贬值因素,基本上能够反映实际情况,同时操作简单易行,实施起来更容易。式(6-3)是在式(6-2)的基础上再减去一定的折扣,更贴近汽车行业实际情况,容易被委托人接受,因此被广泛使用。

2. 重置成本及其估算

重置成本估算时,在理论上看,应用复原重置成本进行汽车价格估算更准确;但在实际应用重置成本进行汽车评估时,考虑到科技发展等因素,选用更新重置成本计算更合理。如果不存在更新重置成本,则选用复原重置成本。

重置成本的确定时间应以评估基准日车辆所在地收集到的价格资料为准。在资产评估中,其估算方法很多,对汽车评估定价一般采用以下两种方法:

1) 重置核算法

重置核算法也称为直接法或细节分析法。其以现行市场价格为标准,计算被评估汽车重置成本,估算步骤为:

(1) 将车辆按成本构成分为若干部分;
(2) 确定各组成部分的现时价格;
(3) 相加得出待评估车辆的重置全价,即

$$更新重置成本 = 直接成本 + 间接成本 \tag{6-4}$$

直接成本是指购置全新的相同或类似车辆时所花费的直接构成车辆成本的支出费用。一般是现行市场购置价格,加上运输费和办理入户手续时所交纳的各种税费,如车辆购置税、车船使用税、入户上牌费、保险费等。

间接成本是指购置车辆时所花费的不能直接计入购置成本中的那部分成本。如购置车辆发生的管理费、专项贷款发生的利息、洗车费、美容费、停车管理费等。在实际的评估作业中,间接成本可忽略不计。

2) 价格指数法

价格指数法也称为价格指数调整法,它是在车辆原始成本基础上,通过价格指数变动确定其重置成本,计算公式为:

$$车辆重置成本 = 车辆原始成本 \times \frac{车辆评估时价格指数}{车辆购买时价格指数} \tag{6-5}$$

或者

$$车辆重置成本 = 车辆原始成本 \times (1 + 车辆购买日到鉴定估价日的价格变动指数) \tag{6-6}$$

式中,价格指数是反映不同时期商品价格水平的变化方向、趋势和程度的经济指标,是国家统计部门或物价管理部门以及政府机关发布的物价动态数据。价格指数按其计算时所采用基准期的不同,可以分为:环比价格指数(以上一期为基期)、年距环比价格指数(以上

年同期为基期)和定基价格指数(以某一固定时期为基期)。在式(6-6)中,所采用的价格指数为定基价格指数,基期应和车辆的购置期一致,计算期应和车辆评估的基准期一致。

3. 实体性贬值的估算

实体性贬值的估算,通常可采用以下两种方法:

1)观察法

由评估人员对车辆进行技术观察和检测,对被评估车辆的整车或各主要总成、部件分别进行技术鉴定,并综合分析车辆的设计、制造、使用、磨损、维护、改装和经济寿命等因素,将评估对象与其全新状态相比较,考察由于使用磨损和自然损耗对车辆的功能、技术状况带来的影响,判断被评估车辆的有形损耗率,从而估算其实体性的一种方法。计算公式为:

$$车辆实体性贬值 = 车辆重置成本 \times 有形损耗率 \quad (6-7)$$

2)使用年限法

该方法假设在汽车的整个使用寿命期内,车辆实体性贬值与时间呈线性递增关系;二手车价值的降低与其损耗的大小呈正比。计算公式表示为:

$$车辆实体性贬值 = (车辆重置成本 - 残值) \times 已使用年限/规定适用年 \quad (6-8)$$

对于正常使用的车辆,规定车辆使用年限,即车辆的使用寿命,应根据《机动车强制报废标准规定》的规定执行。

车辆已使用年限是指汽车开始使用到评估基准日所经历的时间,已使用年限计量的前提条件是车辆的正常使用条件和正常使用强度。在实际评估中,运用已使用年限指标时,应特别注意车辆的实际使用情况,而不是简单的日历天数,同时要考虑车辆的实际使用强度。例如,对于某些以双班制运行的车辆,其实际使用时间为正常使用时间的2倍,因此该车辆的已使用年限,应是车辆从开始使用到评估基准日所经历时间的2倍。

使用年限法较为简单,容易操作,一般用于二手车的价格初步估算或价值不高的二手车价格评估。

4. 功能性贬值和经济性贬值的估算

1)功能性贬值的估算

汽车的功能性贬值是由于科学技术发展导致的车辆贬值,其影响因素众多,难以量化,因此往往采用调整系数进行修正。

2)经济性贬值的估算

经济性贬值是指因外部经济环境发生变化所造成的车辆贬值。由于影响因素众多,并且造成贬值的程度也不尽相同,所以在评估时通常统筹考虑这些因素,无法单独计算每一因素所引起的贬值。估算方法如下:

(1)车辆经济性贬值的估算主要以评估基准日以后车辆是否停用、闲置或半闲置作为估算依据。

(2)已封存或较长时间停用,且在近期内仍将闲置,但今后要继续适用的车辆,其估算的方法为:按照其可能闲置时间的长短及其资金成本估算其经济性贬值。

(3)根据市场供求关系,估算其贬值。

5. 车辆成新率的估算

车辆成新率是反映被评估车辆新旧程度的指标,是指汽车的功能或使用价值占全新汽车的功能或使用价值的比率,即汽车的现时状态与全新状态的比值。汽车成新率的确定通常采用使用年限法、技术鉴定法和综合分析法三种。

1)使用年限法

使用该方法估算车辆成新率时,与实体性贬值中估算方法一致,即假设在汽车的整个使用寿命期内,车辆实体性损耗与时间呈线性递增关系。计算公式表示为:

$$车辆成新率 = \left(1 - \frac{车辆已使用年限}{车辆规定使用年限}\right) \times 100\% \tag{6-9}$$

2)技术鉴定法

技术鉴定法是指由评估人员使用技术鉴定的方法测定汽车成新率的一种方法。该方法与实体性贬值估算方法一致,即以技术鉴定为基础,由评估人员对车辆进行技术观察和技术检测,对被评估车辆的整车或各主要总成、部件分别进行技术鉴定,并综合车辆的设计、使用等因素,将评估对象与其全新状态相比较,鉴定汽车的技术状态。

(1)部件鉴定法。

部件鉴定法是指对汽车进行评估时,按其组成部分对整车的重要性和价值量的大小进行加权评分,最后确定成新率的一种方法。基本步骤为:

①将车辆分成若干个主要总成、部件,根据各部分的制造成本占整车制造成本的比重,确定各自的权重百分比 a_i。在实际评估时,应根据车辆各部分价值量占整车价值的比重,调整各部分的权重。其中:

$$\sum_{i=1}^{n} a_i = 1, i = 1, 2, 3, \cdots, n \tag{6-10}$$

式中:a_i——被评估汽车某一部件或总成的成本占整车成本的权重;

i——被评估汽车划分主要总成、部件的数量。

②以全新车辆各部分的功能为标准(100分),根据评估车辆各总成、部件的技术状况估算成新率 N_{r_i}。若某部分功能与全新车辆对应部分的功能相同,则该部分的成新率 N_{r_i} = 100%;若某部分的功能完全丧失,则该部分的成新率 $N_{r_i} = 0$。

③以各总成、部件的估算成新率 N_{r_i},分别与各部分的权重 a_i 相乘,即得该总成、部件的加权成新率 NR_i。计算公式表示为:

$$NR_i = Nr_i \times a_i, i = 1, 2, 3, \cdots, n \tag{6-11}$$

式中:NR_i——被评估汽车某一部件或总成的加权成新率;

Nr_i——被评估汽车某一部件或总成的估算成新率;

a_i——被评估汽车某一部件或总成的成本占整车成本的权重。

④将各总成、部件的加权成新率相加,即得到被评估车辆的成新率。计算公式表示为:

$$NR = \sum_{i=1}^{n} NR_i, i = 1, 2, 3, \cdots, n \tag{6-12}$$

式中:NR——被评估汽车成新率。

应用部件鉴定法确定车辆成新率,其估算结果更接近客观实际,可信度高。它既考虑了车辆的有形损耗,也考虑了车辆由于维修或换件等追加投资使车辆价值发生的变化。但该方法计算比较繁琐,费时费力,而且车辆各组成部分的权重难以掌握,因此,这种方法一般用于价值较高的车辆的价格评估。

(2) 整车观测法。

整车观测法主要是通过评估人员的现场观察和技术检测,综合分析车辆的设计、制造、使用、磨损、维护、改装和经济寿命等因素,对被评估车辆的技术状况进行鉴定、分级,以确定车辆成新率的一种方法。对汽车技术状况进行分级的一般方法是先确定投入使用不久的车辆和将报废处理的车辆,然后再根据车辆评估的精细程度要求在上述两者之间分若干等级。二手车技术状况评估分级见表6-1。

二手车技术状况评估分级　　　　　　　　　表6-1

车况等级	新旧程度	技术状况描述	成新率
1	新	使用不久,行驶里程一般3万~5万公里,在用状态良好,能按设计要求正常使用	89%~65%
2	良好	使用1~3年,行驶5万~8万公里,使用过程中正常维护,在用状况良好,车门车窗开启正常,内饰良好,车身漆面无锈点;故障率低,可随时出车使用	89%~65%
3	一般	使用4~6年,每年行驶超过3万公里,发动机或整车经过大修一次,大修后较好地恢复原性能,在用状态良好,外观中度受损,修复情况良好	64%~40%
4	老旧	使用6年以上,发动机或整车经过二次大修,动力性能、经济性能、工作可靠性能都有所下降。外观油漆脱落受损,金属件锈蚀程度明显,故障率上升,但车辆符合《机动车安全技术条件》的需求,在用状态一般或较差	39%~15%
5	残旧	使用10年以上,基本达到或达到使用年限,燃料费、维修费、大修费用增长速度快,排放污染和噪声污染不达标	15%以下

应用整车观测法估算成新率时应观察、检测或搜集的技术指标包括:车辆的现时技术状态、车辆的使用时间及行驶里程、车辆的主要故障经历及大修情况、车辆的外观和完整性等。整车观测法,大多通过人工观察的方法进行车辆技术状况鉴定,因此,应用该方法客观、准确判断车辆成新率的基本前提是评估人员必须具有一定的专业水平和较丰富的评估经验。

整车观测法的判断结果没有部件鉴定法准确,一般用于中、低价值车辆成新率的初步估算,或作为利用综合分析法确定车辆成新率的参考依据。

3) 综合分析法

综合分析法是以使用年限法为基础,综合考虑车辆的实际使用时间、实际技术状况、维护情况、原车制造质量、车辆外观质量、车辆用途、使用条件及重大事故经历等多种因素对二手车价值的影响,通过调整综合系数来确定成新率的一种方法。其计算公式为:

$$车辆成新率 = \left(1 - \frac{车辆已使用年限}{车辆总使用年限}\right) \times 综合调整系数 \times 100\% \qquad (6\text{-}13)$$

综合调整系数可参考表6-2中推荐的数据,用加权平均的方法确定,即将选取的调整系数与权重相乘求得各影响因素权分值,再将各权分值相加,得到所求综合调整系数。

不需要进行项目修理或换件的车辆,可采用表6-2中推荐的综合调整系数,并用加权平均的方法进行微调;车辆需要进行修理或换件,特别是大修后的汽车,在综合考虑表6-2中各项影响因素后,采用其他方法确定一个综合调整系数。

车辆成新率综合调整系数　　　　　　　表 6-2

影响因素	因素分级	综合调整系数	权重(%)	影响因素	因素分级	综合调整系数	权重(%)
技术状况	好	1.2	30	原车制造质量	进口	1.1	20
	较好	1.1			国产名牌	1.1	
	一般	1.0			非国产名牌	0.9	
	较差	0.9		车辆用途	私用	1.2	15
	差	0.8			公务、商务	1.0	
维护	好	1.1	25		营运	0.7	
	一般	1.0		使用条件	较好	1.0	10
	较差	0.9			一般	0.9	
					较差	0.8	

综合分析法较为详细地考虑了影响二手车价值的各种因素，并用一个综合调整系数指标来调整车辆成新率，评估值准确度较高，因此是二手车鉴定估价最常用的方法之一，适用于具有中等价值的二手车评估。

6. 折扣率的估算

上述成新率的估算方法往往只是考虑了一种因素，如使用年限法计算的成新率仅仅考虑了使用年限因素对车辆的实体性损耗的影响。部件鉴定法虽然考虑了各个部件的损耗情况，但却没有充分考虑到年限以及行驶里程对车辆价值的影响。为了避免采用单一因素计算成新率的不足，实际车辆鉴定估价过程中，常采用公式(6-3)进行估算，即以一个折扣率来衡量其他因素对车辆价值影响的大小。

折扣率的估算根据市场同种车型的供求关系、宏观经济政策、对车价变化的未来预期以及市场实现的难易等因素，由二手车评估人员依据评估经验进行判定。

四、现行市价法

现行市价法又称为市场法、市场价格比较法，是指通过比较被评估车辆与最近市场上公开出售的完全相同或类似车辆的异同，并将类似车辆的市场价格进行调整，从而确定被评估车辆价值的一种评估方法。现行市价法是最直接、最简单的一种评估方法，通常适用于成批收购、鉴定和典当的车辆；单件收购估价时还可以讨价还价，达成双方都能接受的交易价格。

该方法的基本思路是：通过市场调查选择一个或几个与被评估车辆相同或类似的车辆作为参照物，分析参照物的构造、功能、性能、新旧程度、地区差别、交易条件及成交价格等，并与被评估车辆一一对照比较，从中找出两者的差别及其反映在价格上的差额，经过调整，计算出被评估车辆的价格。

1. 现行市价法应用的前提条件

(1) 市场活跃。应用现行市价法准确评估需要有一个充分发育、活跃的二手车交易市场，有充分的参照物可选。

(2) 可比性。所选参照车辆应该是近期交易的，具有可比性。所谓近期，是指参照车辆交易时间与评估基准日相近，一般在一个季度内；所谓可比，是指车辆在规格、型号、功能、性能、内部结构、新旧程度、交易条件等方面差别不大。

(3)可操作性强。所选参照物以及与被评估车辆所比较的指标、技术参数等资料是可收集到的,并且价值影响因素明确,可以量化。

2.现行市价法评估的基本步骤

(1)考察鉴定被评估车辆。收集被评估车辆的资料,包括车辆的类别、名称、型号等,了解车辆的用途、目前的使用情况,并对车辆的性能、新旧程度等作必要的技术鉴定,以获得被评估车辆的主要参数,为市场数据资料的搜集及参照物的选择提供依据。

(2)选择参照物。按照可比性原则选取参照物。车辆的可比性因素主要包括:类别、型号、用途、结构、性能、新旧程度、成交数量、成交时间、付款方式等。参照物的选择一般应在两个以上。

(3)类比、分析。对被评估车辆与参照物之间的各种可比因素进行认真分析比较,尽可能地予以量化、调整。具体包括以下几个方面:

①销售时间差异的量化。在选择参照物时,应尽可能选择在评估基准日成交的案例,以免去销售时间允许的量化步骤。若参照物的交易时间在评估基准日之前,可采用修正系数 K_1 将销售时间差异予以调整。

②车辆性能差异的量化。车辆性能差异的具体表现是车辆营运成本的差异,通过测算超额营运成本的方法将性能方面的差异量化,取修正系数 K_2。

③新旧程度差异的量化。被评估车辆与参照物在新旧程度上不一定完全一致,参照物也未必是全新的。这就要求评估人员对被评估车辆与参照物的新旧程度的差异进行量化,取修正系数 K_3。K_3 通常根据被评估车辆与参照车辆成新率的差别确定。

④销售数量、付款方式差异的量化。销售数量大小、采用何种付款方式均会对车辆的成交单价产生影响。对销售数量差异的调整采用未来收益的折现方法解决;对付款方式差异的调整,被评估车辆通常是以一次性付款方式为假定前提,若参照物采用分期付款方式,则可按当期银行利率将各期分期付款额折现累加,即可得到一次性付款总额。

汇总分析各因素差异修正系数及量化值,求出参照车辆的修正价格。计算公式为:

$$P_1 = C_1 K_1 K_2 K_3 \cdots \tag{6-14}$$

式中:P_1——第一辆参照车辆修正价格;

C_1——第一辆参照车辆现行市价;

K_1——第一辆参照车辆销售与评估时间差异修正系数;

K_2——第一辆参照车辆与被评估车辆性能差异修正系数;

K_3——第一辆参照车辆与被评估车辆新旧程度差异修正系数。

在鉴定估价过程中,可根据车辆实际情况并考虑其他因素的影响,给出修正系数。汽车评估中,修正系数通常取 0.9~1.1。

依次计算出其他参照车辆的修正价格 P_1、P_2、P_3…

(4)汇总各参照车辆修正价格,求出车辆评估价格。在汽车评估中,通常采用将各参照物的修正价格加权平均的方法来计算最终评估价格。

3.现行市价法的具体计算方法

(1)直接比较法:是指利用参照车辆的交易价格及参照车辆的某一基本特征直接与评估

车辆的同一基本特征进行比较而判断评估车辆价值的方法。所谓同一基本特征通常是指汽车类别、主参数、结构性能相同。

（2）类比调整法：是现行市价法中最基本的评估方法。该方法要求参照车辆与被评估车辆在大的方面基本相同或类似，通过对比分析两者之间的差异，在参照车辆成交价格的基础上调整估算被评估车辆的价值。

在具体评估过程中，上述两种方法通常有以下几种具体表现：

①市场售价类比法：是指以参照车辆的成交价格为基础，考虑双方在功能、市场条件等方面差异的方法。计算公式如下：

$$评估值 = 参照车辆成交价 + 功能性条件差异 + 市场性条件差异 + \cdots \quad (6-15)$$

$$评估值 = 参照车辆成交价 \times 功能性差异系数 \times 市场性差异系数 \times \cdots \quad (6-16)$$

②功能价值法：是指以参照车辆的成交价格为基础，考虑参照车辆与被评估车辆之间功能差异并进行调整的方法。计算公式如下：

$$评估值 = 参照车辆成交价格 \times 功能价值系数 \quad (6-17)$$

$$功能价值系数 = \frac{被评估二手车功能}{参照物二手车功能} \quad (6-18)$$

③成新率价格法：是指以参照车辆的成交价格为基础，考虑参照车辆与被评估车辆之间新旧程度差异，通过成新率系数进行调整的方法。计算公式如下：

$$评估值 = 参照物成交价 \times 成新率系数 \quad (6-19)$$

$$成新率系数 = 被评估二手车成新率 / 参照物二手车成新率 \quad (6-20)$$

④市价折扣法：是指以参照车辆的成交价格为基础，考虑被评估车辆在销售条件、时间等方面的不利因素，凭评估人员的经验或有关部门的规定，设定一个价格折扣率来估算价值的方法。

$$评估值 = 参照车辆成交价格 \times (1 - 折扣率) \quad (6-21)$$

应用现行市价法进行鉴定估价，关键是要全面了解市场情况，了解越全面，评估的准确性越高。因此，用现行市价法评估二手车的相关企业一般要建立各类二手车技术、交易参数的数据库，以提高评估效率。

4. 现行市价法评估的特点

市场价格综合反映车辆的各种因素。现行市价法以车辆的市场价格为基础，包含了车辆的各种贬值因素，评估过程比较直接。综合分析，现行市价法具有以下特点：

（1）能够客观反映二手车目前的市场情况，其评估的参数、指标直接从市场获得，评估值能反映市场现实价格。

（2）结果易于被各方理解和接受。

（3）需要公开及活跃的市场作为基础。

（4）可比因素多而复杂。即使是同一个生产厂家生产的同一型号的产品，使用者、使用环境、使用强度、维护水平等不同，车辆的实体损耗、新旧程度均各不相同。

（5）现行市价法对信息资料的数量和质量要求较高，而且要准确给出不同因素修正调整系数，要求评估人员必须具有丰富的评估经验，熟悉车辆的评估鉴定程序、鉴定方法和市场交易情况。

五、收益现值法

收益现值法又称为收益还原法或收益资本金化法,是指通过估算被评估资产剩余寿命内的预期收益并按照一定折现率折算成现值,借以确定被评估资产价值的一种资产评估方法。在二手车鉴定估价中,收益现值法是指将被评估的车辆在剩余寿命期内预期收益,用适当的折现率折现为评估基准日的现值,以此来确定车辆价值的一种评估方法。其实质是将被评估车辆未来预期收益转换成现值,而将其转换后的现值作为的车辆的评估值。

1. 收益现值法原理

从资产购买者的角度出发,购买一项资产所付的代价不应高于该项资产或具有相似风险因素的同类资产未来收益的现值。收益现值法正是以这一事实为基础,即人们之所以购买有某车辆,主要是考虑这辆车能为自己带来一定的收益。如果某车辆的预期收益小,车辆的价格就不可能高;反之车辆的价格肯定就高。投资者投资购买车辆时,一般要进行可行性分析,其预计的内部回报率只有在超过评估时的折现率时才愿意支付货币来购买车辆。

2. 收益现值法应用的前提条件

通常在车辆继续使用假设前提下应用收益现值法进行评估,应用收益现值法必须具备以下条件:

(1)被评估车辆必须是经营性车辆,而且具有持续获利的能力,即在车辆的交易中,人们购买的目的不在于车辆本身,而是车辆获利的能力。

(2)被评估车辆能够用货币金额衡量其未来经营收益。

(3)被评估车辆未来经营风险能够用货币加以衡量。

只有同时满足上述条件,才能运用收益现值法对车辆进行评估。综上所述,该方法较适用于投资营运的车辆。但由于购买者往往难以对预期收益准确预测,而且受较强的主观判断和未来不可预见因素的影响较大,因此,在实践中使用受限。

3. 收益现值法的评估步骤

(1)调查、了解营运车辆的经营行情,营运车辆的消费结构;

(2)充分调查了解被评估车辆的情况和技术状况,确定车辆剩余寿命期;

(3)根据调查、分析结果,预测车辆的预期收益额;

(4)确定折现率;

(5)将预期收益折现,确定车辆评估值。

4. 收益现值法评估值的估算

收益现值法评估值的计算,实际上就是对被评估车辆未来预期收益进行折现的过程。这一现值就是购买者未来能得到利益的价值体现。收益现值法的基本理论公式可表述为:

$$\text{车辆评估值} = \sum \text{评估车辆剩余寿命期各期收益净现值} \tag{6-22}$$

根据式(6-22)和资金等值原理,现值基本计算公式为:

$$P = \sum_{t=0}^{n} \frac{A_t}{(1+i)^t} + \frac{A_1}{1+i} + \frac{A_2}{(1+i)^2} + \cdots + \frac{A_n}{(1+i)^n} \tag{6-23}$$

式中:P——现值,即货币资金的现实价值;

A_t——未来第 t 个收益期的预期收益额,当收益期有限时,A_t 还包括期末车辆的残值;

n——车辆收益期数,即车辆剩余寿命年限;

i——折现率;

t——收益周期,一般以年计算。

当 $A_1 = A_2 = \cdots = A_n = A$ 时,即未来 n 个收益期的收益相同,且为等额值 A 时,则有:

$$P = A\left[\frac{1}{1+i} + \frac{1}{(1+i)^2} + \cdots + \frac{1}{(1+i)^n}\right] = A\frac{(1+i)^n - 1}{i(1+i)^n} \tag{6-24}$$

式中: A——未来各收益期的预期等额收益额;

$\frac{(1+i)^n - 1}{i(1+i)^n}$——等额支付现值系数,记为 $(P/A, i, n)$,其值可查复利系数表获得。

5. 收益现值法中各评估参数的确定

1) 剩余使用寿命期

剩余使用寿命期是指车辆从评估基准日到报废的年限。如果剩余使用寿命期估计过长,就会高估车辆价格;反之,则会低估价格。因此,必须根据车辆的实际状况对剩余寿命进行正确评定。

2) 预期收益额

正确确定收益额是合理运用收益现值法的关键。收益额是指由被评估对象在使用过程中产生的超出其自身价值的溢余额。对于预期收益额的确定应把握以下两点:

① 预期收益额:是指车辆使用带来的未来收益期望值,是通过预测分析获得的。无论于所有者还是购买者,判断某车辆是否有价值,首先应判断该车辆是否会带来收益。对其收益的判断,不仅仅是看现在的收益能力,更重要的是预测未来的收益能力。

② 收益额的计量指标。对于企业来说,常见收益额的计量指标主要有三种:一是企业所得税后利润;二是企业所得税后利润与提取折旧额之和扣除投资额;三是利润总额。汽车鉴定估价过程中,选择哪一种计量指标作为收益额,应针对汽车的评估目的而定。为了估算方便,通常采用企业所得税后利润计量,目的是准确反映预期收益额。

3) 折现率

折现率是将未来预期收益折算成现值的比率。它是一种特定条件下的收益率,可说明车辆取得收益的收益率水平。收益率越高,意味着单位资产的增值率越高。

在运用收益现值法评估车辆时,折现率的确定是关键。折现率的微小差异,车辆评估值差别会很大。折现率与利率不同,利率是资金的报酬,表示资产(资金)本身的获利能力,与使用条件、占有者和使用用途没有直接联系;折现率,是管理的报酬,与车辆以及所有者使用效果有关,它综合反映了投资者对投资收益的期望、对投资风险的态度。因此,在计量折现率时必须考虑风险因素的影响,否则,就可能过高估计车辆的价值。一般来说,折现率应包括无风险收益率、风险报酬率、通货膨胀率三方面的风险因素。即

$$\text{折现率} = \text{无风险收益率} + \text{风险报酬率} + \text{通货膨胀率} \tag{6-25}$$

无风险收益率是指资产在一般条件下的获利水平;风险报酬率是指冒风险取得报酬与车辆投资中为承担风险所付出代价的比率。风险收益可以计量,但风险收益率却不易计算,因为承担风险所付出的代价为多少难以确定,只要求选择的收益率中包含这一因素即可。

运用收益现值法对车辆进行评估选择折现率时,应在对本企业、本行业历年收益率指标的统计分析基础上确定。最基本的确定原则是折现率至少不低于国家银行存款利率。

因此,在实际应用中,如果其他因素不好确定时,可取折现率等于利率。

6. 收益现值法的优缺点

1）优点

采用收益现值法的优点主要有：

(1) 与投资决策相结合,比较适用于投资营运的车辆；

(2) 能真实和较准确地反映车辆本金化的价格,容易被交易双方接受。

2）缺点

采用收益现值法的缺点主要表现为：

(1) 预期收益额预测难度大,受较强的主观判断和未来不可预见因素的影响较大；

(2) 收益现值法的基本原理与概念比较抽象,一般购买者难于理解和掌握。

六、清算价格法

清算价格法是以清算价格为标准,对车辆进行价格评估。所谓清算价格,是指企业因破产或其他原因,要求在一定的期限内将车辆变现,在企业清算之日预期卖出车辆可收回的快速变现价格。

清算价格法在原理上与现行市价法基本相同,所不同的是迫于停业或破产,急于将车辆拍卖、出售,清算价格会大大低于现行市场价格。因此,清算价格法适用条件有限,只适用于企业破产、抵押、停业清理时要售出的车辆。

1. 清算价格法评估的前提条件

(1) 以具有法律效力的破产处理文件为依据,如法院的破产文书、抵押合同或其他有效文件；

(2) 车辆在市场上可以快速出手变现；

(3) 所卖收入足以补偿因出手车辆导致的附加支出总额。

2. 决定清算价格的主要因素

在进行车辆评估时,决定清算价格的主要因素有：

(1) 破产形式。如果车辆所有者丧失评估车辆处置权,出售的一方无讨价还价的可能,以买方出价决定车辆售价；如果所有者未丧失处置权,出售车辆一方尚有讨价还价余地,双方议价决定售价。

(2) 债权人处置评估车辆的方式。按抵押时的合同契约规定执行,如公开拍卖或收归己有。

(3) 清理费用。评估车辆价格时应对清理费用及其他费用给予充分的考虑,价格应足以补偿出售产生的支出费用。

(4) 拍卖时限。一般来说,拍卖时限长售价会高,时限短售价会低。

(5) 公平市价：是指评估车辆以双方都满意的价格成交,在清算价格中,卖方一般很难获得满意的价格。

(6) 参照车辆价格。市场上出售相同或类似车辆的价格,市场参照车辆价格高,车辆出售的价格就会高,反之则低。这与现行市价法一致。

3. 清算价格评估方法

运用清算价格法进行汽车鉴定估价,主要有以下三种方法:

(1)现行市价折扣法:是指对清理的车辆,在汽车交易市场上寻找一个相适应的参照车辆,根据快速变现原则,估定一个折扣率并据以确定其清算价格。如一辆旧桑塔纳轿车,在二手车市场上成交价为4万元,折价20%可当即出售,则该车清算价格为 $4 \times (1-20\%) = 3.2$(万元)。

(2)模拟拍卖法(意向询价法):根据向被评估车辆的潜在购买者询价的办法取得市场信息,经评估人员分析确定其清算价格。用这种方法确定的清算价格受供需关系影响很大,要充分考虑其影响程度。

(3)竞价法:由法院按照破产清算的法定程序或卖方根据评估结果提出一个拍卖的低价,在公开市场或拍卖会上由买方竞争出价,谁出的价格高就卖给谁。

综上所述,汽车鉴定估价的方法具有各自的优缺点和适用范围,见表6-3。在汽车鉴定估价中,必须根据其特定目的,选择适用的汽车价格估算方法。

不同汽车鉴定估价方法及其适用范围 表6-3

鉴定估价方法	适用范围	鉴定估价方法	适用范围
重置成本法	以保险、资产保全为评估目的车辆	收益现值法	投资营运的车辆
现行市价法	成批收购、鉴定和典当的车辆	清算价格法	企业破产、抵押、停业清理时要售出的车辆

第四节 汽车置换操作实务

一、汽车置换的车辆条件

用于汽车置换的旧机动车必须符合如下规定:

(1)二手车须经公安交通管理机关申请临时检验,检验合格,在机动车行驶证上签注检验合格记录方可进行交易。

(2)军队转地方的退役车不满2年的,不能交易置换。

(3)距报废时间不足1年的车辆,一律不能办理过户、转籍手续。

(4)延缓报废的二手车不准办理过户、转籍手续。

(5)二手车来历手续不明、手续不全,不能交易置换。

(6)走私、拼装等非法车,不能交易置换。

(7)华侨、港澳台同胞捐赠免税进口汽车,只限接受单位自用,不准转让或转卖(经海关审定同意者除外)。

(8)各种车辆证照不全(机动车行驶证、营运证、牌照等),不能交易置换。

(9)各种规费不全(车辆购置税、车辆保险费、车船使用税等),不能交易置换。

(10)没有车辆产权证明(机动车登记证书、购车发票、二手车交易凭证、具有法律效力的判决书、拍卖凭证以及政府批文等),不能交易置换。

(11)凡伪造、仿冒、涂改文件(凭证、票据、证照)的,不但不能交易,还要扣车,转交有关部门处理。

(12)抵押车、封存车、海关免税期内车以及其他不准过户、不准转籍的车辆需由车主在相关管理部门办理解禁手续后,方可进行交易。

二、汽车置换需提交的证件

办理汽车置换业务需要提交下列证件:
(1)车主身份证(单位车辆还应提供法人代码证书、介绍信等证件)或户口簿。
(2)机动车产权登记证。
(3)机动车行驶证。
(4)原始购车发票或前次过户发票。
(5)车辆置换表。
(6)鉴定评估表。
(7)如直系亲属或亲兄弟、亲姐妹间置换,需提供相应法律证明文件。
(8)旧机动车过户证明。

三、二手车评估定价

1. 二手车收购价格确定

根据"第三节 二手车鉴定估价"中的方法与步骤完成二手车鉴定估价。在此基础上,确定二手车的收购价格。二手车收购价格的确定方法一般有以下三种:

(1)现行市价法:确定二手车评估价格,然后根据快速变现的原则,估定一个折扣率,得出二手车的收购价格。

$$二手车收购价格 = 评估价格 \times 折扣率 \tag{6-26}$$

折扣率是指汽车能够当即出售的清算价格与现行市场价格的比值。它的确定是经营者通过充分调查和了解市场销售情况,凭经验而估算得出。

(2)重置成本法:确定二手车评估价格,根据快速变现原则,估定一个折扣率,得出二手车收购价格,表达公式同式(6-26)。

(3)运用梯形快速折旧法确定二手车收购价格。

①计算二手车已使用的累计折旧额,累计折旧额由年数总和法求得的各年折旧额相加而得。

利用年数总和法计算年折旧额:

$$D_t = (K_0 - S_v) \times \frac{N-t}{\frac{N(N+1)}{2}} \tag{6-27}$$

式中:D_t——年折旧额;

K_0——二手车原值(收购二手车时,一般取重置成本);

S_v——二手车原值(一般忽略不计);

N——二手车规定的折旧年限；

t——二手车在使用期限内某一确定年限。

②将重置成本全价减去累计折旧额，再减去二手车收购后需要维修、换件的费用，即得到二手车的收购价格。

$$二手车收购价格 = 重置成本全价 - 累计折旧额 - 维修费用 \quad (6-28)$$

其中，维修费用是为了恢复当前状态的二手车某些必须功能，需要维修和换件而支出的费用。

2. 二手车收购价与二手车鉴定评估价的区别

1）主体不同

二手车收购行为的当事人是收购者与卖方双方，二手车收购价的估算可以洽谈，讨价还价，自由定价；二手车鉴定估价的当事人是车主与客户双方；二手车鉴定评估机构是第三方，其鉴定估价公正、客观和科学，不能随意变动。

2）目的不同

二手车收购价的确定，最终以收购商的经营效益为目的。而二手车鉴定估价的确定是为了二手车买卖双方的交易提供价值依据，它是以服务为目的。

3）标准和方法不同

二手车收购虽然参照了评估标准和方法，但具有灵活性。而二手车鉴定估价必须严格遵守国家颁布的有关评估法规，按特定的目的，选择与之相应的评估标准和方法进行估价，具有约束性。

4）估价的价值概念不同

二手车收购价虽然也具有市场价值和交易价值概念，但更倾向于交易价值，为了使二手车能快速销售，其价格往往大大低于市场价格。而二手车鉴定估价则充分体现市场价值和交易价值概念。

四、二手车收购合同签订

根据车辆评估结果，参考当期价格中心"收购参考价目表"，依照收购人员具备的权限确定最高收购报价。若客户接受收购业务员报价，则直接进入"签订收购合同"流程。在双方自愿的前提下，友好地签订委托合同，并移交所有资料和物品，二手车收购流程也就完成了。二手车置换中的二手车收购，是双方在经过二手车鉴定估价、确定了二手车收购价后，由双方签订旧机动车买卖合同来实现的。

五、新车销售

二手车置换中的新车销售与一般车辆销售区别不大，业务员应按下列程序进行工作。

（1）招呼。招呼客户，首先要表示欢迎，出示自己的业务卡，作自我介绍，然后礼貌询问有何要求。如果出现僵局，可先迂回话题，择机再转入主题。

（2）询问。招呼寒暄之后，就应该主动询问客户，了解客户买车作何用途（突出何种汽车性能和功能）、客户想买哪种车型、客户的心理价位、客户买车的急迫程度等情况。

（3）介绍。业务员应主动介绍企业自身情况，介绍销售员自我经历和业绩，介绍现有车型。

(4)展示。将客户感兴趣的汽车驶出展台,扩展四周空间,便于客户和销售员活动。销售员展示、解说各种特点,然后让客户自己走动、检查,销售员此时应与客户保持一定距离,但应关注,一旦客户提问,应立即上前应答。

(5)演示。邀请客户坐进车内,启动发动机,当条件适当时可驾车路试,路试时要有意变换各种驾驶操作,并提示客户注意动态。

(6)参观。试车路线经过服务部时,将车停在销售服务部门口,邀请客户参观服务部。服务部良好的印象往往会使客户感到规范、可靠,加强客户对将来的售后服务保障信心。

(7)等待。招待客户就座、待茶,暂时离开,中断一下销售接触。该过程很重要,一方面可使销售人员回忆一下自己前段有无缺陷,必要时还可以向销售主管汇报情况,设计下一步的业务过程或补救措施;同时,可使客户有一个考虑、协商的余地。

如果客户决定暂时不买,则销售员和主管就应与客户交换名片,赠送资料,热情送客,使客户将来再来。

(8)签约。达成口头协议后,就可以签订书面协议。该举措非同一般商品交易中的一手交钱,一手交货那么简单,而应显得慎重、严肃、可靠,这样才会博得客户的信任和放心,乐意签约。

经销商应该由销售部经理或指定的助手签字,以体现慎重、负责。某些特殊条款应附注在协议上,不能口头承诺,这是塑造良好形象的重要表现。

(9)代办。经销商应帮客户代办入户、入籍手续,代办缴费、完税手续以及其他手续。

(10)交车。交车前应请客户再看一遍车辆,以视确认。

思考题

1. 什么是汽车置换?简述其置换程序。
2. 简要回答汽车置换的特点。
3. 汽车置换的作用有哪些?
4. 论述汽车置换市场形成的必然性。
5. 什么是二手车评估?
6. 二手车鉴定估价的业务类型及其目的是什么?
7. 简要回答二手车鉴定估价的方法及其适用范围。
8. 某家庭用普通型小轿车,初次登记日期是2013年3月,评估基准日是2018年3月,试用年限法计算其成新率。
9. 某单位欲购置一辆汽车从事营运业务,该车辆的剩余使用年限为6年,购置全价为6万元。据预测,该车辆在使用过程中年耗油费用约为1万元,年维护费用约为8000元,其他管理费用约为5000元。假定折现率为12%,试估算该车辆的现值成本。

第七章　汽车金融法律法规

第一节　汽车金融存在的法律问题

汽车金融最典型的业务模式是汽车金融贷款和汽车融资租赁,对这两种业务模式及其各自法律关系的分析是了解汽车金融法律问题的基础。

汽车金融贷款主要是指商业银行和汽车金融公司为汽车经销商和汽车消费者根据其需要所提供的各种类型贷款。以个人汽车消费贷款为例,其涉及的法律关系主要包括借贷关系、买卖关系、抵押关系以及保险关系。

在借贷关系中,法律关系主体包括贷方(商业银行、汽车金融公司)和借方(汽车消费者),商业银行或汽车金融公司一般以分期贷款的方式将资金借给购车者,购车者需要分期还清贷款并支付相应的利息,二者之间是债权债务法律关系。在买卖关系中,法律关系主体包括卖方(汽车供货商)和买方(汽车消费者),汽车供货商需要将汽车交付给购车者,购车者需要向汽车供货商支付相应的价款,二者之间是买卖合同法律关系。在担保关系中,法律关系主体包括抵押人(汽车消费者)和抵押权人(商业银行、汽车金融公司),购车者需要将其所购车辆抵押给商业银行或汽车金融公司以担保其所贷资金的按时偿还,如果不能按时偿还商业银行或汽车金融公司可以以抵押车辆所得价款优先受偿,二者之间是担保物权法律关系。在保险关系中,法律关系的主体包括投保人(汽车消费者)、保险人(财产保险公司)以及受益人(商业银行或汽车金融公司、汽车消费者)。为了确保所抵押车辆的价值,商业银行或汽车金融公司一般会要求购车者对车辆购买特定的财产保险,而保单的第一受益人一般会约定为商业银行或汽车金融公司,当车辆因自然灾害或意外事故等原因造成价值减损时,保险公司需要根据相关保险条约条款对保险受益人进行赔付,三者之间是保险合同法律关系。

汽车融资租赁是指融资租赁企业将汽车作为租赁对象,依据承租人对汽车和供货人的要求,从供货人处购买承租人指定的汽车并按照融资租赁合同的约定将所购车辆出租给承租人,承租人可对所购车辆行使占有、使用和收益的权利,但应向融资租赁公司定期支付租金。通过这种新型的购车模式,客户初期只需缴纳一定的保证金,基本可以做到零首付,租赁期满后如果希望获得汽车的所有权只需选择支付少量的尾款。除此之外,融资租赁公司还可以将车辆购置税、牌照费、保险费等进行打包融资。这种汽车所有权和使用权相分离的新型购车方式相对于传统的汽车分期付款等方式进一步降低了消费者的购车门槛,而且产品组合更加灵活,交易效率也更高。

在汽车融资租赁业务中,主要涉及的法律关系为买卖关系和租赁关系。买卖关系的法律主体是出卖人(汽车供货商)和买受人(融资租赁公司),融资租赁公司需要向汽车供货按时支付价款,汽车供应商则需将承租人指定的汽车及时交付承租人。租赁关系的法律主体是出租人(融资租赁公司)和承租人(汽车消费者),融资租赁公司需要将其从汽车供应商所购买的车辆租赁给汽车消费者进行占有、使用和收益,汽车消费者则需要按照融资租赁合同的约定定期交付租金,而且能够在租期结束之后决定是否支付尾款以得到汽车的所有权。

汽车融资租赁模式和汽车消费贷款模式的区别体现在三个方面。第一,物权归属不同。在汽车融资租赁业务中,汽车的所有权属于出租人,租赁期满后,承租人能够决定是否支付余款以购买汽车;在汽车消费贷款业务中,汽车的所有权则属于借款人,只是在购车款结清前,汽车需抵押给贷款人,购车款结清后抵押随之解除。第二,法律结构不同。在汽车融资租赁业务中,包含着两个合同,即买卖合同和租赁合同,包含着三方法律主体,即出卖人、出租人以及承租人;在汽车消费贷款业务中,则主要存在一个合同,即借款合同,存在两方法律主体,即借款人和贷款人。第三,筹资额度不同。在汽车融资租赁模式中,由于汽车融资租赁公司可以将车辆购置税、牌照费、保险费等进行打包融资,汽车消费者最低可以享受到零首付的优惠,实现100%融资;而在汽车消费贷款业务中,由于相关政策对首付比例的限制,汽车消费者最高可享受到的筹资额度通常只能相当于汽车售价的70%~80%。

第二节 汽车消费信贷相关法律问题

汽车消费信贷是由"汽车"和"消费信贷"两词结合而成,不难看出汽车消费信贷实质上也是让与担保的一种表现形式,但汽车消费信贷又有其自身的特性,从而区别于其他让与担保。

一是,汽车消费信贷合同的设立需要登记。汽车作为一种特殊的动产用于担保标的物时,一般都需要经过特殊程序。我国《担保法》第四十一条规定:"当事人以本法第四十二条规定的财产抵押的,应当办理抵押物登记,抵押合同自登记之日起生效。"第四十二条第四款规定:"以航空器、船舶、车辆抵押的,办理抵押物登记的部门为运输工具的登记部门。"《物权法》第一百八十八条规定:"以本法第一百八十条第一款第四项、第六项规定的财产或者第五项规定的正在建造的船舶、航空器抵押的,抵押权自抵押合同生效时设立;未经登记,不得对抗善意第三人。"可见,当汽车作为抵押标的物时须经登记方产生效力。汽车消费信贷合同作为一种让与担保合同在当前也应履行该程序,才能最终有效。

二是,汽车消费信贷人所承担义务较其他让与担保人更重。汽车作为一种消费品,已从一种耐用消费品演进成为一种快速消费品,即消费周期较短,价值下降很快,与其他财产,如房屋相比,汽车的价值流变性更大。在消费信贷人履行合同过程中,标的物担保能力的下降值比债务的减少值要大。例如,一份10万元的汽车消费信贷合同,消费信贷期为5年,在经过1年后,消费信贷人尚有8万元债务,但该汽车因降价及其本身损耗,其市值仅剩6万元,汽车的担保能力下降了4万元,而债务仅减少了2万元,显然不利于保护消费信贷权人的利益。这样,汽车消费信贷人就应承担更重的义务,如更多的限制消费信贷人的使用方式、应当尽善良管理人的义务等。因此,汽车消费信贷虽属于让与担保,但其特殊性决定了在具体消费信贷合同中应作出特殊的规定。2013年美国汽车金融消费者对汽车消费信贷的满意度指数排名分别如图7-1、图7-2所示。

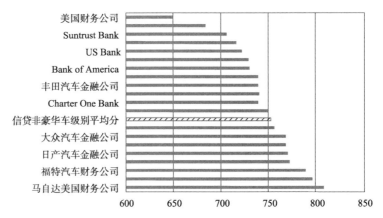

图 7-1　2013 年美国汽车金融消费者对汽车(非豪华车级别)消费信贷的满意度指数排名

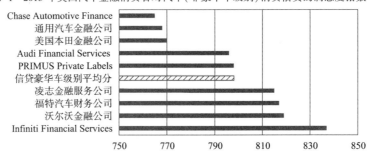

图 7-2　2013 年美国汽车金融消费者对汽车(豪华车级别)消费信贷的满意度指数排名

一、我国汽车消费信贷的法律依据

关于汽车消费贷款的法律规定,各国情况是不同的。在国外,分期付款销售都有一些相关法律来调控。日本有专门的《分期付款销售法》;新西兰 1971 年颁布的《分期付款销售法》以及 1981 年颁布的《信用合同法》都对分期付款销售有专门的规定;美国虽然没有专门的分期付款销售法,但是关于分期付款销售的规定可以从《统一消费信贷法典》《消费信贷保护法》等相关法律中找到;英国 1974 年颁布了《消费信贷法》;法国 1978 年颁布了《消费信贷法案》。我国台湾的《动产担保交易法》也有关于分期付款销售的规定。

我国目前虽然没有明确的法律来规定汽车分期付款销售问题,但是,从几部基本法律和一些政策法规中,仍然可以找到相关的法律依据。根据《民法通则》规定,民事行为只要符合法定条件的,均属于民事法律行为。也就是说,一个分期付款购车行为只要符合下列条件,就是合法有效的:①双方当事人有相应的行为能力;②双方的意思表示必须真实;③不得违背社会公共利益。

如此可见,尽管《民法通则》对分期付款购车这一交易行为未作明确的规定,但根据该法对民事法律行为的一般规定,分期付款购车只要符合民事法律行为条件的,仍是合法有效的。对因分期付款购车引起的纠纷,亦可按《民法通则》的有关规定处理。

在《合同法》中规定:"分期付款的买受人未支付到期价款的金额达到全部价款的五分之一的,出卖人可以要求买受人支付全部价款或者解除合同。"由此可见《合同法》是肯定分期付款销售这种形式的。

我国颁布的《汽车产业发展政策》第六十五条规定："积极发展汽车服务贸易,推动汽车消费。国家支持发展汽车信用消费。从事汽车消费信贷业务的金融机构要改进服务,完善汽车信贷抵押办法。在确保信贷安全的前提下,允许消费者以所购汽车作为抵押获取汽车消费贷款。经核准,符合条件的企业可设立专门服务于汽车销售的非银行金融机构,外资可开展汽车消费信贷、租赁等业务。"

为进一步支持促进汽车消费,规范汽车贷款业务管理,中国人民银行、中国银行业监督管理委员会决定修订《汽车贷款管理办法》。修订后的《汽车贷款管理办法》经中国人民银行行长办公会议和中国银行业监督管理委员会主席会议审议通过,自2018年1月1日起施行。原《汽车贷款管理办法》(中国人民银行 中国银行业监督管理委员会令2004年第2号)同时废止。

《中国人民银行 银监会关于加大对新消费领域金融支持的指导意见》(银发〔2016〕92号)对汽车贷款政策有关事项的通知如下:

(1)自用传统动力汽车贷款最高发放比例为80%,商用传统动力汽车贷款最高发放比例为70%;自用新能源汽车贷款最高发放比例为85%,商用新能源汽车贷款最高发放比例为75%;二手车贷款最高发放比例为70%。

其中,对于实施新能源汽车贷款政策的车型范围,各金融机构可在《汽车贷款管理办法》基础上,根据自愿、审慎和风险可控原则,参考工业和信息化部发布的《新能源汽车推广应用推荐车型目录》执行。

(2)各金融机构应结合本机构汽车贷款投放政策、风险防控等因素,根据借款人信用状况、还款能力等合理确定汽车贷款具体发放比例;切实加强汽车贷款全流程管理,强化贷前审查,不断完善客户资信评估体系,保证贷款第一还款来源能充分覆盖相应本金利息;不断加强残值经验数据积累,落实抵押品、质押品价值审慎评估政策,完善抵押品、质押品价值评估体系;完善贷款分类制度,加强不良贷款监控,足额计提相应拨备。

(3)中国人民银行各分支机构、中国银监会各派出机构应强化对汽车贷款资产质量、机构稳健性的监测、分析和评估,及时发现、有效应对潜在风险,促进金融机构汽车贷款业务稳健运行。各金融机构在具体业务中遇到重大问题应及时向中国人民银行及其分支机构、中国银监会及其派出机构反映。

二、汽车所有权的转移

依照我国《民法通则》和《合同法》的规定:标的物的所有权自交付登记时转移,法律另有规定或当事人另有约定的除外。汽车分期付款销售中标的物的所有权转移应该符合《民法通则》和《合同法》的规定。但是,由于汽车是一种特殊的动产,在汽车分期付款销售中的所有权转移还存在很多《民法通则》和《合同法》的规定不能解决的问题。

汽车分期付款销售中汽车所有权的转移由汽车分期付款销售的类型决定。总的来说,汽车分期付款销售有两种方式:一是汽车抵押式分期付款销售。这种方式的特点是:在分期付款购车行为生效后,汽车的所有权即归买受人(即买车人)所有,但该汽车必须作为出卖人(即卖车人)残余债权的抵押,出卖人享有第一顺序的抵押权。二是所有权保留式分期付款销售。这种方式的特点是:在买受人未交清全部价款之前,汽车所有权由出卖人享有。在买受人支付最后一期价款时,汽车所有权即归买受人所有。它又被称为附条件的买卖,这种方式在英国、美国及德国十分盛行。

在汽车抵押式分期付款购车中,汽车所有权自汽车交付时转移于买受人所有。这与一般商品交易惯例及法律规定一致。

在所有权保留式分期付款购车中,依双方当事人的特约,所有权自买受人支付全部价金后开始发生转移。对于这种所有权保留的担保方式,我国法律没有明确规定。理论上认为,这符合法律对所有权移转时间可以特约的规定。

三、汽车抵押式分期付款销售的所有权问题

在汽车抵押式分期付款销售中,分期付款销售行为成立后,汽车的所有权转移于买受方,但是该汽车作为出卖人剩余债权的抵押,有一般抵押和特殊抵押之分。一般抵押与其他买卖中的抵押并无区别。特殊抵押是以分期付款买卖的汽车作为抵押物所设定的抵押,买车人不能按期还款时,卖车人将汽车收回,然后拍卖、变卖或者直接折价,抵押所欠车款,最后多退少补。买卖双方首先订立书面合同,约定以分期付款的汽车作为抵押物,然后去汽车管理部门办理汽车抵押登记,抵押合同登记后生效。登记是必要程序,这采取的是登记生效主义,这一点对卖车人来说尤其重要。

抵押合同登记生效后,卖车人据此将汽车交给买车人,买车人对汽车拥有了法律上的所有权,可以驾驶、出租、转让。依据《担保法》,转让时应当通知卖车人,没有通知的,转让无效。但通知仅起到使卖车人知情的作用,至于卖车人是否同意,对转让不产生影响。但买车人转让价款过低,则须向卖车人提供相应的其他担保,否则不得转让。而目前买车人卖得的车款必须先用来偿还车款,否则卖车人有权以诉讼方式请求法院强制执行。另外,如汽车受到了损害,买车人因此所得到的保险或其他赔偿金,也应首先偿还欠款。抵押汽车担保的欠款款项,以抵押合同为准;合同没有订明的,依据担保法,款项包括本金、利息、违约金、损害赔偿金和卖车人实现抵押权的费用。在汽车抵押式分期付款中,无论是一般抵押还是特殊抵押,汽车的所有权在汽车交付时转移。这是毫无疑问的。

但是在现实生活中,经常存在这样的问题,即在汽车抵押式分期付款销售中,出卖人在与买受人签订了买卖合同后,又将该车卖给第三人,这时汽车的所有权需区分两种情况:第一种情况,若出卖人与买受人尚未到车管部门办理所有权转移登记,而且与第三人也未办理登记的,一般认为,这时就同一汽车上存在着两个债权,实现买受人与第三人的债权由出卖人自己决定。即汽车所有权属于先实际占有汽车的人。对未能取得汽车所有权的一方,出卖人应承担违约责任。第二种情况,若出卖人与买受人未办理汽车所有权移转登记,而与第三人办理了所有权移转登记的。在先买受人不能取得汽车所有权,他可基于合同追究出卖人的违约责任。

于是,这里就存在一个问题,如果抵押人在处分汽车时,第三人在善意的情况下取得该车,那么该第三人对汽车是否享有所有权,抵押权人能否取回该车。实际上,根据《担保法》的规定:"以航空器、船舶、车辆抵押的,需在运输工具的登记部门进行抵押登记。"在善意取得制度中,善意取得的成立要件之一是转让的财产依法律规定应当登记的已经登记,不需登记的已经交付。这样,基本上就不可能存在上面的善意第三人问题。

四、所有权保留的汽车分期付款销售

在分期付款销售中,销售商为了保证其债权的实现,往往订立对于销售的标的物的所有权保留的特别约定。

对于所有权保留的担保方式,我国法律没有规定。通常认为,只要不违反法律和社会公共利益,不违反公平、合理、诚实、信用的原则,法律就确认其效力。

一般的分期付款销售合同,是出卖人先将标的物交付与买受人,然后买受人以分期给付的方法支付销售价金,出卖人为确保所享有的价金债权,目前大多采取所有权保留的方法。

所有权保留销售,从另一角度观察,虽具有租赁的形式,但实质上与租赁不同,因其各期给付的价金乃是销售总价金的分期付款,而不是使用他人物品的租金,出卖人不负积极的使买受人对标的物使用、收益的义务,也没有在使用一定期间后由使用者(买受人)返还标的物的预定。出卖人虽然保留标的物的所有权,但此不过为确保价金债权而已,实际上买受人已占有、使用、收益标的物,所以标的物的风险在标的物交付的同时应由买受人负担。总之,所有权保留的分期付款销售,纯属销售范畴,并非在销售之外并存着租赁关系,价金完全清偿前,买受人对标的物的使用收益,不得类推适用租赁或使用借贷的规定。

在所有权保留的汽车分期付款销售中,形式上,买车人获得了汽车的使用权,但卖车人还是法律上的所有人;实质上,买车人收到汽车后,完全控制了买来的汽车,是实际上的所有人。因此,可以认为买车人是准所有人,他拥有的是动态所有权。对于交付的汽车,卖车人承担瑕疵担保的责任,一是对汽车本身品质的担保,二是对汽车法律权利的担保。按照我国《民法》和《产品质量法》规定,卖车人必须保证:汽车在正常使用的情况下,不会出现意外的损坏;汽车的性能不会异常降低;汽车是以合法方式取得的。否则,他人向买车人追要、影响使用和登记时,卖车人应当及时排除和赔偿,只有付清最后车款,买车人才享有这种被保证的权利。

五、破产与汽车强制执行

分期付款购车合同非即时履行合同,而是连续履行合同。在履行合同的过程中,可能出现买受人或出卖人破产或其财产被强制执行的情况。此时,汽车是否作为破产人或被强制执行人的责任财产这一问题涉及双方及第三人的利益,应注意区别抵押式及所有权保留式两种情况:

(1)汽车抵押式分期付款购车情形。以汽车抵押式分期付款购车的,汽车所有权属买受人。故在买受人破产或财产被强制执行时,汽车应属于买受人的责任财产,列入破产财产或被强制执行财产。出卖人不得行使汽车取回权或提起执行异议之诉。在出卖人破产或被强制执行时,因出卖人对汽车无所有权,故汽车不应列入其责任财产。但对买受人尚未给付的残余债权,可除去利息、将剩余部分列入破产财产。

(2)汽车所有权保留情形。以汽车所有权保留方式分期付款购车的,买受人对汽车无所有权。在买受人破产或财产被强制执行时,汽车不属于买受人的责任财产,出卖人可以行使汽车取回权。在被强制执行时,有权提起异议之诉。在出卖人破产或财产被强制执行时,汽车应列入出卖人的责任财产,列入破产财产或依法被强制执行。买受人不得行使汽车取回

权或提起执行异议之诉。在出卖人破产或财产依法被强制执行时,买受人已交付的价金只能列为一般债权清偿。在这种情况下,出卖人因不能移转汽车所有权而构成违约。买受人需追究其违约责任。违约金及赔偿金亦只能列入一般债权请求清偿。这对买受人非常不利。

六、汽车所有权转移和汽车产权登记制度

目前,我国并没有明确的法律规定"汽车的所有权要发生转移,必须到车辆管理所办理变更登记手续,即将汽车原所有权人变更登记为买受人,汽车的所有权发生转移"。在公安部颁布的《机动车登记办法》中规定:"已注册登记机动车的所有权发生转移,且原机动车所有人和现机动车所有人的住所在同一车辆管理所管辖区的,现机动车所有人应当于机动车所有权转移之日起三十日内,填写《机动车登记申请表》,向机动车管辖地车辆管理所申请过户登记,并交验车辆"。《机动车登记办法》还规定:"未领取机动车号牌和《机动车行驶证》的,不准上道路行驶。"可见,机动车登记部门颁发的是《机动车行驶证》,而不是"所有权证",其目的是为了规范机动车的行驶秩序而不是所有权的变动秩序。所以,汽车登记的法律性质不是所有权登记,而是一种交通管理登记。

车辆买卖中过户登记的性质。涉及车辆变动登记的规定是在《机动车登记规定》中规定的,该规定属于行政规章的性质。过户登记行为属于行政法规定的范畴,而车辆买卖属于民事法律行为,但是车辆买卖是当事人之间的民事法律行为,未经过户登记而买卖是一种违反行政法规的行为,这与民事赔偿责任性质不同,不能因违反行政法律而要求当事人承担民事责任。按照我国《担保法》和《海商法》的规定,除不动产外,登记也是民用航空器、船舶、机动车辆为客体的动产物权公示方法。但对于这些动产物权登记的效力立法上一般采用"登记对抗主义",即登记并非这些动产物权变动的生效要件,其意义在于"对抗要件",即在多重买卖的情况下,未经过登记的买卖行为,不能对抗因登记而取得车辆所有权的第三人。在新颁布的《物权法》第二十四条规定,"船舶、航空器和机动车等物权的设立、变更、转让和消灭,未经登记不得对抗善意第三人"。这一规定更加明确了上述动产物权登记的效力为"登记对抗"。

七、汽车消费信贷的其他法律问题

1. 汽车抵押登记制度

所谓汽车抵押担保是指抵押人(即买受人)所购汽车为出卖人设定第一顺序的抵押权,在抵押人没按期履行合同义务时,出卖人可将汽车拍卖、折价或变卖,从中获得价款优先受偿。

依《担保法》规定,以汽车为抵押物的,买受人与出卖人必须订立书面抵押合同。双方订立书面抵押合同时,抵押合同即成立,但是汽车抵押合同的生效则涉及一系列的问题。最主要的是登记问题。依《担保法》规定,以汽车作抵押的,抵押合同必须经车管部门登记才生效(注意,这里有别于一些抵押的登记对抗要件,汽车抵押登记是生效要件)。汽车抵押合同如不登记,则无法律效力。2001年10月,公安部下发文件要求各地区车辆管理所开设有偿"车辆抵押登记"服务,使消费者以贷款所购车辆本身作为信用担保在大部分地区成为可能。

2. 汽车后续抵押问题

抵押人对汽车的处分有两种情况：一是抵押人将汽车让与第三人；二是抵押人将汽车再作抵押。此外，抵押人还可能将汽车租赁或借与第三人使用。对抵押人处分汽车的，依《担保法》的规定，抵押人在转让汽车时，应通知抵押权人并告知受让人汽车已经抵押的情况；抵押人未通知抵押权人或者未告知受让人的，该转让行为无效。若转让汽车的价款明显低于汽车价值的，抵押权人可以要求抵押人提供相应的担保。抵押人如不提供的，不得转让抵押物。抵押人转让汽车所得的价款，应当向抵押权人提前清偿或向与抵押权人约定的第三人提存。超过债权数额的部分，归抵押人所有。不足部分由抵押人清偿。

抵押人在汽车另设定抵押的，依《担保法》规定，后设抵押与前设抵押所担保的债权如大于汽车价值的，后设抵押担保的债权超出汽车价值的部分不具有优先受偿的效力。这一规定不利于债务人融资，已受到法学界的广泛批评，在分期付款购车中尤其如此。因为汽车价金会随买受人的支付越来越少，而抵押人仍得就整个残余价金担保。另一方面，抵押人的其他债权人的抵押权不得优于第一顺序的抵押权，第一顺序的抵押权人（出卖人）完全可实现其债权，且其他债权人在明知汽车上已有第一顺序抵押权时，仍愿意向债务人提供资金的，表明他愿意承担一定的风险。依民法意思自治基本原则，后续抵押应该有效。

3. 消费者的抗辩权

在双方合同中，各当事者负担着相等的权力，具有对等的相互依存关系。具体来讲，呈现出以下三种债务的牵连关系：一是成立上的牵连关系；二是履行上的牵连关系；三是存续上的牵连关系。由于存在着债务的对等的牵连、依存的关系，所以要坚持合同的相对性原则。根据这个原则，消费者以对于一方当事者行使的请求权，可以向另一方当事者拥有给付拒绝权，这个权利称为抗辩权。这一抗辩权分为：①权利不发生的抗辩；②权利消失的抗辩；③拒绝履行抗辩权。

在汽车融资分期付款销售中，当买受人发现汽车有瑕疵对出卖方提出异议时，买受人是否可以对银行拒绝支付价金？即消费者是否有抗辩权，也就是说对标的物瑕疵的损害赔偿权是否可以与贷款债权相抵。还有在标的物交付前，除卖方由于破产或其他原因，造成不能向买受人交付标的物的情况下，买受人是否可以拒绝返还银行的借款的问题。银行与消费者订立的合同中，往往有这样的条款："关于商品的瑕疵故障，由购入者与特约店之间来处理，购入者不能以此理由拒绝向该银行支付价金。"也就是说，消费者对于自己购买的商品或服务不满意，对特约商存在异议的情况下，不能以此为由拒绝支付给银行款项。这种条款无疑使消费者利益受到侵害。所以，在汽车融资分期付款销售中，消费者是否可以对特约商提出异议，而拒绝向银行付款，也就是消费者是否享有抗辩权，是消费信用法中引人关注的问题。

对于在汽车融资分期付款销售中消费者的抗辩权问题，应从融资分期付款销售中三者之间合同的特质来进行研究。融资分期付款销售，是一种特殊的交易形态，信用供给形式逐渐由出卖方（当事者）进行信用供给移向由第三者（银行）进行信用供给，因此，现代的消费信用，逐渐发展为以消费财产价金的分期支付为目的，以第三者进行的信用供给为中心的交易形态。换言之，在交易中，除了传统的双方当事者间的信用销售合同，又形成了新的三方当事者间的融资分期销售合同（三方合同）关系。在这三方合同关系中，有三个单独的合同缔结,各自是独立的,但三个合同又存在着内在联系。第一个特约(分期付款销售特约)合同与第一个授信合同在相互内容中存在着依存的关系,即在合同的目的、成立、履行及消灭的各过程中密切地联系着,存在着有机的结合关系。三方当事者之间的合同中,基于合同的对等性原则,要维持法律主体的独立性,但应看到实质上出卖方与授信者存在着一体关系。

在融资分期付款销售交易中,销售商与银行间的保证合同或特约合同,以消费者与银行间的付款合同的成立为条件,在付款合同不成立时,特约合同也不成立。同时,两合同不仅在成立、不成立中有着密切的联系,而且在授信目的上也存在着依存关系。理由如下:

一是,在融资分期付款销售中,银行与特约商有着连带责任,因为两者有着共同的利益,在二者间存在着担保关系。银行对于因特约商进行了虚伪不实的广告宣传,使消费者购买商品后退货或发现商品有瑕疵后,经与特约商交涉而未得到处理而拒绝向银行付款时,银行应对特约商造成的问题负有连带责任。这是因为,在信用交易中,两者是为了共同的经济目的而结合在一起的。

二是,在履行的牵连关系上,在汽车的融资销售贷款中,所谓的商品的保证,一般是根据特约销售商对该商品的质量保证来决定。因此,如存在商品瑕疵的话,必须在特约销售商保证的范围内进行解决。如此,消费者似乎只能与特约商进行交涉解决,而不能拒绝向银行付款。确实,在这些行业中,品质保证的制度一般是完备的,所以,对于这种冲突,在消费者与制造商间处理也是合理的。也就是说,出卖方(特约商)出售的商品有瑕疵或有故障,消费者与出卖方两者间发生冲突时,出卖方应负全部责任来加以解决。一些特约商以此来表示完全不会给银行带来麻烦以取得银行的信任,而成为银行的特约商,获得银行的融资。而对于银行来说,一方面不允许消费者出于对特约商的异议,而不向银行交纳价金的行为;另一方面,在问题发生后,也向特约商施加压力,如以"商品的重大瑕疵"为由而免除向特约商付款。当然,根据银行与特约商所签订的合同,银行是不能简单地不履行向特约商支付价金的义务的,也就是说,作为原则,不能以客户延迟或不能偿还为由而拒绝向特约店支付价金。

消费信用交易中抗辩权的法律性制裁建立在特约合同与授信合同的成立、履行、存续的密切相关的关系上。显然,要解决的主要问题是出卖方与授信者是否存在连带责任。消费者基于与银行的授信而向银行偿还借款,即支付价金,在表面上看,银行是对消费者进行信用供给(消费信用),而在实质上,却是授信者向出卖方提供的信用而已。因此,授信者与出卖方有着密切的关系,可以说,两者在经济意义上是不可分的一体的关系。授信者与出卖方之间缔结的基本合同,授信者与买受人订立的信贷合同,出卖方与买受人订立的买卖合同,以授信者为中心形成了相互紧密的一体关系,存在着相互有机的联系。所以,消费者对出卖方存有异议时,对银行也可以提出抗辩,即可拒绝对银行支付价金。

4. 抵押权,留置权和质权

由于《担保法》本身并未规定抵押权、质权、留置权的优先问题,尤其是留置权与抵押权、所有权发生冲突时,何者优先的问题。如以汽车抵押方式分期付款购车的买受人,将汽车交由第三人修缮时当债务人拒绝给付维修费时,第三人对汽车享有留置权。以所有权保留分期付款购车也有这种情形。此时便发生了留置权与抵押权、所有权冲突问题。依民法原理,留置权是基于法律规定产生的,是一种法定的担保物权,法律更倾向于保障留置权。但《担保法》对这一问题尚无明确规定。

最高人民法院于 2000 年 12 月 8 日公布了《最高人民法院关于适用〈中华人民共和国担保法〉若干问题的解释》(以下简称《解释》)。《解释》对《担保法》在实施过程中的许多有争议的问题作出了相应的解释。

对于动产质权与动产抵押权共存的情况,该《解释》第一百七十九条第一款规定"同一财产法定登记的抵押权与质权并存时,抵押权人优于质权人受偿"。该规定中没有区分法定登记的抵押权与质权设定的时间顺序对各权利的影响。

对于动产抵押权与留置权共存的情况该《解释》第七十九条第一款规定:"同一财产抵押权与留置权并存时,留置权人优先于抵押权人受偿。"在动产抵押中,由于抵押物实际上仍被抵押人占有,该抵押物的状况容易随抵押人的意志改变而改变,该规定也未区分各权利形成的时间,将其一概而论似有不妥。当然这样规定有可操作性强的有利一面。

根据该《解释》可以认为,在同一财产上同时存在抵押权和质权或者抵押权和留置权时,法定登记的抵押权优于质权,留置权优于抵押权。

第三节 汽车融资租赁相关法律问题

汽车融资租赁,是融资租赁的一种特殊形式,以汽车为融资租赁客体。汽车融资租赁指承租人根据其自身对汽车的需求,向具有融资租赁经营资格的出租人提出特定的车辆采购请求,由出租人为承租人购买指定车辆并按"融资租赁合同"约定将该车辆出租给承租人,由承租人在租赁期内占有、使用并向出租人支付租金,期限届满,租金付讫后,出租人将该车辆以象征性的价格无条件的过户给承租人的交易活动。《合同法》第二百三十七条规定:"融资租赁合同是出租人根据承租人对出卖人、租赁物的选择,向出卖人购买租赁物,提供给承租人使用,承租人支付租金的合同。"

所谓汽车融资租赁业务主要包括两种。一种是通过该业务在汽车厂家和消费者之间架起桥梁,让消费者先取得汽车的使用权,然后每月付租金,在租赁期满后一般要购买汽车的所有权。这种方式目前已成为国际上流行的一种厂商和消费者沟通的方式,成为厂商卖车、用户买车的一种新型销售模式。另二种则是汽车金融公司自身拥有一定数量的汽车,企业和个人可以办理租车业务。2013 年美国汽车金融消费者对汽车租赁的满意度指数排名分别如图 7-3、图 7-4 所示。

汽车融资租赁是一种买卖与租赁相结合的汽车融资方式,是汽车金融服务的重要组成部分。具备下列条件之一者属于汽车融资租赁:

(1)在租赁期终了时,租赁汽车所有权转让给承租人。

(2)承租人有以较低廉价格购买租赁汽车的选择权,且在租赁开始日就能确定在将来会行使此项选择权。

(3)租赁期较长,一般相当于租赁汽车的使用期限。

(4)出租人可以通过一次出租,就能收回在租赁汽车上的全部投资。

(5)在租赁期内发生的租赁汽车的使用成本,包括保险费、财产税、维修费等全部由承租人支付。

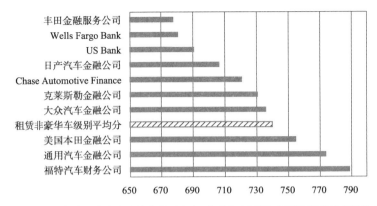

图7-3 2013年美国汽车金融消费者对汽车(非豪华车级别)租赁的满意度指数排名

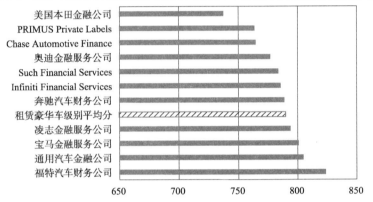

图7-4 2013年美国汽车金融消费者对汽车(豪华车级别)租赁的满意度指数排名

一、租赁双方的主要权利和义务

在汽车融资租赁活动中：

1. 出租人的主要权利和义务

(1)在租赁期内拥有融资租赁汽车的所有权和处分权。

(2)有通过融资租赁汽车获取租金以及按租赁合同向承租人收取租赁保证金的权利。

(3)当承租人违约(不按时、按量支付租金等)时,有取回融资租赁汽车的权利,并有要求承租人赔偿相应损失的权利。

(4)有按租赁合同要求向承租人交付融资租赁汽车的义务,或按租赁合同要求协助汽车供应商与承租人完成融资租赁汽车的交付和受领工作(租赁合同另有约定的除外)。

(5)对所获得的承租人的业务和财产等情况负有保密义务。

2. 承租人的主要权利和义务

(1)在租赁期内拥有融资租赁汽车的使用权和收益权。

(2)依照租赁合同所支付的费用(包括租金及相应赋税)已经相当于或者超过所租汽车本身价值时,有权获得该汽车的所有权。

(3)在租期届满时所付租金总额尚未超过所租汽车价值时享有选择权,对租期届满后的汽车可采取下列任何一种处理方式：

①在补足租赁合同中事先约定的相应余额后成为该汽车的所有权人。
②如果该汽车现值高于租赁合同中事先约定的相应余额,可以出卖该汽车,向出租人偿还该余额,保留差价从中获利。
③将该汽车返还给出租人。
(4)有按照租赁合同向出租人支付租金的义务。
(5)有对所租汽车进行养护、维修的义务。除合理的损耗外,应当保持所租汽车技术性能良好。

二、汽车融资租赁出租人主体资格问题

在20世纪90年代初期,中国人民银行相关行政规章明确规定,只有经过中国人民银行批准,具有融资主体资格的租赁公司才有权从事汽车融资租赁专营业务,否则,不能成为融资租赁合同的出租人。1996年5月27日最高人民法院《关于审理融资租赁合同纠纷案件若干问题的规定》(以下简称《规定》),也明确规定"出租人不具有从事融资租赁经营范围的融资租赁合同应认定为无效合同"。该《规定》同时还规定"融资租赁合同所涉及的项目应当报经有关部门批准而未经批准的,应认定融资租赁合同不生效"。这里所涉及的项目应当报经有关部门批准实际就是融资租赁类似于金融机构从事金融业务应报中国人民银行批准。从以往的相关规定来看,汽车融资租赁出租人主体资格是必须具备经中国人民银行批准专营融资租赁业务的汽车租赁公司,否则汽车融资租赁合同不生效。例如,无融资出租人主体资格的一方与承租人签订了融资租赁合同,就应认定为无效合同。该《规定》于2014年3月废止。最高人民法院印发的《关于审理融资租赁合同纠纷案件适用法律问题的解释》于2013年11月25日由最高人民法院审判委员会第1597次会议通过,自2014年3月1日起施行,其中明确规定"承租人将其自有物出卖给出租人,再通过融资租赁合同将租赁物从出租人处租回的,人民法院不应仅以承租人和出卖人是同一人为由认定不构成融资租赁法律关系""出租人转让其在融资租赁合同项下的部分或者全部权利,受让方以此为由请求解除或者变更融资租赁合同的,人民法院不予支持"。

三、汽车融资租赁合同中车辆所有权的归属问题

汽车融资租赁合同是出租人根据承租人对出卖人、汽车租赁物的选择,向出卖人购买汽车租赁物,提供给承租人使用,由承租人支付租金的合同。该合同涉及三方法律主体,两个法律关系,是集融资与融物为一体的综合交易。

在融资租赁合同中,出租人和承租人通常会对融资租赁期限届满后租赁物的归属和处置作出约定。与一般的租赁合同不同,在融资租赁合同关系中,承租人对租赁物的归属享有选择权,可通过支付残值买断金的方式取得租赁物的所有权。

目前也有一些经营汽车融资租赁业务的公司在融资租赁合同签订后直接将车辆登记在承租人名下。在这种情况下,就会产生"因车辆所有权的归属而导致对合同性质的认定存在争议"的问题。

确定合同的性质是否属于融资租赁合同是解决涉及融资租赁法律纠纷的前提和基础。法院往往将车辆所有权的归属作为认定融资租赁合同法律关系是否成立的重要依据。如果

法院认为车辆不归出租人所有,进而认定融资租赁关系不成立,则出租人主张承租人违约解除合同,请求确认车辆归其所有,或者请求承租人一次性支付全部未付租金等将失去依据。对此问题,司法实践中,为了鼓励交易,保护当事人的合法权益,一般认为在汽车融资租赁交易中,出现车辆登记在承租人名下但实际所有权为出租人的情况时,法院不宜直接作出融资租赁合同法律关系不成立的判定。公安部及最高人民法院《关于确定机动车所有权人问题的复函》(公交管〔2000〕98号)以及《关于机动车财产所有权转移时间问题的复函》(公交管〔2000〕110号)为解决此问题提供了依据,即确认了公安机关办理的机动车登记,是准予或不准予上道路行驶的登记,不是机动车所有权登记。车辆管理部门办理过户登记的时间不宜作为机动车财产所有权转移的时间。

作为车辆的实际所有权人,出租人应该如何证明自己是车辆的实际所有人:依据《最高人民法院关于执行案件中车辆登记单位与实际出资购买人不一致应如何处理问题的复函》(〔2000〕执他字第25号),法院可以根据出租人出具的财务凭证、银行账册明细表、缴纳养路费和税费的凭证,证明出租人为实际出资人,独自对机动车享有占有、使用、收益和处分权。法院不应确定登记名义人(即承租人)为车主,而应当依据公平、等价有偿原则,确定车辆的实际所有权人。

四、诉讼请求的设计问题

针对承租人欠付租金这一情况,如何设计合理的诉讼请求,则应根据个案的实际情况进行分析,我们对具体情况及相应的诉讼对策梳理总结如下:

(1)承租人或连带保证人不具备清偿能力。在此情况下,出租人可以主张:

①请求解除合同(未经出租人同意处分租赁物,包括转让、转租、抵押、质押、投资入股;承租人未依约支付租金,符合约定解约条件,经催告合理期限拒不纠正;合同未明确约定欠付租金解除合同的条件,但是欠付租金数量达百分之十五以上或欠付两期以上,经催告合理期限拒不纠正;承租人违约行为导致合同目的无法实现)。

②确认租赁物所有权并请求返还租赁物。

③支付到期租金。

④支付逾期利息。

⑤支付违约金。

⑥担保人承担连带担保责任。

⑦诉讼费用(包括但不限于诉讼费、律师费等出租人为实现债权所支出的一切费用)。

其中,关于"确认租赁物所有权并返还租赁物"的诉请,道可特律师事务所争议解决团队认为,一般情况下,返还租赁物即意味着租赁物的所有权归属。但在实践中,由于法律没有具体规定,故为了避免在执行阶段出现案外人依据租赁物被查封、扣押、冻结前做出的另案生效法律文书提出执行异议(《最高人民法院关于人民法院办理执行异议和复议案件若干问题的规定》)等情况,出租人在确定诉请时应请求对租赁物的所有权进行确认。

关于"解除合同、返还租赁物并支付到期租金"的诉请,须关注以下问题:

①在出租人提出仲裁或诉讼之后至裁决或判决出具之前这段时间,已到期但出租人在仲裁或诉讼请求中未主张的租金利益如何实现?

在请求解除合同的情况下,出租人仅能依据法律、司法解释的相关规定请求承租人支付已到期的租金。但由于一般情况下,仲裁或诉讼程序均须较长时间,在此期间内,极有可能发生在立案时未到期的租金均以届满。故为充分保护出租人的权益,在立案时就支付租金这一诉请应表述为"支付到期未付租金(包括裁定或判决确认合同解除之日前到期的全部租金,暂计至　　　年　　月　　日已到期租金为　　　元)"。

②在裁决或判决出具之后至承租人实际返还租赁物这段时间,出租人的损失该如何赔偿?

裁决或判决生效后,出租人与承租人之间的租赁合同已经解除,所有应支付的租金、违约金、逾期利息等都已经确定。但是如果承租人的恶意拖延履行期限,拒不执行返还租赁物的义务,继续免费占有使用租赁物,即使裁决或判决中有"双倍支付迟延履行的债务利息"的内容,但出租人的权益还是无法得到充分保障。

(2)承租人或连带保证人具有清偿能力或租赁物已灭失或残值低,主张返还租赁物没有实际意义,在这种情况下,出租人可以主张:

①支付全部租金;
②支付违约金;
③担保人承担(连带)担保责任;
④诉讼费用(包括但不限于诉讼费、律师费等出租人为实现债权所支出的一切费用)。

五、关于违约金的问题

承租人逾期履行支付租金义务或者延迟履行其他付款义务,出租人按照融资租赁合同的约定要求承租人支付逾期利息、相应违约金的,人民法院应予支持。为了弥补承租人违约给出租人造成的损失,通常情况下,出租人和承租人会在融资租赁合同中约定承租人向出租人支付高额的违约金,其中违约金约定的方式和内容也不尽相同,包括直接约定违约金或要求支付逾期利息、滞纳金或保证金(有些合同直接约定违约不予退还或直接折抵租金)。当违约金约定过高时,法院会结合案件的具体情况予以调整。

第四节　汽车品牌销售相关法律问题

一、汽车品牌销售的定义

汽车供应商与经销商是汽车品牌销售法律关系的主体,二者的地位是由汽车品牌销售的特点决定的。汽车供应商是指为汽车品牌经销商提供汽车资源的企业,包括汽车生产企业、汽车总经销商。汽车品牌经销商是指经汽车供应商授权、按汽车品牌销售方式从事汽车销售和服务活动的企业。汽车总经销商是指经境内外汽车生产企业授权、在境内建立汽车品牌销售和服务网络,从事汽车分销活动的企业。汽车供应商与经销商的合作关系是否和谐,将直接决定双方利益,成为检验汽车品牌销售效用的试金石。商务部、国家发改委和国家工商行政管理总局联合颁布的《汽车品牌销售管理实施办法》(以下简称《办法》)对汽车品牌销售进行了界定,指出:所谓汽车品牌销售,是指汽车供应商或经其授权的汽车品牌经销商,使用统一的店铺名称、标识、商标等从事汽车经营活动的行为。其核心在于授权销售,围绕授权销售这一核心,汽车供应商(包括生产企业和汽车总经销商)通过签订授权经营合同,授权汽车经销商在一定的区域从事特定品牌汽车的销售活动。其目的是达到汽车供应商营销体系的统一运营,实现规模效应和品牌效应。因此,在实践中,又将汽车品牌销售称为汽车品牌授权经营。"汽车经营活动"包含汽车销售和服务两个主要方面。

二、《办法》的相关规定

《办法》中有关汽车总经销商、品牌经销商的设立的规定有三点核心内容:一是经销商卖车必须由汽车生产企业授权,否则不得提供车辆;二是进口车必须由厂商设立法人公司(总经销商),由它授权分销车辆;三是售后服务由厂商授权的经销商负责,并接受消费者监督。

1. 汽车总经销商应当符合的条件

《办法》规定汽车总经销商应当符合下列条件:

(1)具备企业法人资格。

(2)获得汽车生产企业的书面授权,独自拥有对特定品牌汽车进行分销的权利。

(3)具备专业化汽车营销能力,主要包括市场调研、营销策划、广告促销、网络建设及其指导、产品服务、技术培训与咨询、配件供应及物流管理等。

外商投资设立汽车总经销商除符合上述条件外,还应当符合外商投资管理的有关规定。

2. 汽车品牌经销商应当符合的条件

《办法》规定汽车品牌经销商应当符合下列条件:

(1)具备企业法人资格。

(2)获得汽车供应商品牌汽车销售授权。

(3)使用的店铺名称、标识及商标与汽车供应商授权的相一致。

(4)具有与经营范围和规模相适应的场地、设施和专业技术人员。

(5)新开设店铺符合所在地城市发展及城市商业发展的有关规定。

外商投资设立汽车品牌经销商除符合上述条件外,还应当符合外商投资管理的有关规定。

3. 对汽车供应商和经销商行为的规范

在汽车品牌销售模式下,在实际运行过程中有一些问题是需要克服的,例如,汽车供应商强制要求经销商库存车辆,经销商相互压价销售造成市场价格混乱。《办法》在涉及品牌销售模式时,对汽车品牌供应商和经销商的行为提出了规范要求,使之成为约束汽车供应商和经销商的行为准则,同时也起到维护双方合法权益的作用。

(1)《办法》对汽车供应商行为的规范。

①汽车供应商应当为授权的汽车品牌经销商提供汽车资源及汽车生产企业自有的服务商标,实施网络规划。

②汽车供应商应当加强品牌销售和服务网络的管理,规范销售和售后服务,并及时向社会公布其授权和取消授权的汽车品牌销售和服务企业名单。对未经汽车品牌销售授权或不具备经营条件的企业,不得提供汽车资源。

③汽车供应商应当向消费者提供汽车质量保证和服务承诺,及时向社会公布停产车型,

并采取积极措施在合理期限内保证配件供应。

汽车供应商不得供应和销售不符合机动车国家安全技术标准、未列入《道路机动车辆生产企业及产品公告》的汽车。

④汽车供应商应当合理布局汽车品牌销售和服务网点。汽车品牌销售和与其配套的配件供应、售后服务网点相距不得超过150公里。

⑤汽车供应商应当与汽车品牌经销商签订授权经营合同。授权经营合同应当公平、公正，不得有对汽车品牌经销商的歧视性条款。

⑥除授权合同另有约定，汽车供应商在对汽车品牌经销商授权销售区域内不得向用户直接销售汽车。

⑦汽车供应商应当根据汽车品牌经销商的服务功能向其提供相应的营销、宣传、售后服务、技术服务等业务培训及必要的技术支持。

⑧汽车供应商不得干预汽车品牌经销商在授权经营合同之外的施工、设备购置及经营活动，不得强行规定经销数量及进行品牌搭售。

（2）《办法》对经销商的行为规范。

①汽车品牌经销商应当在汽车供应商授权范围内从事汽车品牌销售、售后服务、配件供应等活动。

②汽车品牌经销商应当严格遵守与汽车供应商的授权经营合同，使用汽车供应商提供的汽车生产企业自有的服务商标，维护汽车供应商的企业形象和品牌形象，提高所经营品牌汽车的销售和服务水平。

③汽车品牌经销商必须在经营场所的突出位置设置汽车供应商授权使用的店铺名称、标识、商标等，并不得以任何形式从事非授权品牌汽车的经营。

④除非经授权汽车供应商许可，汽车品牌经销商只能将授权品牌汽车直接销售给最终用户。

⑤汽车品牌经销商应当在经营场所向消费者明示汽车质量保证及售后服务内容，按汽车供应商授权经营合同的约定和服务规范要求，提供相应的售后服务，并接受消费者监督。

⑥汽车品牌经销商应当在经营场所明示所经营品牌汽车的价格和各项收费标准，遵守价格法律法规，实行明码标价。

⑦汽车品牌经销商不得销售不符合机动车国家安全技术标准、未列入《道路机动车辆生产企业及产品公告》的汽车。

⑧汽车品牌经销商应当建立销售业务、用户档案等信息管理系统，准确、及时地反映本区域销售动态、用户要求和其他相关信息。

由此可见，在汽车品牌销售模式下，对于汽车供应商和经销商双方而言，其约束是平等和公平的，《办法》没有让经销商完全遵从于汽车供应商的价值理念。

第五节 汽车金融法律法规案例

一、案例一——汽车拍卖过程中《担保法》所解决的双方债务问题

现以一起汽车拍卖案例为例，2001年5月，黄某因购车需要，向A银行申请汽车消费按

揭贷款,并以所购汽车作为抵押物办理了有关抵押登记手续。事后,黄某将车借与王某使用。同年10月,王某在使用过程中,因不慎发生损坏,将该车交由某汽车修理公司进行修理。由于修理费用较高,王某一时无力支付,于是修理公司留置该汽车,并告知王某在合理的期间内履行债务(支付修理费),王逾期仍不履行,于是修理公司行使留置权,通过法律程序将该汽车拍卖。在此过程中,A银行以该汽车已设定抵押为由,要求优先受偿汽车的拍卖价款。

法院审理认为,根据《担保法》规定:债务人或第三人可以将财产作为债务的抵押担保,在债务人不履行债务时,债权人有权以该财产折价或者以拍卖、变卖该财产的价款优先受偿。该抵押权利作为担保物权的一种形式,优先于一般债务。《担保法》还规定:留置债权是债权人因合同关系占有债务人的动产,债务人不按照合同约定的期限履行债务的,债权人有依法留置该财产,以该财产的折价、拍卖、变卖款项优先受偿的权利。本案中,汽车抵押作为一种担保物权,它的成立基于当事人的约定,也就是当事人双方之间必须要有有效的抵押合同关系,债权人才能行使该权利。根据《担保法》规定,只要有因保管合同关系、运输合同关系、加工承揽合同关系以及法律允许的其他合同关系产生的债权,而债务人不履行债务,债权人就有留置权(排除特殊约定除外),该权利不须当事人约定就能享有。根据《物权法》的原则,法定担保物权应优先于约定担保物权,即汽车的留置权优先于抵押权。最高人民法院《关于适用(中华人民共和国担保法)若干问题的解释》第79条第2款规定:同一财产抵押权与留置权并存时,留置权人优先于抵押权人受偿。由此,本案中汽车修理公司应优先于A银行受偿该汽车拍卖款。

二、案例二——分期付款购车过程中汽车所有权归属问题

在汽车抵押式分期付款购车中,汽车所有权自交付登记之日起转移。但是,在实际操作中,由于汽车是易耗品,一旦出现买受人拖欠还款的现象,如何对该辆汽车执行所有权的认定,仍然是个问题。

在一起分期付款购车的纠纷中,A公司为某汽车运输有限公司(买方);B公司为某汽车服务有限公司(卖方);1999年3月上述两方正式订立了以分期方式付款的汽车购销合同。A公司为买受人,B公司为出卖人。双方约定:

(1)本合同为分期付款合同,且做了公证。

(2)公司采用首付30%,余额在20个月内逐月付清。

(3)B公司在A公司不能按时付款的情况下对车辆拥有所有权。

(4)违约责任承担是当A公司逾期付款或付款不足时,应每日按逾期付款向B公司支付违约金。

(5)合同生效后,未经过甲、乙、丙三方及保险公司书面同意,任何一方必须按本合同各项条款之规定认真执行,否则按违约处理。

纠纷起因是1999年4月至5月期间,有关部门对进入北京的车辆作了限制,A公司的运营线路也在禁运之列,A公司的经营因此而彻底受阻。

A公司在运营停止后,造成巨大经济损失导致7个月无力偿还车款,据此A公司及时与B公司协商挽救对策,但双方未能达成一致意见,合同变更未果,A公司违约已成事实。

在 A 公司无力按月付车款的情况下，B 公司单方强行扣回了其中 4 辆汽车的占有权。A 公司为了保全另一辆汽车,只得向法院提起了诉讼,并作了诉前保全。A 公司由此全面陷入了停运,合同纠纷正式形成。

一审法院受理此案后,作出了如下判决：

（1）双方签订分期付款购销合同有效。但因买受人 A 公司所欠 B 公司的分期付款额达到总额的 1/5 所以判令解除合同。

（2）5 辆车的所有权归 B 公司所有。

（3）A 公司支付 B 公司车辆使用费以每日每辆车 800 元的租赁（台班）费。运营了 7 个月共付包车费（台班费）114 万元。

（4）B 公司返还 A 公司投入的购车款等 128 万元,外加利息 17 万元。

（5）A 公司付给 B 公司违约金（按日计 5%）52.5 万元。

法院关于所有权的归属之程序是如此解释的：在买受方违反约定未能按月付清车款的条件下,卖方是对车辆保留了所有权,但保留不等于占有。因为买受方在合同未解除之前对标的物的占有是天经地义的,是合法的。卖方强行扣车,这种做法是典型的违法行为,理应承担违约责任,向买受方赔偿经济损失。

由此可见,目前,在中国,即使保有车辆的所有权,一旦分期付款买卖出现问题,卖方也无权自己将车收回。而只能通过诉讼程序由法院来执行。这样,对于汽车这种易耗品来说,时间的拖延势必造成其价值的下降,卖方的权益很难及时实现。

三、案例三——连环购车未登记下交通事故赔偿责任主体的确认问题

《最高人民法院〈关于连环购车未办理过户手续,原车主是否对机动车发生交通事故致人损害承担责任的请示〉的批复》（〔2001〕民他字第 32 号）和《最高人民法院〈关于执行案件车辆登记单位与实际出资购买人不一致应如何处理〉的答复》（〔2000〕执他字第 25 号），都明确了应当以交付（除合同另有约定）和应以实际出资人而不是以登记车主确定机动车所有人的法律意见。

在《连环购车未登记下交通事故赔偿责任主体的确认》一案中：1998 年 3 月,苏 HA1826 号中巴客车行驶途中右前轮爆裂,导致车辆侧翻,乘客韩某等人重伤。事故发生时,该车系程某雇用的驾驶员徐某驾驶,程某妻子也随车售票。该起交通事故经公安交警部门现场勘查,认定徐某负该起事故的全部责任。双方当事人对韩某应得各项赔偿款共计 162442.59 元无异议。法院查明,1993 年 4 月,黄某办理了车辆入户登记手续。后黄某将该车卖给卢某,卢某又将车卖给钱某。1995 年 12 月,该车更换了牌照,登记表户主栏内仍填黄某名字。1997 年,该车为程某购买。几次买卖中均未办理机动车过户登记手续。因索赔无果,韩某以程某,黄某为被告诉至法院,要求被告赔偿损失 165000 元。

法院审理认为：韩某购票乘坐客车已形成旅客运输法律关系。在运输途中韩某因交通事故受伤,驾驶员负事故全部责任,其雇主程某应先行承担民事责任,此后有权向徐某追偿。关于黄某是否应承担责任问题,因车辆登记过户属于行政管理行为,并非《物权法》意义上的所有权转移。因此,本案车辆买卖从交付时起发生所有权转移的法律效力,买卖双方未办理登记过户手续,不影响买卖合同的效力,也不影响买方因交付而取得车辆的所有权。因而,

发生交通事故的应由实际支配车辆运行或者取得运行利益的买方承担损害赔偿责任，原登记所有人黄某不承担损害赔偿责任。

本案是机动车连环买卖未过户情况下发生交通事故损害的典型案例。黄某将自己的车辆出售后，虽未办理过户登记手续，但汽车已经交付，不影响买卖合同的效力。

四、案例四——汽车贷款中的侵权问题

在下面这个案例中，汽车经销商以超低首付车贷方案招揽顾客，但最终却未能兑现承诺，使消费者付出了原定计划之外的购车成本。这样的纠纷在汽车消费中有很多，包括低月供假象、收取高额手续费等，都是消费者在按揭购车中容易碰到的侵犯权益问题。

首付五六万元就能将豪车开回家？在竞争日益激烈的豪华车市场，低首付按揭方案成为经销商吸引顾客的有效方式，对于需要保持流动资金的生意人群体具吸引力。但不少低首付方案也被作为一种促销噱头。生意人黄某就在购买一款L轿车的过程中，和经销商发生了关于低首付按揭的纠纷，最终未能实现低首付按揭购车的愿望，并损失一笔不菲的信用卡利息。"那看起来就像一场骗局。"黄某这样表示。

由于生意资金周转的原因，黄某希望采用汽车贷款的方式购买一辆高档轿车。销售顾问向他承诺，只要支付几万块钱的首付就能买到车。黄某因此决定购买一辆L轿车。这辆车的车价是37.5万元，加上各种税费总车款是43万元。消费者可选择"零利率·低首付低利率"等各种套餐。黄某顺利从A汽车金融公司获得了18.75万元的一年期零利率贷款。此外，按照店方的承诺，将向银行再办理一笔三年期贷款，用于支付另外一半的车款。

按照销售顾问的指引，黄某要先支付另外一半的车款，打印出发票，才能向银行办理贷款，待贷款到账，再将支付的款项返回。他按这个指引操作，用信用卡支付了剩余的车款。结果银行也顺利将一笔20万元的款项发放到专用信用卡账户。"这时候，他们（经销商）却说收取来自银行的款项属违规操作，不肯收取这笔贷款，造成我一次支付了50%的车款，而不是原先的低首付。"黄某说，尽管此后双方多次进行协商，但经销商还是不能兑现低首付承诺，并导致他支付高额信用卡利息。"如果不是当初销售顾问承诺的低首付方案，我压根就不会选择购买价格高昂的L轿车。他们这种招揽顾客的方式，应该是一种欺诈行为。"

L轿车经销店相关负责人表示，销售顾问确实向顾客介绍了前述的低首付购车方案，但这是由于不熟悉业务规则的误操作，按中国银监会的规定，一辆车不能办理两次贷款，因此店方无法收取来自银行的贷款，也就没有办法将车主已经支付的款项返回。黄某对此也十分疑虑，他认为，要不就是经销商故意以低首付噱头招揽顾客，要不就是单凭以前有相关的操作经验而为，但可能因为监管因素的改变，而不敢再冒违规操作的风险。

黄某坚持认为，他自己并不熟悉贷款流程，完全是在经销商工作人员的指引下，一步一步完成整个贷款流程，因此经销商必须兑现最初的低首付承诺。

据一位从事汽车经销的业内人士介绍，在这个案例中，消费者遭遇了非常奇怪的事情：按照操作流程，银行方面肯定可以查询到车主在A汽车金融公司所办理的贷款，那样的话就不会办理二次贷款，但贷款却能够顺利办理下来，最终经销商店却不敢收取贷款。

汽车金融领域人士指出，在现实操作中，确实出现过汽车经销商拿客户的汽车办理二次抵押骗贷的情况，这必须引起车主的警惕。因为在办理贷款的过程中，可能存在一个同时向

两个金融机构办理贷款的时间差,让二次抵押能够成立。

对于上述案例而言,来自银行的二次贷款没有被使用,因此银行可以收回发放的贷款。但对于车主而言,如果经销商没有因为未能实现承诺作出补偿,车主在程序上就必须承担使用信用卡支付车款的相关成本。在车主看来,经销商正是因此欺骗了消费者,给车主带来了额外的损失。

本案例涉及的如下法规值得被注意。在中国人民银行、中国银监会发布的《汽车贷款管理办法》中,有明确的风险管理条款。其中,第二十二条规定:贷款人发放自用车贷款的金额不得超过借款人所购汽车价格的80%;发放商用车贷款的金额不得超过借款人所购汽车价格的70%;发放二手车贷款的金额不得超过借款人所购汽车价格的50%;贷款人发放汽车贷款,应要求借款人提供所购汽车抵押或其他有效担保;贷款人应直接或委托指定经销商受理汽车贷款申请,完善审贷分离制度,加强贷前审查和贷后跟踪催收工作。

五、案例五——汽车租赁过程中租赁合同的效力问题

2010年12月6日,原告某汽车金融服务有限公司(以下简称某公司)与被告杜某签订了"车辆融资租赁协议",约定:原告以融资租赁形式将2台K牌挖掘机租赁给被告使用,租赁期限为36个月,自2010年12月24日起至2013年12月24日止,租赁本金为1248000元,租赁利率为7.5%/年,租赁费本息采取按月等额本息的方式计算,被告应自2011年1月起的每月24日向原告支付当期租金本息19410.28元/台,两台租赁设备每月总计应付租金本息38820.56元。"租赁利率"载明:本协议项下租赁利率为7.5%/年,为同期中国人民银行颁布的基准利率上浮38.9%。"逾期款项的利息"载明:①如果承租人未按照本协议约定支付本协议项下的任何应付款项,一经出租人要求,承租人应按规定利率乘以150%得到的年利率支付从该逾期款项应付之日起到该款项实际支付之日止的利息;②上款产生的利息应按日累计,并按一年360日以实际天数计算。"违约"载明:如承租人不支付租金或不履行本协议所规定的其他义务时,出租人有权要求承租人立即付清所有到期租金、未付的租赁本金和逾期利息以及其他一切应付款项,包括但不限于实现上述债权所需支付的律师费、拍卖费、诉讼费、车辆回收费用等。如承租人不支付租金或不履行本协议所规定的其他义务时,出租人有权自行或委托车辆生产厂商或车辆供应商收回租赁车辆,承租人不得拒绝,若因此造成承租人损失的,由承租人自行承担。出租人收回租赁车辆所发生的费用由承租人承担。"租赁期满后租赁车辆的处理"载明:承租人在租赁期满并全部履行完毕本协议规定的义务时,承租人向出租人支付产权转移费人民币壹元,出租人即将租赁车辆所有权转移给承租人。

同日,原告某公司与被告杜某、供应商某某公司签订了"车辆购买协议",约定:由原告向某某公司购买2台K牌挖掘机出租给被告使用,并由某某公司直接将购买的租赁设备交付给被告,交车时间为2010年11月13日和2010年11月20日前,以某某公司与被告签署"车辆交接书",即为正式交付。

同日,被告杜某向原告某公司出具"合同签署声明",载明:本人已仔细阅读了车辆融资租赁协议和车辆购买协议,在对上述合同的全部内容充分理解和接受的情况下签署此合同,并对合同所书内容完全无疑问和异议。

2012年6月28日，某某公司受原告委托将被告承租的一台K牌挖掘机回收，并产生车辆回收运费13200元；2013年2月1日，某某公司受原告委托将被告承租的另一台K牌挖掘机回收，并产生车辆回收运费3000元。

之后，原告起诉至法院，审理过程中，原告多次变更诉讼请求，最终将诉讼请求变更为请求判令：

（1）被告支付原告车架号为某的设备截至2013年1月24日设备收回之日已逾期的租金329974.76元；

（2）被告支付原告车架号为某的设备截至2012年6月24日设备收回之日已逾期的租金本息194102.80元；

（3）被告支付原告车架号为某的设备暂计至2013年2月24日的逾期利息28933.23元、车架号为某的设备暂计至2013年2月24日的逾期利息25816.07元（2013年2月25日之后的逾期利息以524077.56元为基数，按年利率11.25%计算到生效判决确定的履行之日止）；

（4）被告支付原告实现债权的合理费用律师费12696.75元；

（5）被告支付原告实现债权的合理费用车辆回收运费16200元；

（6）本案诉讼费由被告承担。

对本案，法院的判决如下：

（1）被告杜某应于本判决生效之日起十日内支付原告某公司租金本息524077.56元；

（2）被告杜某应于本判决生效之日起十日内支付原告某公司暂计至2013年2月24日的逾期利息54749.30元，并支付自2013年2月25日起至本判决确定的履行期届满之日止的逾期利息（以524077.56元为基数，按"车辆融资租赁协议"约定的年利率11.25%计算）；

（3）被告杜某应于本判决生效之日起十日内支付原告某公司车辆回收运费16200元；

（4）对原告某公司的其他诉讼请求不予支持。

本案的争议焦点是汽车金融服务公司是否能从事挖掘机的融资租赁业务。如果原告某汽车金融服务有限公司未经审批擅自从事挖掘机的融资租赁业务，则融资租赁合同无效。依据《合同法》，合同无效后，因该合同取得的财产，应当予以返还；不能返还或者没有必要返还的，应当折价补偿。有过错的一方应当赔偿对方因此所受到的损失，双方都有过错的，应当各自承担相应的责任。结合本案情况，原告作为提供汽车金融服务的专业公司显然具有重大过错，应当承担主要损失。这对被告有利。如果金融服务公司能从事挖掘机的融资租赁业务，则作为承租人的被告要承担全部违约责任。

依据《汽车金融公司管理办法》第十九条，经中国银监会批准，汽车金融公司可以提供汽车融资租赁业务（售后回租业务除外）。因此，汽车金融公司可以从事汽车融资租赁业务，但售后回租业务除外。本案的被告认为挖掘机不是我们通常所说的汽车，故原告某汽车金融服务有限公司无权从事挖掘机的融资租赁业务。汽车一般是指摩托车之外的道路机动车辆。挖掘机虽然是机动车辆，但不是道路机动车辆。《汽车金融公司管理办法》第三十八条规定："本办法所称汽车是指我国《汽车产业发展政策》中所定义的道路机动车辆（摩托车除外）。汽车金融公司涉及推土机、挖掘机、搅拌机、泵机等非道路机动车辆金融服务的，可比照本办法执行。"据此，中国银监会虽然没有将挖掘机归入汽车，但是允许汽车金融公司从事挖掘机等非道路机动车辆金融服务,故本案原告某汽车金融服务有限公司可以从事挖掘机的融资租赁业务。

思考题

1. 汽车融资租赁模式和汽车消费贷款模式的区别体现在哪些方面?
2. 汽车消费信贷的特征是什么?
3. 汽车融资租赁业务有哪几种?
4. 汽车品牌经销商应当符合哪些条件?

参 考 文 献

[1] 张吉光. 变革与新生,地方金融发展之路[M]. 北京:中国金融出版社,2009.
[2] 杨颖,崔永. 新编公司会计实务入门[M]. 北京:企业管理出版社,2003.
[3] 孔令一. 财务管理学[M]. 大连:东北财经大学出版社,2016.
[4] 王平. 中外汽车金融公司融资渠道比较分析[J]. 三峡大学学报(人文社会科学版),2007.
[5] 王再祥. 汽车金融[M]. 北京:中国金融出版社,2004.
[6] 何忱予. 汽车金融服务[M]. 北京:高等教育出版社,2012.
[7] 康桂英. 汽车金融与服务[M]. 北京:人民交通出版社股份有限公司,2017.
[8] 杨才勇,等. 互联网消费金融模式与实践[M]. 北京:中国工信出版传媒集团,2016.
[9] 强添纲,孙凤英. 汽车金融[M]. 2版. 北京:人民交通出版社,2012.
[10] 张晓华. 汽车信贷与保险[M]. 北京:机械工业出版社,2016.
[11] 曾鑫. 汽车保险与理赔[M]. 2版. 北京:人民邮电出版社,2016.
[12] 谭金会. 汽车保险与理赔[M]. 北京:人民交通出版社股份有限公司,2015.
[13] 孙凤英. 机动车辆保险与理赔[M]. 北京:人民交通出版社,2011.
[14] 吴立勋,陈立辉. 汽车保险与理赔[M]. 北京:北京大学出版社,2015.
[15] 张一兵. 汽车租赁[M]. 北京:人民交通出版社股份有限公司,2016.
[16]《汽车租赁从业人员培训教程》编写组. 汽车租赁从业人员培训教程[M]. 北京:人民交通出版社股份有限公司,2016.
[17] 张一兵. 汽车租赁业务与管理[M]. 北京:机械工业出版社,2015.
[18] 安建伟. 汽车租赁管理·运营·范本·案例[M]. 北京:化学工业出版社,2013.
[19] 刘军. 二手车置换全程通[M]. 北京:化学工业出版社,2015.
[20] 杨智勇. 二手车鉴定/评估/交易一本通[M]. 北京:化学工业出版社,2016.
[21] 成英,等. 汽车评估[M]. 北京:清华大学出版社,2014.
[22] 张国新. 汽车金融与贸易[M]. 2版. 上海:上海交通大学出版社,2016.
[23] 贾永轩,乔军. 汽车服务利润[M]. 北京:机械工业出版社,2006.
[24] 李雪涛,严龙茂. 汽车金融理论与实务[M]. 合肥:合肥工业大学出版社,2014.
[25] 苏斌,周建珊,肖钢. 汽车金融[M]. 广州:华南理工大学出版社,2007.
[26] 郭丁铭,罗时贵. 融资租赁实务精解与百案评析[M]. 北京:中国法制出版社,2015.